华东政法大学
65周年校庆文丛编委会

主　任　曹文泽　叶　青
副主任　顾功耘　王　迁
委　员（以姓氏笔画为序）

马长山　王立民　朱应平　刘　伟　孙万怀
杜志淳　杜　涛　杨忠孝　李秀清　李　峰
肖国兴　吴新叶　何益忠　何勤华　冷　静
沈福俊　张明军　张　栋　陈金钊　陈　刚
林燕萍　范玉吉　金可可　屈文生　贺小勇
徐家林　高　汉　高奇琦　高富平　唐　波

华东政法大学65周年校庆文丛

中美涉老法律制度概览

孙 颖 / 等著

北京大学出版社
PEKING UNIVERSITY PRESS

图书在版编目(CIP)数据

中美涉老法律制度概览/孙颖等著. —北京：北京大学出版社，2017.11
ISBN 978-7-301-28857-3

Ⅰ. ①中⋯　Ⅱ. ①孙⋯　Ⅲ. ①老年人权益保障法—研究—中国、美国　Ⅳ. ①D922.74　②D971.227

中国版本图书馆 CIP 数据核字(2017)第 250066 号

书　　　名	中美涉老法律制度概览 ZHONG-MEI SHELAO FALÜ ZHIDU GAILAN
著作责任者	孙　颖　等著
责 任 编 辑	尹　璐　朱梅全
标 准 书 号	ISBN 978-7-301-28857-3
出 版 发 行	北京大学出版社
地　　　址	北京市海淀区成府路 205 号　100871
网　　　址	http://www.pup.cn
电 子 信 箱	sdyy_2005@126.com
新 浪 微 博	@北京大学出版社
电　　　话	邮购部 62752015　发行部 62750672　编辑部 021-62071998
印 刷 者	三河市博文印刷有限公司
经 销 者	新华书店
	730 毫米×1020 毫米　16 开本　16.75 印张　275 千字 2017 年 11 月第 1 版　2017 年 11 月第 1 次印刷
定　　　价	52.00 元

未经许可，不得以任何方式复制或抄袭本书之部分或全部内容。
版权所有，侵权必究
举报电话: 010-62752024　电子信箱: fd@pup.pku.edu.cn
图书如有印装质量问题，请与出版部联系，电话: 010-62756370

崛起、奋进与辉煌

——华东政法大学65周年校庆文丛总序

  2017年,是华东政法大学65华诞。65年来,华政人秉持着"逆境中崛起,忧患中奋进,辉煌中卓越"的精神,菁莪造士,械朴作人。学校始终坚持将学术研究与育人、育德相结合,为全面推进依法治国做出了巨大的贡献,为国家、为社会培养和输送了大量法治人才。一代代华政学子自强不息,青蓝相接,成为社会的中坚、事业的巨擘、国家的栋梁,为社会主义现代化和法治国家建设不断添砖加瓦。

  65年栉风沐雨,华政洗尽铅华,砥砺前行。1952年,华政在原圣约翰大学、复旦大学、南京大学、东吴大学、厦门大学、沪江大学、安徽大学、上海学院、震旦大学9所院校的法律系、政治系和社会系的基础上组建而成。历经65年的沧桑变革与辛勤耕耘,华政现已发展成为一所以法学为主,兼有政治学、经济学、管理学、文学、工学等学科,办学特色鲜明的多科性大学,人才培养硕果累累,科研事业蒸蒸日上,课程教学、实践教学步步登高,国际交流与社会合作事业欣欣向荣,国家级项目、高质量论文等科研成果数量长居全国政法院校前列,被誉为法学教育的"东方明珠"。

  登高望远,脚踏实地。站在新的起点上,学校进一步贯彻落实"以人为本,依法治校,质量为先,特色兴校"的办学理念,秉持"立德树人、德法兼修"的人才培养目标,努力形成"三全育人"的培养管理格局,培养更多应用型、复合型的高素质创新人才,为全力推进法治中国建设和高等教育改革做出新的贡献!

  革故鼎新,继往开来。65周年校庆既是华东政法大学发展史上的重要里程碑,更是迈向新征程开创新辉煌的重要机遇。当前华政正抢抓国家"双一流"建设的战略机遇,深度聚焦学校"十三五"规划目标,紧紧围绕学校综合改革"四梁八柱"整体布局,坚持"开门办学、开放办学、创新办学"发展理念,深化"教学立校、学术兴校、人才强校"发展模式,构建"法科一流、多科融合"发展格局,深入实施"两基地(高端法律及法学相关学科人才培养基地、法学及相关学科的研究基地)、两中心(中外法律文献中心、中国法治战略研究中心)、一平台('互联网+法律'大数据平台)"发展战略,进一步夯实基础、深化特色、提升实力。同时,华政正着力推进"两院两部一市"共建项目,力争能到本世纪中叶,把学校建设成为一所"国际知名、国内领先,法科一流、多科融合,特色鲜明、创新发展,推动法治文明进步的高水平应用研究型大学和令人向往的高雅学府"。

薪火相传,生生不息。65周年校庆既是对辉煌历史的回望、检阅,也是对崭新篇章的伏笔、铺陈。在饱览华政园风姿绰约、恢弘大气景观的同时,我们始终不会忘却风雨兼程、踏实肯干的"帐篷精神"。近些年来,学校的国家社科基金法学类课题立项数持续名列全国第一,国家社科基金重大项目和教育部重大项目取得历史性突破,主要核心期刊发文量多年位居前茅。据中国法学创新网发布的最新法学各学科的十强排名,学校在法理学和国际法学两个领域排名居全国第一。当然我们深知,办学治校犹如逆水行舟,机遇与挑战并存,雄关漫道,吾辈唯有勠力同心。

为迎接65周年校庆,进一步提升华政的学术影响力、贡献力,学校研究决定启动65周年校庆文丛工作,在全校范围内遴选优秀学术成果,集结成书出版。文丛不仅囊括了近年来华政法学、政治学、经济学、管理学、文学等学科的优秀学术成果,也包含了华政知名学者的个人论文集。这样的安排,既是对华政65华诞的贺礼,也是向广大教职员工长期以来为学校发展做出极大贡献的致敬。

65芳华,荣耀秋菊,华茂春松,似惊鸿一瞥,更如流风回雪。衷心祝愿华政铸就更灿烂的辉煌,衷心希望华政人做出更杰出的贡献。

华东政法大学65周年校庆文丛编委会
2017年7月

前　　言

这本书是对一场对话的记录。

2014年春天,在互联网络科技的加持下,作为中美老龄问题研究中心的合作者,我与芝加哥约翰马歇尔法学院的Barry Kozak教授,为华东政法大学不同专业的本科生开设了远程同步课程"中美涉老法律制度"。

那是一个春季的学期。每个周二,北京时间21点到22点半,华政松江校区的远程课程教室里,二十多位来自不同专业的本科学生,透过屏幕与收音器,与踏着清晨阳光赶到芝加哥州街旁办公楼里的Barry Kozak教授一起开始一门"中美涉老法律制度"的选修课。尽管时不时会遇到网络迟滞的障碍,但是与单调寂寞的网络视频课程比较,强烈的"即时感",使得这门课程保持了教学活动作为一种"人与人的交流"所应有的灵性。

Barry Kozak教授的课程体系中,除了对美国法律制度的介绍,其他基本沿袭了目前美国法学院的涉老法框架。于是,选修的学生们采取了选取对应中国法律场景的作法参与到整个课程中。这个过程中,两种不同的法律场景以及两种不同的法律文化,渐次呈现。

对我来说,"涉老法律问题"一直是一只可借以解剖中美法律文化的"麻雀"。同步课程的开设,有了Barry与学生们的参与,使得"解剖"过程变得有趣起来。

对不同文化体内的法律制度进行比较是一件艰难的事。法律现象是一个多层次的问题,任何一个层面的比较,都基于对奠基于这一层面之下的深一层理念的分殊。这些年,人们进行法律制度比较的目的,往往在于"学习""引进"。但是,"拿来制度"不同于"拿来技术"。是否能够"拿来"合用的制度,需要"拿来者"对社会生活有全面又深入的体悟。中国传统文化中的涉老问题,绝不单单是"老龄化"问题,而是一个负载政治哲学意味的领域。面对这样的问题,鲁莽地"拿来"是断断不可取的。因此,本书没有对中美涉老法进行直接比较,而是采取了场景展示的整体比较方式。在这一过程中，Kozak教授与学生们，也成为场景的一部分。

　　转眼间，当年参与本课的学生们，除了一些还在继续求学深造，其余大都已经踏上了不同的工作岗位。时逢华东政法大学六十五年校庆，在学校科研处和民商法学科等部门的资助下，我召集了当年参与课程的部分同学作为主力，将当年的课程内容编辑成书。过程中，编者力求尽可能如实反映当年中美涉老法律文化的对话内容，所以，本书的"在场者"既有两个文化形态中的老年人、法律工作者、政府与社会，也有当年那些参与课程的法学与非法学专业的学生们。这种做法，既是在践行我于《老吾老——老年法律问题研究起点批判》一书中提出的"社会问题场景观"，也是对过往校园时光的一个纪念。

　　参与本书整理的同学有：高丹、徐沅钤、刘凯、江凌、孟祥荣、周素素、陈思洋、马腾、邱扬。美国涉老法律制度是由Barry Kozak教授提供的基础资料翻译而来，感谢华东政法大学外语学院伍巧芳教授、冯秀霞同学，法律学院江凌同学，以及慧晓法律服务中心谢晓云律师对英文资料进行的翻译和整理。

孙　颖

2017年7月1日

于华东政法大学东风楼145室

中美老龄问题研究中心

目 录

上编 **中国涉老** **法律制度**	第一章	中国法律制度概况	003
	第二章	中国涉老法律服务	039
	第三章	中国老年人监护制度	051
	第四章	中国涉老虐待问题	075
	第五章	中国老年人社会保障制度	103
下编 **美国涉老** **法律制度**	第六章	美国法律体系概况	163
	第七章	美国老年人精神行为能力法律规范分析	174
	第八章	美国财产和医疗决策的事前规划	191
	第九章	美国涉老虐待问题	201
	第十章	美国退休金融安排	216
	附录一	财产授权委托书法定简易格式	230
	附录二	医疗卫生授权委托书法定简易格式	238
	附录三	安乐死声明	244
	附录四	精神健康治疗声明	245
	附录五	伊利诺伊州公共卫生部事前指示拒绝 心肺复苏术（DNR）的统一格式	250
	附录六	加利福尼亚州2011年维持生命治疗 医嘱（POLST）	253
	参考文献		258

上编

中国涉老法律制度

第一章　中国法律制度概况

第一节　立法制度

立法,是指由特定主体依据一定的职权和程序,运用一定技术,制定、认可和变动特定社会规范的活动。广义上的立法,泛指一切有权的国家机关依法制定各种规范性法律文件的活动,它既包括国家最高权力机关及其常设机关制定宪法和法律的活动,也包括有权的地方权力机关制定其他规范性法律文件的活动,还包括国务院和有权的地方行政机关制定行政法规和其他规范性法律文件的活动。狭义上的立法,是国家立法权意义上的概念,仅指国家立法机关的立法活动,即国家的最高权力机关及其常设机关依法制定、修改和废止宪法和法律的活动。

本章内容是从广义的角度出发,讲述立法制度中的立法机构、立法程序等。中国的立法,包括全国人大及其常委会立法、国务院及其部门立法、民族自治地方立法、经济特区和特别行政区立法以及一般的地方立法。中国现行的立法制度,是中央统一领导和一定程度分权,多级并存、多类结合的立法权限划分制度。立法制度是立法活动、立法过程所须遵循的各种实体性准则的总称,是国家法制的重要组成部分。

一个国家立法制度的状况,是一个国家法制状况直接、明显的标志。从结构的角度看,有没有健全的立法制度,直接反映出一国法制健全与否。从民主的角度看,立法权是否属于人民,立法机关是否由民意产生,立法程序或立法过程是否民主、是否有透明度,都直接和明显地反映出一国法制的民主化程度。

一、法律体系

所谓的法律体系,是指一国现行有效的全部法律规范,按照一定的标准和原则,划分为不同的法律部门而形成的和谐一致、有机联系的整体。法律体系只是一国全部的国内法所构成的体系,不包括完整意义上的国际法。构成法律体系的法只是一国现行有效的法,不包括历史上曾经存在但现在已经失效的法。

按照不同的标准,我国的法律体系有不同的划分。以法律所调整的不同社会关系与不同的调整方法为标准,我国的法律体系可以划分为七大法律部门:宪法、行政法、民商法、经济法、社会法、刑法、诉讼与非诉讼程序法。以制定主体和效力的不同为标准,我国的法律体系可以划分为三个层级:法律、行政法规,以及地方性法规、自治条例和单行条例、规章。

(一)以调整对象分类

1. 宪法

在中国特色社会主义法律体系中,宪法是根本大法,是国家活动的总章程。宪法是我国法律体系的主导性法律部门,是我国社会制度、国家制度、公民的基本权利和义务及国家机关的组织与活动原则等方面法律规范的总和。它规定了国家和社会生活的根本问题,确立了各项法律的基本原则。同时,宪法相关法也是我国法律体系的主导法律部门,主要包括《全国人大组织法》《国务院组织法》《人民法院组织法》《人民检察院组织法》《民族区域自治法》《立法法》《村民委员会组织法》《城市居民委员会组织法》等。

2. 行政法

行政法是调整有关国家行政管理活动的法律规范的总和,它包括有关行政管理主体、行政行为、行政程序、行政监察与监督以及国家公务员制度等方面的法律规范。行政法涉及的范围很广,包括国防、外交、民政、公安、国安、民族、宗教、侨务、教育、科技、文卫、城建和环保等行政管理方面的法律。我国已经制定的行政法律,主要包括《行政处罚法》《行政复议法》《行政诉讼法》《行政许可法》《国家公务员法》《国家安全法》《国防法》《治安管理处罚法》《教育法》《律师法》《人口计划生育法》等。

3. 民商法

民商法是规范社会民商事活动的基础性法律。民法是指调整平等主体之间财产关系和人身关系的法律规范的总和。我国以《民法通则》《民法总则》为轴心民法法律,附之以其他单行民事法律。这些单行民事法律包括《物权法》《合同法》《担保法》《侵权责任法》《商标法》《专利法》《著作权法》《婚姻法》《继承法》《收养法》等。民法的基本原则主要是自愿、平等、等价有偿、诚实信用等。

商法是民法中的特别法,是在民法基本原则的基础上,适应现代商事交易迅速便捷的需要发展起来的。商法是调整商事主体之间的商事关系和商事行为的法律规范的总和。商法是我国实行市场经济体制之后,才开始被承认和逐渐发展的一个法律部门。目前,我国有关的商法法律规范主要有《公司法》《合伙企业法》《证券法》《保险法》《票据法》《海商法》《信托法》《破产法》等。

4. 经济法

经济法是指调整国家从社会整体利益出发,对经济活动实行干预、管理或调控所产生的社会经济关系的法律规范的总和。经济法主要包括两个部分,一是创造平等竞争环境、维护市场秩序方面的法律,主要是反垄断、反不当竞争、反倾销和反补贴等方面的法律;二是国家宏观调控和经济管理方面的法律,主要是有关财政、税务、金融、审计、统计、物价、技术监督、工商管理、对外贸易和经济合作等方面的法律。我国现已制定的经济法方面的法律,主要包括《反不正当竞争法》《反垄断法》《消费者权益保护法》《广告法》《预算法》《会计法》《农业法》《土地管理法》等。

5. 社会法

社会法的范围存在较大的学术争议。一般认为,社会法主要包括调整有关劳动关系、社会保障和社会福利等关系的法律规范的总和,是保障劳动者、失业者、丧失劳动能力的人和其他需要辅助的人合法权益的法律。社会法的目的在于从社会整体利益出发,对上述人员的权益实行必需的、切实的保障。它包括劳动用工、工资福利、职业安全卫生、社会保险、社会救济和特殊保障等方面的法律。我国目前已制定的社会法,主要包括《劳动法》《劳动合同法》《未成年人保护法》《安全生产法》《残疾人保障法》《老年人权益保障法》《工会法》等。

6. 刑法

刑法是规定犯罪、刑事责任和刑事处罚的法律规范的总和。刑法所采用的调整方法是最严厉的一种法律制裁方法,即刑罚的方法。它是在个人或单位的行为严重危害社会、触犯刑事法律的情况下,给予刑事处罚的法律。刑法执行保护社会和保卫人民的功能,承担惩治各种刑事犯罪、维护社会正常秩序,保护国家利益、集体利益以及公民各项合法权益的重要任务。我国目前的刑法,主要是1997年3月修订的《刑法》,以及此后颁布的九个刑法修正案。

7. 诉讼与非诉讼程序法

诉讼与非诉讼程序法是调整因诉讼活动和非诉讼活动而产生的社会关系

的法律规范的总和。它包括民事诉讼、刑事诉讼、行政诉讼和仲裁等方面的法律。程序法不仅是实体法的实现形式和内部生命力的表现,而且也是人民权利实现的最重要保障,其目的在于保证实体法的公正实施。我国目前的诉讼与非诉讼程序法,主要包括《刑事诉讼法》《民事诉讼法》《行政诉讼法》《仲裁法》等。

(二)以主体和效力分类

1. 法律

法律有广义和狭义之分。广义的法律泛指一切规范性文件。这里所说的法律是指狭义的法律,即由全国人大及其常委会依据法定职权和程序制定和修改,规定和调整国家、社会和公民生活中某一方面带有根本性的社会关系或基本问题的法律,是中国法的形式体系的主导。法律的地位和效力低于宪法而高于其他法,是法的形式体系中的二级大法。法律是行政法规和地方性法规的立法依据和基础,后两者不得与其相抵触,否则无效。

法律分为基本法律和基本法律以外的其他法律两种。基本法律由全国人大制定和修改,规定国家、社会和公民生活中具有重大意义的基本问题,如民法、刑法等。基本法律以外的其他法律由全国人大常委会制定和修改,规定由基本法律调整以外的国家、社会和公民生活中某一方面的基本问题,其调整面相对较窄、内容较具体,如《行政处罚法》《国家赔偿法》《法官法》《商标法》等。两种法律,具有同等的法律效力。

2. 行政法规

行政法规是由最高国家行政机关国务院依法制定和修改的,有关行政管理和管理行政两方面的规范性法律文件的总称。行政法规的基本特征在于:第一,它在法的形式体系中处于低于宪法、法律而高于地方性法规的地位。第二,它在法的形式体系中具有纽带作用,其目的是保证宪法和法律的实施。第三,它调整的社会关系和规定的事项,远比法律广泛、具体。

3. 地方性法规、自治条例和单行条例、规章

地方性法规,是由特定的地方国家权力机关依法制定和变动,效力限于本行政区域范围,作为地方司法依据之一,在法的形式体系中具有基础作用的规范性法律文件的总称。地方性法规虽然效力低于宪法、法律和行政法规,但却是不可或缺的基础性法的形式。

自治条例,是指民族自治地方的人民代表大会根据宪法和法律的规定,并结合当地民族政治、经济和文化特点制定的有关管理自治地方事务的综合性法

律规范。其内容涉及民族区域自治的基本组织原则、机构设置以及自治机关的职权、活动原则和工作制度等重要问题。单行条例,是指民族自治地方的人民代表大会及其常委会在自治权范围内,依法根据当地民族的特点,针对某一方面的具体问题而制定的法律规范。

规章是有关行政机关依法制定的、有关行政管理的规范性法律文件的总称。规章,分为部门规章和政府规章两种。部门规章是国务院所属部委等根据法律和行政法规等,在本部门的权限内所发布的各种行政性的规范性法律文件,亦称为"部委规章"。国务院所属的具有行政管理职能的直属机构发布的规范性法律文件,也属于部门规章的范围。部门规章的效力低于宪法、法律、行政法规。政府规章是指有权制定地方性法规的地方人民政府根据法律、行政法规制定的规范性法律文件,亦称为"地方政府规章"。政府规章除不得同宪法、法律、行政法规相抵触外,还不得同上级和同级的地方性法规相抵触。

二、立法主体

立法主体是立法活动的主体。一切立法的基本问题和立法活动的基本面,皆离不开立法主体。立法主体是立法理论的基石,是立法制度的重要组成部分。上文已经从主体和效力的角度将我国法律按位阶进行排序,相应位阶对应着不同的立法主体,下文将从立法主体的角度切入,介绍不同立法主体的性质以及其对应的立法权限。

我国的立法主体,包括全国人大及其常委会,国务院,国务院各部、委员会、中国人民银行、审计署、具有行政管理职能的直属机构,省、自治区、直辖市人大及其常委会,较大的市的人大及其常委会,民族自治地方的人大,省、自治区、直辖市的人民政府,较大的市的人民政府。

(一)全国人大及其常委会

1. 性质

全国人大是我国的最高国家权力机关,行使国家立法权,决定国家生活中的其他重大问题。全国人大常委会是全国人大的常设机构,在全国人大闭会期间行使国家立法权。

2. 立法权限和事项

全国人大立法,是指依法制定和变动效力可以及于我国全部主权范围的规范性法律文件活动的总称。在我国立法体制中,全国人大立法以最高性、根本性、完整性和独立性为其显著特征。全国人大常委会立法,是依法制定和变动效力可以及于全国的规范性法律文件活动的总称。全国人大常委会立法与全国人大立法共同构成我国国家立法的整体,是中央立法的重要方面。

根据《立法法》的规定,涉及国家主权,各级人大、人民政府、人民法院和人民检察院的产生、组织和职权,民族区域自治制度、特别行政区制度、基层群众自治制度,犯罪和刑罚,对公民政治权利的剥夺、限制人身自由的强制措施和处罚,税种的设立、税率的确定和税收征收管理等税收基本制度,对非国有财产的征收、征用,民事基本制度,基本经济制度以及财政、海关、金融和外贸的基本制度,诉讼和仲裁制度等事项,只能由全国人大及其常委会通过制定法律来规定。

(二)国务院

1. 性质

国务院,是我国最高国家权力机关的执行机关,是最高国家行政机关。国务院由总理、副总理、国务委员、各部部长、各委员会主任、审计长和秘书长组成。

2. 立法权限和事项

国务院立法,是中央政府依法制定和变动行政法规并参与国家立法活动以及从事其他立法活动的总称。根据《立法法》的规定,行政法规可以就下列事项作出规定:为执行法律的规定需要制定行政法规的事项、宪法规定的国务院行政管理职权的事项以及全国人大及其常委会授权的事项。

(三)国务院各部、委员会、中国人民银行、审计署和具有行政管理职能的直属机构

1. 性质

根据职能不同,国务院的行政机构分为国务院办公厅、国务院组成部门、国务院直属机构、国务院办事机构、国务院组成部门管理的国家行政机构和国务院议事协调机构。国务院的组成部门依法分别履行国务院基本的行政管理职能,包括各部、委员会、中国人民银行和审计署。

2. 立法权限和事项

根据《立法法》的规定,国务院各部、委员会、中国人民银行、审计署和具有行政管理职能的直属机构,可以根据法律和国务院的行政法规、决定、命令,在本部门的权限范围内制定规章。部门规章规定的事项,应当属于执行法律或者国务院的行政法规、决定、命令的事项。没有法律或者国务院的行政法规、决

定、命令的依据,部门规章不得设定减损公民、法人和其他组织权利或者增加其义务的规范,不得增加本部门的权力或者减少本部门的法定职责。同时,涉及两个以上国务院部门职权范围的事项,应当提请国务院制定行政法规或者由国务院有关部门联合制定规章。

(四)省、自治区、直辖市人大及其常委会

1. 性质

省、自治区、直辖市人大是省级国家权力机关,在地方的国家机关系统中处于最高地位。省、自治区、直辖市人大常委会,是省级人大的常设机关,具有地方国家权力机关的性质,其组成人员由省级人大在本级人大代表中选举产生。

2. 立法权限和事项

省、自治区、直辖市人大的立法权限,主要包括地方性法规的制定、修改、废止和解释,根据全国人大及其常委会的授权进行立法,对省级人大常委会的立法权和法规批准权进行监督。省、自治区、直辖市人大常委会的立法权,主要包括地方性法规的制定、修改、废止和解释,根据全国人大及其常委会、国务院或上级人大的授权进行立法,对较大的市的地方性法规和自治州、自治区的自治条例和单行条例的批准,对省级人民政府规章的监督。

(五)较大的市的人大及其常委会

1. 性质

较大的市,是指省、自治区人民政府所在地的市,经济特区所在地的市和经国务院批准的较大的市。具体而言,目前省、自治区人民政府所在地的市有27个;经济特区所在地的市有4个,即深圳市、珠海市、厦门市和汕头市;经国务院批准的较大的市有18个,即唐山市、大同市、包头市、大连市、鞍山市、抚顺市、吉林市、齐齐哈尔市、无锡市、淮南市、青岛市、洛阳市、宁波市、邯郸市、本溪市、淄博市、苏州市和徐州市。

2. 立法权限和事项

较大的市的人大的立法权限,包括地方性法规的制定、修改、废止和解释,根据全国人大及其常委会、国务院、省级人大及其常委会的授权进行立法,对其常委会制定地方性法规进行监督。较大的市的人大常委会的立法权限,包括地方性法规的制定、修改、废止和解释,根据全国人大及其常委会、国务院、省级人大及其常委会的授权进行立法,对较大的市的人民政府制定规章进行监督。另外,经济特区所在地的市的人大及其常委会还有经济特区法规的制定权。

(六）民族自治地方的人大

1. 性质

民族自治地方是建立在实行民族区域自治地方的具有自治权力和地位的地方行政单位,民族自治地方的人大是民族自治地方的权力机关。

2. 立法权限和事项

民族自治地方的人大有权依照当地民族的政治、经济和文化的特点,制定自治条例和单行条例。自治区的自治条例和单行条例报全国人大常委会批准后生效,自治州和自治县的自治条例和单行条例报省、自治区、直辖市的人大常委会批准后生效。自治条例是综合性的,是对自治地方实行民族区域自治的基本组织原则、机构设置、自治机关的职权等综合性问题的规定。单行条例是个别性的,是对民族自治地方某个或某些具体问题的规定。同时,自治条例和单行条例可以依照当地民族的特点,对法律和行政法规作出变通规定,但不得违背法律和行政法规的基本原则,不得对宪法和民族区域自治法的规定以及其他有关法律、行政法规专门就民族自治地方所作的规定作出变通规定。

（七）省、自治区、直辖市以及较大的市的人民政府

1. 性质

省、自治区、直辖市人民政府是省级人大的执行机关,是地方最高的行政机关,对上服从国务院的统一领导,对下负责和组织本行政区域内的行政工作。较大的市的人民政府是地方行政机关,向本级人大及其常委会负责并报告工作、向省级政府负责并报告工作,并同时接受国务院的统一领导,负责组织整个行政区域内的经济文化建设和市政工作以及其他各项行政事务。

2. 立法权限和事项

省、自治区、直辖市以及较大的市的人民政府,可以根据法律、行政法规和本省、自治区、直辖市的地方性法规,制定政府规章。政府规章可以就为执行法律、行政法规、地方性法规的规定需要制定规章的事项,以及属于本行政区域的具体行政管理事项作出规定。

三、立法程序

（一）内涵

立法程序,是指有关国家机关在进行立法活动时必须遵循的步骤和方法。[①]

[①] 参见魏海军主编:《立法概述》,东北大学出版社 2013 年版,第 199 页。

从法的创制角度来说,立法程序属于形式的方面,但内容和形式总是相互联系、相互依存的。因此,立法程序是一国立法制度的重要组成部分,立法程序并非可有可无,而是立法主体在立法时必须严格遵循的。立法程序往往直接影响并体现立法内容,影响立法的质量。因此,健全、完善立法程序,不仅是立法本身的要求,也是国家立法发展程度的表征。

(二)法律的制定程序

根据《立法法》和有关法律的规定,全国人大及其常委会制定法律的基本程序,包括法律案的提出、审议、表决和公布四个阶段。

1. 法律案的提出

提出法律案,就是由有立法提案权的机关、组织和人员,依据法定程序向有权立法的机关提出关于制定、认可、变动规范性法律文件的提议和议事原型的专门活动。① 有权向全国人大提出法律案的主体有两个:一是有关国家机关,即全国人大主席团、全国人大常委会、国务院、中央军委、最高人民法院、最高人民检察院、全国人大各专门委员会,可以向全国人大提出法律案,由主席团决定列入会议议程。二是一个代表团或者30名以上代表联名,也可以提出法律案,由主席团决定是否列入会议议程,或者先交有关的专门委员会审议、提出是否列入会议议程的意见,再决定是否列入议程。专门委员会审议时,可以邀请提案人列席会议、发表意见。

有权向全国人大常委会提出法律案的主体也有两个:一是有关国家机关,即委员长会议、国务院、中央军委、最高人民法院、最高人民检察院、全国人大各专门委员会,可以向常委会提出法律案,由委员长会议决定列入常委会会议议程,或者先交有关的专门委员会审议、提出报告,再决定列入常委会会议议程。如果委员长会议认为法律案有重大问题需要进一步研究,可以建议提案人修改完善后再向常委会提出。二是常委会组成人员十人以上联名,可以向常委会提出法律案,由委员长会议决定是否列入常委会会议议程,或者先交有关的专门委员会审议、提出是否列入会议议程的意见,再决定是否列入常委会会议议程。不列入常委会会议议程的,应当向常委会报告或者向提案人说明。专门委员会审议时,可以邀请提案人列席会议、发表意见。

根据《立法法》的规定,提出法律案应当同时提出法律草案文本及其说明,

---

① 参见张文显主编:《法理学》,高等教育出版社、北京大学出版社2007年版,第231页。

并提供必要的资料。其中,法律草案文本是法律案中最重要的内容,它以条文的形式体现立法目的、指导思想、原则和所要确立的法律规范。起草法律草案,是立法工作的基础性环节,一般包括以下几个环节:一是立项,作出立法决策。二是建立起草班子,开展起草工作。三是进行调查研究包括召开各种座谈会、专题研讨会、基层调查、收集各方面的资料等。四是形成草案框架和对主要问题的意见。五是起草条文即运用立法技术,科学地表达需要确立的法律规范。起草出来的法律草案,最初一般称"试拟稿",供在一定范围内研究讨论。"试拟稿"经起草部门或单位初步讨论同意,报送有关主管机关批准同意后,形成为"征求意见稿"或"讨论稿",发各方面征求意见。六是"征求意见稿"或"讨论稿"形成后,通常要广泛征求有关方面的意见。七是形成送审稿并对送审稿进行审查。八是由提案机关讨论决定,形成正式的法律案。国务院提出法律案,一般由国务院常务会议讨论通过;中央军委提出法律案,由中央军事委员会讨论通过;最高人民法院和最高人民检察院提出法律案,一般由审判委员会或检察委员会讨论通过;全国人大常委会委员长会议和全国人大专门委员会提出法律案,分别由委员长会议或专门委员会讨论通过。

2. 法律案的审议

审议法律案,是立法过程中的一个重要阶段。全国人大及其常委会审议法律案的过程,实质是充分发扬民主、集思广益的过程。

(1) 全国人大审议法律案的程序

全国人大审议法律案的主要程序为:一是在会议举行前一个月将法律草案发给代表,以便代表进行认真研究、准备意见;二是在大会全体会议上听取提案人作关于法律草案的说明;三是各代表团全体会议或小组会议对法律草案进行审议;四是有关的专门委员会对法律草案进行审议、提出审议意见,然后由法律委员会根据各代表团和有关的专门委员会的审议意见,对法律草案进行统一审议,向主席团提出审议结果的报告,并提出法律草案修改稿。全国人大审议法律案,一般经过一次会议审议后即交付表决。

(2) 全国人大常委会审议法律案的程序

全国人大常委会审议法律案的主要程序为:一是在常委会会议举行的7日前将法律草案发给常委会组成人员,以便常委会组成人员进行认真研究、准备意见;二是在常委会全体会议上听取提案人作关于法律草案的说明,由提案人委托的人对制定该法律的必要性、可行性、立法的指导思想和基本原则以及法律草案的主要内容作出说明;三是常委会分组会议对法律草案进行审议,在此基础上,必要时可以召开联组会议进行审议;四是有关的专门委员会对法律草案进行审议,提出审议意见,然后由法律委员会根据各常委会组成人员、有关的专门委员会的审议意见和其他各方面的意见,对法律草案进行统一审议,向常委会提出审议意见的汇报或者审议结果的报告,并提出法律草案修改稿。全国人大常委会审议法律案的一个重要特点是一般实行三审制,即一个法律案一般应当经过三次常委会会议审议后,才能交付表决。

(3) 广泛听取各方面意见的制度

在立法过程中,除了人大代表和常委会组成人员参加审议讨论、提出意见外,还要广泛听取各个方面的意见,是我国立法工作必须遵循的一条重要原则和基本经验。《立法法》总结实践经验,对广泛听取各方面意见的制度,作出了比较全面的规定,主要包括:书面征求意见、座谈会、听证会、论证会、向社会公布法律草案公开征求意见等几种制度。

3. 法律案的表决

列入全国人大会议审议的法律案,经法律委员会统一审议提出的法律草案修改稿,交各代表团进行审议,然后由法律委员会根据各代表团的审议意见进行修改,提出法律草案建议表决稿,由主席团提请人大全体会议表决,由全体代表的过半数通过。

列入全国人大常委会审议的法律案,经法律委员会统一审议提出的法律案修改稿,交常委会进行审议,由法律委员会根据常委会组成人员的审议意见进行修改,提出法律草案建议表决稿,由委员长会议提请常委会全体会议表决,由全体常委会组成人员的过半数通过。

4. 法律的公布

法律的公布是立法的最后一道程序,是法律生效的必要条件。经全国人大及其常委会通过的法律,由国家主席签署主席令予以公布。签署公布法律的主席令载明该法律的制定机关、通过和施行日期。法律签署后,及时在全国人大常委会公报和在全国范围内发行的报纸上刊登,在常委会公报上刊登的法律文本为标准文本。

(三) 行政法规的制定程序

行政法规的制定程序主要体现在《立法法》和《行政法规制定程序条例》这两个规范性文件之中。从内容看,行政法规的制定程序起点是立项,终点为行政法规的公布与解释。

1. 立项

立项就是指行政立法机构正式将某一行政立项或规章的制定工作列入立法计划的活动。[①] 国务院有关部门认为需要制定行政法规的,应当于每年年初编制国务院年度立法工作计划前,向国务院报请立项。

国务院有关部门报送的行政法规立项申请,应当说明立法项目所要解决的主要问题、依据的方针政策和拟确立的主要制度。列入国务院年度立法工作计划的行政法规项目,应当符合适应改革、发展、稳定的需要,有关的改革实践经验基本成熟以及所要解决的问题属于国务院职权范围,并需要国务院制定行政法规的事项。

2. 起草

起草是指拟定行政法规条文草案和说明的活动。行政法规由国务院起草,国务院年度立法工作计划确定行政法规由国务院的一个部门或者几个部门具体负责起草工作,也可以确定由国务院法制机构起草或者组织起草。一般来说,不同事项由不同单位承担起草任务。

起草行政法规,除应当遵循《立法法》确定的立法原则,并符合宪法和法律的规定外,还应当符合下列要求:(1)体现改革精神,科学规范行政行为,促进政府职能向经济调节、社会管理和公共服务转变;(2)符合精简、统一、效能的原则,相同或者相近的职能规定由一个行政机关承担,简化行政管理手续;(3)切实保障公民、法人和其他组织的合法权益,在规定其应当履行的义务的同时,应当规定其相应的权利和保障权利实现的途径;(4)体现行政机关的职权与责任相统一的原则,在赋予有关行政机关必要职权的同时,应当规定其行使职权的条件、程序和应承担的责任。

起草行政法规,应当深入调查研究,总结实践经验,广泛听取有关机关、组织和公民的意见。听取意见可以采取召开座谈会、论证会、听证会等多种形式。

起草部门向国务院报送的行政法规送审稿,应当由起草部门主要负责人签署。几个部门共同起草的行政法规送审稿,应当由该几个部门主要负责人共同签署。起草部门将行政法规送审稿报送国务院审查时,应当一并报送行政法规送审稿的说明和有关材料。

[①] 参见卓泽渊:《法理学》,法律出版社2009年版,第268页。

3. 审查

报送国务院的行政法规送审稿，由国务院法制机构负责审查。具体审查行政法规送审稿是否符合宪法、法律的规定和国家的方针政策；是否符合《行政法规制定程序条例》第 11 条的规定；是否与有关行政法规协调、衔接；是否正确处理有关机关、组织和公民对送审稿主要问题的意见；其他需要审查的内容。若出现制定行政法规的基本条件尚不成熟的或者有关部门对送审稿规定的主要制度存在较大争议，起草部门未与有关部门协商等情形，国务院法制机构可以缓办或者退回起草部门。

国务院法制机构应当就行政法规送审稿涉及的主要问题，深入基层进行实地调查研究，听取基层有关机关、组织和公民的意见。行政法规送审稿涉及重大、疑难问题的，国务院法制机构应当召开由有关单位、专家参加的座谈会、论证会，听取意见、研究论证。行政法规送审稿直接涉及公民、法人或者其他组织的切身利益的，国务院法制机构可以举行听证会，听取有关机关、组织和公民的意见。最终在行政法规草案完成之后，由国务院法制机构提请国务院常务会议审议或者直接提请国务院审批。

4. 审议或审批

行政法规草案由国务院常务会议审议，或者由国务院审批。一般而言，国务院法制机构修改形成的法规草案需要经过国务院常务会议审议，审议时由国务院法制机构或者起草部门作说明。对于调整范围单一、各方面意见一致或者依据法律规定制定的配套行政法规草案，可以由国务院法制机构直接提请国务院审批。

在提请国务院常务会议审议或国务院审批之后，国务院法制机构应当根据国务院对行政法规草案的审议意见，对行政法规草案进行修改，形成草案修改稿，之后报请总理签署国务院令公布施行。

5. 公布与解释

行政法规由国务院总理公布。总理公布行政法规采用签署国务院令，并且在国务院公报和在全国范围内发行的报纸上刊登的方式。行政法规应当自公布之日起 30 日后施行。但是，涉及国家安全、外汇汇率、货币政策的确定以及公布后不立即施行将有碍行政法规施行的，可以自公布之日起施行。行政法规在公布后的 30 日内由国务院办公厅报全国人大常委会备案。

行政法规条文本身需要进一步明确界限或者作出补充规定的，由国务院负责解释。国务院法制机构研究拟定行政法规解释草案,报国务院同意后,由国务院公布或者由国务院授权有关部门公布。行政法规的解释与行政法规具有同等效力。

(四) 地方性法规的制定程序

1. 一般地方性法规的制定

《立法法》规定,一般地方性法规案的提出、审议和表决程序,根据《地方各级人大和地方各级人民政府组织法》,参照本法第二章第二节、第三节、第五节的规定,由本级人大规定。即一般地方性法规的制定,参照法律的制定程序,具体条文由相应级别的人大规定。法律和地方性法规的制定程序、主体虽有区别,但其基本原则仍然是相通的。因此,一般地方性法规的制定程序也包括提出、审议、表决和公布。

2. 特殊地方性法规的制定

(1) 自治条例和单行条例的制定

民族自治地方的人大有权依照当地民族的政治、经济和文化的特点,制定自治条例和单行条例。自治条例和单行条例可以依照当地民族的特点,对法律和行政法规的规定作出变通规定,但不得违背法律或者行政法规的基本原则,不得对宪法和民族区域自治法的规定以及其他有关法律、行政法规专门就民族自治地方所作的规定作出变通规定。自治区的自治条例和单行条例,报全国人大常委会批准后生效。自治州、自治县的自治条例和单行条例,报省、自治区、直辖市的人大常委会批准后生效。自治条例和单行条例报经批准后,分别由自治区、自治州、自治县的人大常委会发布公告予以公布。

(2) 经济特区法规的制定

经济特区法规,是经济特区所在地的省、市的人大及其常委会根据全国人大的授权,决定制定的在经济特区范围内实施的法规。经济特区法规是我国地方立法的一种特殊形式,是改革开放的产物。经济特区可以对法律、行政法规和地方性法规作变通,但是应在全国人大授予的权限范围内变通。同时,由于特殊的制定权来源和原则,经济特区法规无须报请批准,只需备案即可生效。

(五) 规章的制定程序

如前所述,规章分为部门规章和地方政府规章。《立法法》规定,国务院部门规章和地方政府规章的制定程序,参照本法行政法规的规定,由国务院规定。

四、关于司法解释

司法解释是具有中国特色的法律性文件，是指最高人民法院、最高人民检察院根据法律的授权，对如何具体运用法律问题作出的具有普遍司法效力的规范性解释。在我国的整个法律渊源体系中，司法解释占据着重要位置，它与立法机关制定的法律有着紧密的联系，它的存在涉及司法权与立法权的界分。司法解释具有法律效力，在法律实务中可以被裁判、引用，在一定程度上构成了我国的"法律渊源"，对经济社会的发展和社会成员权利的得失影响深刻，直接影响着审判权的范围与行使方式，关系到公民权利的司法保障。

（一）含义

司法解释，是最高人民法院、最高人民检察院对审判工作中具体应用法律、法令问题的解释，其旨在解决法律冲突、填补立法空白，通过解释使法律更适应社会发展的需要，以促进社会秩序稳定，维护公平正义。我国司法解释制度的存在，源于法律的滞后性，同时还可能因为立法机关怠于行使立法解释权而造成司法实务的混乱。在这种情况下，最高人民法院、最高人民检察院作为最高司法机关在立法机关的授权下展开司法解释工作是解决审判中法律适用问题的现实出路。从性质上说，司法解释属于"授权性"解释。它与"主权性"的立法解释相比，在内容、效力、方式上具有很大不同。在内容上，司法解释只能在现有立法本意之下，依据授权就司法领域涉及的审判、检察业务中如何具体适用法律的问题作出解释；在效力上，司法解释不得与立法解释相冲突，效力等级低于立法解释；在方式上，司法解释多以批复、意见、解答等形式作出。

（二）功能

1. 司法解释是保障法院严格司法的手段

法律通过解释得以正确适用，这是由法律所固有的抽象性的特点所决定的。社会是发展的、动态的，由此组建的社会关系也是发展的。即使在一个静态的社会中，由于法律的滞后性也不可能创造出能解决一切可能争议的法律。当今社会，社会结构和经济结构处于快速变动之中，司法实践中的新情况、新问题层出不穷，原有法律不可能概括许多新的法律关系。全国人大常委会"补充立法"也不可能完全及时地解决这些大量出现的新情况、新问题。因此，最高人民法院、最高人民检察院颁布的司法解释可以及时补充和完善法律，从而正确地适用法律。

2. 司法解释是不断完善法律的途径

司法解释对法律完善的作用表现在，一方面，法律的适用性只能通过司法活动适用于具体案件之上才能验证，如果法律的适用性降低，立法又难以及时修改，则需要灵活的司法解释弥补法律的缺陷。另一方面，司法解释的运用为法律的制定提供了可靠的实证经验。多年来，我国司法解释的运用和发展为立法工作提供了极为丰富的经验，我国许多法律的制定与颁布都借鉴了司法解释的成果，司法解释也为法律规则在实际运用中的合理性提供了足够的信息。

3. 司法解释是对法官自由裁量的合理限制，也是保障公正裁判的重要内容

立法的疏漏以及规则过于原则和抽象，不仅给法官适用法律造成了困难，而且为法官留下了极大的自由裁量空间。在法官职业素养不高的情况下，过大的自由裁量权无疑会出现裁判不公的危险。面对此种状况，较为可行的办法是加强司法解释，使法律规则具体、明确，法律漏洞得以弥补，并通过司法解释对各级法院的裁判活动的拘束，从而严格限制法官的自由裁量，保障公正裁判，实现法的安全价值。

第二节 司 法 制 度

司法是一个国家法律体系的重要组成部分，是使法律规范转化为现实的法律实践，使静态的法成为动态和活的法，使抽象的权利义务得以实现的最重要和最终的保障。[①]

司法制度的概念，有广义和狭义之分。狭义的司法制度，仅指法院制度，即审判制度。广义的司法制度，是指国家司法机关和法律授权的组织适用法律处理诉讼案件和非诉案件的制度。广义司法制度说是我国司法制度理论的主流观点。广义司法制度主要包括两个方面的内容：一是审判制度和检察制度，这是主要的司法制度；二是侦查制度、监狱制度、律师制度、调解制度、仲裁制度和公证制度等。[②] 本节将主要对审判制度和检察制度进行介绍。

一、审判制度

（一）制度概述

审判制度是一国法律制度的重要组成要素，同时也是国家制度的重要组成

[①] 参见范愉：《司法制度概论》，中国人民大学出版社2003年版，第1页。
[②] 参见李卫平主编：《司法制度教程》，郑州大学出版社2004年版，第7页。

部分。它是由宪法、人民法院组织法、法官法、诉讼法等规范所组成的。审判制度是伴随着国家的产生而产生的,并随着国家制度的发展完善和国家权力的分工而逐渐形成的一套独立的制度。我国当代的审判制度由刑事、民事和行政三部分组成。

审判制度中的基本原则是指人民法院在审判活动中必须遵循的基本行为准则,对审判活动具有普遍指导意义。在我国当代审判制度中,普遍适用于刑事、民事和行政诉讼的共同基本原则主要包括:司法独立原则,以事实为依据、以法律为准绳,适用法律一律平等,以及法律监督原则。

除以上共同的基本原则之外,刑事、民事、行政诉讼还存在各自特有的基本原则。例如,刑事诉讼中的辩护原则、民事诉讼中的调解原则、行政诉讼中的合法性审查原则等,这些原则仅适用于相应的审判活动。

(二)组织体系设置

1. 法院组织体系

根据现行宪法和人民法院组织法的规定,人民法院是国家的审判机关,其组织体系是:地方各级人民法院、专门法院和最高人民法院。各级各类人民法院的审判工作统一接受最高人民法院的监督,地方各级人民法院根据行政区划设置,专门法院根据需要设置。

地方各级人民法院分为基层人民法院、中级人民法院、高级人民法院。专门法院,是指根据实际需要在特定部门设立的审理特定案件的法院,目前在我国设军事、海事、铁路运输法院等专门法院。

最高人民法院是国家的最高审判机关,监督地方各级人民法院和专门法院的审判工作。[①]

2. 法院审判组织

(1)合议庭与独任法官

人民法院实行合议制,审理第一审案件,由法官或者由法官与人民陪审员组成合议庭进行(但是简单的民事案件、轻微的刑事案件和法律另有规定的案件除外);审理第二审案件和其他应当组成合议庭审理的案件,由法官组成合议庭进行。独任法官,即由一名法官组成的审判组织。使用简易程序审理的简单民事案件、轻微的刑事案件和法律另有规定的案件,由独任法官审理。

---

① 参见高其才、罗昶编著:《中国法律制度概要》,清华大学出版社2005年版,第228页。

(2) 审判委员会

根据《人民法院组织法》的规定,各级人民法院设立审判委员会。各级人民法院审判委员会会议由院长主持,本级人民检察院检察长可以列席。审判委员会实行民主集中制,其任务是总结审判经验、讨论重大的或者疑难的案件、讨论决定其他审判工作的问题。

(三) 审判工作制度

1. 公开审判制度

公开审判制度,是指人民法院审理案件除法律另有规定外,都应当公开开庭,公开举证、质证、公开宣判;对依法不公开审理的案件也要公开宣判。[①] 该制度将人民法院的审判活动置于社会的监督之下,有利于确保审判的公开性。法律规定的不公开审理的情况,主要包括涉及国家秘密的案件、涉及个人隐私的案件和未成年人犯罪的案件。此外,在民事诉讼中,对于离婚案件和涉及商业秘密的案件,经当事人申请也可以不公开审理。

2. 两审终审制度

两审终审制度,是指一个案件经过两级法院的审判即宣告终结的制度。当事人对地方各级人民法院审理第一审案件所作出的判决、裁定不服的,可以按照法律规定的程序向上一级人民法院提起上诉,人民检察院也可以按照法律规定的程序向上一级人民法院抗诉,启动第二审程序。第二审人民法院的判决、裁定为终审的判决、裁定,一经作出即发生法律效力,当事人不得再提起上诉。两审终审制度存在例外情况,最高人民法院管辖的案件实行"一审终审";基层人民法院按照民事诉讼法规定的特别程序,审理的选民资格案件、宣告失踪案件、宣告死亡案件、认定公民无行为能力案件、认定公民限制行为能力案件以及认定财产无主案件亦实行"一审终审"。

3. 合议制度

合议制度,是指人民法院审理案件,由审判人员依照法定人数和要求组成合议庭进行。根据《人民法院组织法》以及三大诉讼法的规定,人民法院审理第一审案件,由审判员组成合议庭或者由审判员和人民陪审员组成合议庭进行,简单的民事案件、轻微的刑事案件和法律另有规定的案件可以由审判员一人独任审判。人民法院审理第二审案件,由审判员组成合议庭进行。

[①] 参见李卫平主编:《司法制度教程》,郑州大学出版社 2004 年版,第 92—93 页。

4. 回避制度

回避制度，是指审判人员具有法定情形，必须回避，不参与案件审理的制度。回避制度是保证案件获得公正审理的制度。回避方式有两种，即自行回避与申请回避。回避制度适用的人员范围，一般包括审判人员、书记员、翻译人员、鉴定人、勘验人以及刑事诉讼中的侦查人员和检察人员。在民事、行政诉讼中，院长担任审判长时的回避，由审判委员会决定；审判人员的回避，由院长决定；其他人员的回避，由审判长决定。在刑事诉讼中，审判人员、检察人员、侦查人员的回避，应当分别由院长、检察长、公安机关负责人决定。

(四) 审判程序

审判程序，是指人民法院审理案件及执行判决和裁定必须遵循的步骤和规范。审判制度可分为刑事、民事、行政三大类别，三大诉讼程序有相同及相通之处，但又有所区别。

1. 刑事诉讼程序

从总体上说，刑事诉讼程序分立案、侦查、起诉、审判、执行五个阶段。刑事诉讼的审判程序，包括第一审程序、第二审程序、死刑复核程序和审判监督程序。第一审程序和第二审程序是两审终审制度下的一般审判程序。死刑复核程序和审判监督程序则是刑事诉讼中的特殊审判程序，是两审终审制度的例外情况。①

2. 民事诉讼程序

民事诉讼程序是指法院在所有诉讼参与人的参加下，按照法律程序审理民事案件的诉讼活动。民事诉讼程序的一般程序，也是由第一审程序和第二审程序组成的。第一审程序，包括普通程序、简易程序和小额诉讼程序。普通程序的基本阶段分为起诉、受理与不受理、受理后的处理、审判前的准备、审理这几个阶段。在无特别规定时均适用普通程序的规定。简易程序，是指基层人民法院及其派出法庭审理简单民事案件所适用的诉讼程序，是第一审程序中与普通程序相并列的独立的诉讼程序。小额诉讼程序，是指标的额为各省、自治区、直辖市上年度就业人员年平均工资30%以下的案件所采用的程序。人民法院适用简易程序审理小额案件时，实行一审终审，当事人不得对小额案件的判决提出上诉。

---

① 参见张彩凤主编：《比较司法制度》，中国人民公安大学出版社2007年版，第411页。

第二审程序，是指因诉讼当事人不服地方人民法院尚未生效的第一审判决或者裁定，而依法向第一审法院的上一级人民法院提出上诉，要求撤销或者变更原判决或裁定，上一级人民法院进行审判所适用的程序。

再审程序，又称"审判监督程序"，是对已经发生法律效力的裁判进行再审的程序，它不是民事诉讼的必经程序。再审程序分为两个阶段，一是再审的提起阶段，二是再审的审理阶段。再审的提起只能由特定的机关和人员完成，有权提起再审的主体包括各级人民法院院长、上级人民法院、最高人民法院，或者是有检察监督权的人民检察院，以及当事人或特定的案外人。

此外，民事诉讼程序还包括特别程序、督促程序、公示催告程序。特别程序，是指人民法院审理特定类型的民事非诉案件和选民资格案件所适用的程序。督促程序，是指人民法院根据债权人的申请，向债务人发出支付令，催促债务人在法定期限内向债权人清偿债务的法律程序。公示催告程序，是指在票据持有人的票据被盗、遗失或者灭失的情况下，人民法院根据当事人的申请，以公告的方式催告利害关系人在一定期间内申报权利，如果逾期无人申报，根据申请人的申请，依法作出除权判决的程序。

3. 行政诉讼程序

行政诉讼程序，是指公民、法人或者其他组织认为行政机关或被授权组织及其工作人员的行政行为侵犯其合法权益，向人民法院提起诉讼，由人民法院依法行使行政判权解决行政争议的活动。行政诉讼程序包括第一审程序和第二审程序两个一般程序，没有简易程序。行政诉讼的第一审程序，是人民法院审理行政案件通常适用的最基本的程序，完整地反映了行政诉讼程序的基本结构。行政诉讼第二审程序，也称为"上诉审程序"，是指当事人不服地方一审法院尚未生效的判决或者裁定，依法向一审法院的上一级法院提起上诉，上一级法院进行案件审理所适用的程序。行政诉讼中的审判监督程序，也是对判决、裁定已经发生法律效力但确有错误的案件进行重新审理的程序，其适用条件与民事诉讼中的审判监督程序基本相同。

在刑事诉讼、民事诉讼、行政诉讼三类诉讼中，行政诉讼与民事诉讼具有更多的共同点。行政诉讼中可以适用《民事诉讼法》的相关规定，人民法院审理行政案件时，关于期间、送达、财产保全、开庭处理、调解、终止诉讼、简易程序、执行等，以及人民检察院对行政案件受理、审理、裁判、执行的监督，在《行政诉讼法》没有规定的前提下，适用《民事诉讼法》的相关规定。

二、检察制度

（一）制度概述

1. 概念

检察制度是我国一项重要的法律制度，是指国家检察机关的性质任务、组织与活动原则以及工作制度的总称。[①] 从原始社会的血亲复仇发展到阶级社会的国家审判；从国家行政职能和司法职能混为一体，发展到行政职能、司法职能分离，形成独立的司法机关；再从司法职能中分化出起诉职能和审判职能，形成现代意义的检察制度，这经历了一个十分漫长的过程。[②] 根据《宪法》和《人民检察院组织法》的规定，人民检察院是国家的法律监督机关，行使国家的检察权。人民检察院由同级人大产生，向人大负责并报告工作。

2. 原则

（1）检察权统一行使原则

检察权统一行使原则，又称为"检察一体原则"，是指各级检察机关、检察官依法构成的统一整体，在行使职权、执行职务过程中实行"上命下从"，即根据上级检察机关、检察官的指示和命令进行工作。在该原则的指导下，各级检察机关构成不可分割的统一整体，每个检察机关和检察官的活动均需依照法律赋予的权力进行。每个检察机关和检察官的活动也是整个检察机关全部活动的有机组成部分，各级检察机关在检察工作中应当注重相互之间的配合与协作，加强协调统一；各级检察机关内部形成纵向的上级命令下级、下级服从上级的领导关系；对于各级检察官而言，下级检察官在履行职务时应当遵从上级检察官的命令，上级检察官负有监督指挥下级检察官的职责。[③]

检察权统一行使原则显示了检察机关与审判机关在体制上的明显差异，既符合检察机关独立性的客观需要，又与检察机关职权活动的特性相适应，同时还与诉讼规律相一致。总之，以检察权统一行使作为检察机关的重要活动原则，强化检察机关的领导体制，使各级检察机关和检察官在检察活动中凝为一体，可以保证检察活动的高效和公正，可以保障检察机关能够有效地维护国家法律的正确统一实施。

[①] 参见熊先觉、流运宏：《中国司法制度学》，法律出版社2007年版，第83页。
[②] 参见李莹：《检察制度在中国的引进与发展》，载《科技信息》2008年第33期。
[③] 参见谭世贵主编：《中国司法制度》，法律出版社2008年版，第119—120页。

(2) 检察权独立行使原则

《宪法》第 131 条规定:"人民检察院依照法律规定独立行使检察权,不受行政机关、社会团体和个人的干涉。"《人民检察院组织法》和《刑事诉讼法》也作了相同的规定。作为一项宪法原则,人民检察院依法独立行使检察权具有十分重要的意义。这一原则具有两个方面的含义:第一,检察权只能由人民检察院代表国家行使,其他任何机关、社会团体和个人都无权行使;第二,人民检察院在代表国家行使检察权时,必须依法行使,不受行政机关、社会团体和个人的干涉。①

(3) 对诉讼活动实行法律监督原则

检察机关对诉讼活动实行法律监督原则,是指检察机关依法对各种诉讼的进行,以及诉讼中国家专门机关和诉讼参与人的诉讼活动进行监督,其重点是对诉讼活动中国家机关及其工作人员的违法行为和违法事项进行监督。②

目前检察机关的监督重心是在刑事监督上,包含立案监督、侦查监督、审判监督和执行监督等重要内容。在对民事诉讼监督和行政诉讼监督上,目前检察机关主要是通过审判监督程序以抗诉的方式实施,因此在监督范围、参与程度、监督效果等方面还非常有限。为了加强对民事诉讼和行政诉讼的监督,督促纠正裁判不公问题,针对影响民事诉讼和行政诉讼监督实效的相关问题,最高人民检察院制定了《人民检察院民事行政抗诉案件办案规则》,从而使人民检察院对民事诉讼活动和行政诉讼活动进行的法律监督更具操作性。③

由于诉讼监督与各类案件的处理过程和结果有着紧密的联系,缺少监督的权力必然会被滥用,因此,加强对诉讼过程的监督,发现和纠正司法活动中的违法情况,对实现司法公正有着重要的意义。因此,必须坚持检察机关对诉讼活动实行法律监督的原则。

(二) 机构设置

1. 检察院组织体系

根据《宪法》和《人民检察院组织法》的规定,人民检察院是我国的检察机关。我国检察组织体系,包括最高人民检察院、地方各级人民检察院和军事检察院等专门人民检察院,以及省一级、县一级人民检察院根据工作需要设立的

---

① 参见谭世贵主编:《中国司法制度》,法律出版社 2008 年版,第 120 页。
② 同上书,第 122 页。
③ 同上书,第 122—123 页。

派出检察院。

最高人民检察院是我国的最高检察机关,由最高国家权力机关即全国人大产生,对全国人大及其常委会负责并报告工作。其主要职责有:领导地方各级人民检察院和专门人民检察院的工作;根据法律授权,对法律具有司法解释权;对国家安全机关及其侦查活动是否合法实行监督;对各级人民法院已经发生法律效力的判决和裁定,如果发现确有错误,按照审判监督程序提出抗诉;依法对监狱、看守所的活动实行监督;依法对民事、行政诉讼实行监督等。

地方各级人民检察院包括:省、自治区、直辖市人民检察院;省、自治区、直辖市人民检察院分院,自治州、省辖市人民检察院;县、县级市、自治县和市辖区人民检察院。此外,根据工作需要,省一级人民检察院和县一级人民检察院,经提请本级人大常委会批准,可以在工矿区、农垦区、林区等区域设置人民检察院,作为派出机构。为了更好地履行宪法和法律赋予人民检察院法律监督的职责,地方各级人民检察院还可以在监狱、看守所等羁押场所设立驻监、驻所检察室,在乡镇、税务机关设立检察室等。这些检察室都是检察机关的派出机构,依法履行检察职责。各级人民检察院的主要职责是:对于危害国家安全的法律、法规、政策等的重大犯罪案件,行使检察权;对依据刑事诉讼法直接享有管辖权的刑事案件进行侦查;对于公安机关依法侦查的案件进行审查监督,决定是否进行逮捕、起诉或者免于起诉;对于公安机关侦查活动的合法性进行监督等。

专门检察院是在最高人民检察院的领导下,在特定的组织系统或行业内设立的检察机关,包括军事检察院、铁路运输检察院、水上运输检察院以及其他专门检察院。专门检察院的设置、组织和职权由全国人大常委会另行规定。

2. 检察院内部机构设置

根据《宪法》和《人民检察院组织法》,我国人民检察院内部设立以下机构:

(1)检察长和检察委员会。根据《人民检察院组织法》第3条的规定,在各级人民检察院内部实行检察长负责制,统一领导本院工作,同时各级人民检察院设立监察委员会,组成人员由检察长提请本级人大常委任免。检察委员会实行民主集中制,在检察长的主持下,讨论重大案件和其他重大问题。如果检察长在重大问题上不同意多数人的决定,可以报请本级人大常委会决定。

(2)行政管理机构。为人民检察院领导处理检察政务提供必要的协助,催办督办重要工作部署、重大决策的贯彻实施,并组织安排机关重要会议和重大活动等。

(3) 政治工作机构。负责人民检察院的思想政治教育以及各种培训、学习与表彰奖励工作,负责组织人民检察院的业务学习,以及负责离退休干部工作。

(4) 侦查监督机构。负责对公安机关、国家安全机关和人民检察院侦查部门提请批准逮捕的案件作出相应处理。对上述机关提出的复议、提请延长羁押期限等案件作出处理。研究制定全院侦查监督检察业务工作计划、规定和办法。

(5) 公诉机构。负责对公安机关、国家安全机关和人民检察院侦查部门移送起诉或不起诉的案件进行审议后作出相应的决定。另外,还需要出庭对人民法院对诉讼活动进行支持。对人民法院对审判活动进行监督,对确有错误的已经发生法律效力的判决裁定提出抗诉等。

(6) 贪污贿赂检察机构。负责辖区内的涉及贪污、贿赂等犯罪案件的侦查、预审工作。

(7) 监所检察机构。负责对辖区内刑事案件判决、裁定的执行活动进行监督。对减刑、假释、保外就医等变更执行活动的合法性,以及是否超期羁押等实行法律监督。对发生在监所内的特殊案件进行立案侦查,如虐待被监管人员罪、私放在押人员罪、失职致使在押人员脱逃罪等案件。

(8) 民事行政检察机构。负责对人民法院的民事审判活动和行政诉讼进行监督。对人民法院作出的已经发生法律效力、确有错误的民事、行政判决、裁定,发现确有错误的,依法提出抗诉。研究分析民事经济审判、行政诉讼监督工作中的重大疑难问题,提出工作对策。

此外,人民检察院通常还会设置渎职侵权检察机构、控告申诉检察机构、检察技术机构、法律政策研究机构、案件管理机构等。

需要说明的是,司法改革后国家试点设立了国家监察委员会,将人民检察院查处贪污贿赂、失职渎职以及预防职务犯罪等部门的相关职能整合至监察委员会。根据目前全国人大试点方案的相关规定,监察委员会拥有三项职权、十二项调查措施。三项职权分别是监督权、调查权以及处置权。十二项调查措施包括谈话、讯问、询问、查询、冻结、调取、查封、扣押、搜查、勘验检查、鉴定、留置。

3. 检察工作制度介绍

根据《宪法》和《人民检察院组织法》的有关规定,人民检察院实行双重管理体制:一方面,各级人民检察院均由本级人大产生,对它负责,受它监督;另一方面,在人民检察院系统内部,实行上级人民检察院领导下级人民检察院的体制,即最高人民检察院领导地方各级人民检察院和专门检察院的工作,在地方各级人民检察院和专门检察院体系中,上级人民检察院领导下级人民检察院的工作。

检察工作制度是根据检察业务的范围和活动而形成的一些规则制度,主要有:

(1) 侦查监督制度

侦查监督制度,是指人民检察院对公安机关等侦查机关的刑事侦查活动实行的监督制度。它包括三个方面:审查批准逮捕、审查起诉以及对侦查活动的监督。

(2) 自侦制度

自侦制度,是指人民检察院依据刑事诉讼法有关职能管辖的规定,对由其直接受理的刑事案件进行侦查的制度。这项制度表明,检察院除了进行侦查监督、审判监督和执行监督外,还履行侦查职责,即对贪污贿赂案件、渎职案件以及侵犯公民民主权利等犯罪案件进行立案侦查。①

(3) 公诉制度

在我国,公诉是指人民检察院针对犯罪嫌疑人的犯罪行为向人民法院提出控告,要求人民法院通过审判确定被告人刑事责任并予以相应刑事制裁的诉讼活动。② 根据刑法和刑事诉讼法的规定,除少数亲告罪可以自诉外,其他犯罪实行公诉制度。凡需公诉的案件,一律由人民检察院向有管辖权的人民法院提起公诉。对于提起公诉的案件,人民检察院应当派员出庭支持公诉。

(4) 审判监督制度

审判监督制度是指人民检察院对人民法院的刑事、民事、行政等审判活动依法进行监督的制度。刑事审判监督既包括对人民法院的审判活动是否合法进行监督,还包括对其所作判决、裁定是否正确进行监督,即包括实体监督和程序监督;民事、行政审判监督主要表现为对人民法院已经发生法律效力的民事、行政判决、裁定认为确有错误的,依照审判监督程序提出抗诉。

(5) 执行监督制度

对刑罚执行的监督是检察机关履行法律监督职责的重要内容之一,是检察

---

① 参见谭世贵主编:《中国司法制度》,法律出版社 2008 年版,第 123 页。
② 同上书,第 128 页。

制度的重要组成部分。执行监督制度主要包括对执行死刑判决的监督、对监所执行刑罚的监督、对社会上执行刑罚活动的监督。

（三）职权

1. 职务犯罪活动的侦查权

职务犯罪侦查权，是指检察机关依法对国家工作人员实施的与其职权相关的犯罪进行立案侦查的权力。侦查权行使的范围，严格受到法律的规定，超出法定的范围所进行的侦查活动，就是违法的。

2. 批准或决定逮捕权

根据我国《宪法》和《刑事诉讼法》的规定，对于公安机关侦查的刑事案件，公安机关认为需要逮捕犯罪嫌疑人的，应当提请人民检察院审查批准。人民检察院直接受理立案侦查的案件，需要逮捕犯罪嫌疑人的，由人民检察院决定。

批准逮捕或者决定逮捕都必须满足刑事诉讼法所规定的条件，即要有证据证明有犯罪事实、可能判处徒刑以上刑罚，以及采取取保候审、监视居住等方法尚不足以防止发生社会危险性，应当予以逮捕。

3. 公诉权

公诉权，是指国家赋予检察机关代表国家提起诉讼，要求法院予以审判，使国家刑罚权得以实现的重要权力。[1] 具体而言，公诉权包括：

（1）审查起诉，即人民检察院对侦查终结的案子作出全面的审查，从而决定是否起诉的诉讼活动。它主要包括案件的受理、案件材料的审查、最后作出审查决定。

（2）提起公诉，即人民检察院在法律授权的情况下，将犯罪嫌疑人提交至人民法院审判的诉讼活动。提起公诉须满足以下条件：第一，犯罪嫌疑人的犯罪事实已经清楚；第二，证据确实、充分；第三，依法应当追究犯罪嫌疑人的刑事责任。

（3）不起诉，即人民检察院对案件进行审查后，认为不构成犯罪或者不符合起诉条件，或者不宜提起公诉，而作出的不将案件移交给人民法院审判的诉讼活动。在我国，不起诉可以分为三种：第一种是依法不追究刑事责任的不起诉；第二种是依法免除处罚或者不需要判处刑罚的不起诉；第三种是证据不足不起诉。

---

[1] 参见冀祥德主编：《司法制度新论》，社会科学文献出版社2009年版，第138页。

（4）出庭支持公诉，即人民检察院在人民法院开庭审理公诉案件时，派员出席法庭，进一步阐明公诉意见，通过举证、质证和辩论，来证明指控事实，使法庭确认人民检察院对犯罪嫌疑人的指控，要求法院依法对被告人予以判决的诉讼活动。①

（5）刑事抗诉，即人民检察院认为刑事判决或裁定确有错误，按照法定诉讼程序，提请人民法院重新审理的一种法律监督活动。

4. 对刑事诉讼的法律监督权

我国《宪法》规定，人民检察院是我国的法律监督机关，具体包括对刑事诉讼、民事诉讼、行政诉讼活动的监督。在这三项监督当中，对刑事诉讼活动的监督占有相当重要的法律地位。人民检察院对刑事诉讼活动的监督贯穿于刑事诉讼的始终，从立案到侦查，再到审判活动以及最后刑罚的执行，都少不了人民检察院的监督。

第三节　执法制度

一、概述

执法，亦称"法律执行"，是指国家行政机关依照法定职权和法定程序，行使行政管理职权、履行职责、贯彻和实施法律的活动。在日常生活中，人们通常从广义与狭义这两个角度来理解执法的概念。广义的执法或法的执行，是指国家行政机关、司法机关及其公职人员依照法定程序实施法律的活动。狭义的执法，是指国家行政机关和法律授权、委托的组织及其公职人员，在行使行政管理权的过程中，依照法定的职权和程序，贯彻实施法律的活动。

与司法制度等法律实施活动相比较，执法的特点主要有权威性、国家强制性、主动性和单方面性。

就行政执法而言，其须遵循依法行政、讲求效能、公平合理等原则。（1）依法行政原则，即行政机关必须根据法定权限、法定程序和法治精神进行管理，越权无效；（2）讲求效能原则，即行政机关应当在依法行政的前提下，讲究效率，主动有效地行使其权能，以取得最大的行政执法效益；（3）公平合理原则，即行政机关在执法时应当权衡多方面的利益因素和情况因素，在严格执行规则的前提

---

① 参见冀祥德主编：《司法制度新论》，社会科学文献出版社2009年版，第144页。

下,做到公平、公正、合理、适度,避免由于滥用自由裁量权而形成执法轻重不一、标准失范的结果。

二、司法

这里介绍的司法不同于前文提到的司法活动,而是司法行政活动,即有关司法的行政活动,就是从行政的角度从事或者涉及司法活动。

(一)概念

司法行政是司法的行政,是围绕司法活动而展开的各种保障和服务的统称。司法行政有广义与狭义之分。广义的司法行政是涉及一切有关司法领域的行政工作,是国家对司法组织和司法活动所进行的行政角度的管理与监督;狭义的司法行政是将司法领域中的法院、检察院的行政业务排除在外的各类行政管理与运作。① 作为独立的法律制度,司法行政具有交叉性、服务性、管理性和社会性等特点。

司法行政机关是国家行政机关的重要组成部分,是各级政府的组成部分,在我国司法体系和法制建设中占有重要地位。它不是司法机关,不能具体承办案件。在中央,司法行政机关即司法部;在各级地方,我国建立了省、自治区、直辖市司法厅、局,并在地区、市一级设有专管司法行政工作的机构。

(二)司法行政职责

根据 2008 年 7 月国务院通过的《关于印发司法部主要职责内设机构和人员编制规定的通知》,司法部主要具有以下职责:

(1) 拟订司法行政工作方针、政策,起草有关法律法规草案,制定部门规章,制定司法行政工作的发展规划并组织实施;

(2) 负责全国监狱管理工作并承担相应责任,监督管理刑罚执行、改造罪犯的工作;

(3) 负责全国劳动教养管理工作并承担相应责任,指导、监督劳动教养的执行工作,指导、监督司法行政系统戒毒场所的管理工作;

(4) 拟订全民普及法律常识规划并组织实施,指导各地方、各行业法制宣传、依法治理工作和对外法制宣传;

(5) 负责指导监督律师工作、公证工作并承担相应责任,负责港澳的律师担

---

① 参见顾肖荣主编:《新中国司法行政 60 年》,上海社会科学院出版社 2009 年版,第 17 页。

任委托公证人的委托和管理工作；

（6）监督管理全国的法律援助工作；

（7）指导、监督基层司法所建设和人民调解、社区矫正、基层法律服务和帮教安置工作；

（8）组织实施国家司法考试工作；

（9）主管全国司法鉴定人和司法鉴定机构的登记管理工作；

（10）参与有关国际司法协助条约的草拟、谈判，履行司法协助条约中指定的中央机关有关职责；

（11）指导司法行政系统的对外交流与合作，组织参与联合国预防犯罪组织和刑事司法领域的交流活动，承办涉港澳台的司法行政事务；

（12）负责司法行政系统枪支、弹药、服装和警车管理工作，指导、监督司法行政系统计划财务工作；

（13）指导、监督司法行政队伍建设和思想作风、工作作风建设，负责司法行政系统的警务管理和警务督察工作，协助省、自治区、直辖市管理司法厅（局）领导干部；

（14）承办国务院交办的其他事项。

三、民政

民政，是我国国内行政事务的一部分。广义上讲，民政是与行政相对应，泛指国家对除军事以外的一切社会事务的管理。狭义的民政是指对国家一部分社会事务的行政管理。[①] 这里所讲的民政，是指以基层社会为核心，以广大群众为对象，以基层社会保障和社会行政事务为主要内容，以稳定社会、稳定统治秩序、稳定政权为目的的社会行政管理。[②]

为了对上述民政工作进行管理，国家在中央设民政部，省（自治区）级设民政厅，市、县级设民政局，乡镇设社会事务办公室。民政部目前具有以下组织机构：办公厅、政策法规司、社会组织管理局（社会工作司）、优抚安置局、救灾司、社会救助司、基层政权和社区建设司、区划地名司、社会福利和慈善事业促进司、社会事务司、规划财务司、国际合作司、人事司、离退休干部局。

---

① 参见蒋昆生、王杰秀主编：《民政概论》，中国社会出版社2012年版，第2、3页。
② 参见金双秋、李少虹主编：《民政概论》，北京大学出版社2009年版，第2页。

(一) 职责

民政部作为一个重要机构,其职责主要有:

(1) 拟订民政事业发展规划和方针政策,起草有关法律法规草案,制定部门规章,并组织实施和监督检查。

(2) 承担依法对社会团体、基金会、民办非企业单位进行登记管理和监察责任。

(3) 拟订优抚政策、标准和办法,拟订退役士兵、复员干部、军队离退休干部和军队无军籍退休退职职工安置政策及计划,拟订烈士褒扬办法,组织和指导拥军优属工作,承担全国拥军优属拥政爱民工作领导小组的有关具体工作。

(4) 拟订救灾工作政策,负责组织、协调救灾工作,组织自然灾害救助应急体系建设,负责组织核查并统一发布灾情,管理、分配中央救灾款物并监督使用,组织、指导救灾捐赠,承担国家减灾委员会具体工作。

(5) 牵头拟订社会救助规划、政策和标准,健全城乡社会救助体系,负责城乡居民最低生活保障、医疗救助、临时救助、生活无着人员救助工作。

(6) 拟订行政区划管理政策和行政区域界线、地名管理办法,负责县级以上行政区域的设立、命名、变更和政府驻地迁移的审核工作,组织、指导省县级行政区域界线的勘定和管理工作,负责重要自然地理实体以及国际公有领域、天体地理实体的命名、更名的审核工作。

(7) 拟订城乡基层群众自治建设和社区建设政策,指导社区服务体系建设,提出加强和改进城乡基层政权建设的建议,推动基层民主政治建设。

(8) 拟订社会福利事业发展规划、政策和标准,拟订社会福利机构管理办法和福利彩票发行管理办法,组织拟订促进慈善事业的政策,组织、指导社会捐助工作,指导老年人、孤儿和残疾人等特殊群体权益保障工作。

(9) 拟订婚姻管理、殡葬管理和儿童收养的政策,负责推进婚俗和殡葬改革,指导婚姻、殡葬、收养、救助服务机构管理工作。

(10) 会同有关部门按规定拟订社会工作发展规划、政策和职业规范,推进社会工作人才队伍建设和相关志愿者队伍建设。

(11) 负责相关国际交流与合作工作,参与拟订在华国际难民管理办法,会同有关部门负责在华国际难民的临时安置和遣返事宜。

(12) 承办国务院交办的其他事项。

(二) 民政工作

民政部门主要对社会福利服务与社会行政事务进行管理,民政工作一般分为五大部分:社会福利、灾害救助、优抚安置、公共事务管理以及社会组织管理。

(1) 社会福利体系包括社会福利事业、最低生活保障、救助管理、福利彩票的销售与管理。其中,社会福利事业包括老年人福利事业、儿童福利事业、残疾人福利事业。

(2) 灾害救助体系包括灾害评估与灾害救助两大体系。

(3) 优抚安置体系包括优抚和安置两项内容。优抚包括烈士褒扬、抚恤、拥军优抚、优抚事业单位等内容,安置则包括退役士兵和军队离退休干部的安置。

(4) 公共事务管理体系包括婚姻登记、殡葬管理、地名管理等。婚姻登记的内容有:结婚登记、离婚登记、撤销婚姻登记以及补领婚姻登记证。殡葬管理包括殡葬事业单位管理、殡仪馆管理和公墓管理。地名管理包括地名的命名与更名,地名的标准化、现代化以及信息化管理。

(5) 社会组织管理体系包括社会组织管理、基层政权组织建设、社区建设和行政区划管理。社会组织管理的内容有社会团体登记管理、民办非企业单位登记管理和基金会登记管理。基层政权组织建设的内容有街道办事处组织建设,居民委员会、村民委员会组织建设。社区建设的内容主要涉及的是实务内容。行政区划管理的内容主要是行政区划变更的管理。

针对上述民政工作,相关民政部门依照法律规定执行法定职责的行政执法工作,就是民政执法。

(三) 民政执法存在的问题及完善途径

1. 民政执法目前存在的问题

第一,思想认识不够到位,缺少良好的执法环境。一直以来,民政在人们心中一直都与执法没什么关系,甚至一些民政部门的工作人员也这么认为,这使得民政执法难度加大。另外,由于传统丧葬习俗、封建迷信思想的影响,殡葬执法经常会遇到困扰。

第二,民政执法的依据缺乏刚性,执法手段不够过硬。民政行政执法所依据的法律、法规、规章和规范性文件很多,但是其中关于执法、处罚的条款,缺少明确、具体的规定,并且在可操作性上有所欠缺。由于执法依据缺乏刚性,加上民政执法没有像公安执法那样具有统一的服饰或者是外在表现形式,只是在具体执法过程中,靠口头说明、出示执法证件表明身份,这样使执法活动缺乏权威性和易识别性,从而导致很多执法行为无法切实保障。

第三,民政法制建设较为落后,执法力量缺乏。国家民政部在近几年成立政策法规司,但是全国各级民政部门大多数都没有设立法制机构,许多基层民政部门甚至连专职法制工作人员都没有。人员少、机构不健全、专门执法队伍尚未建立,使得民政执法工作难以顺利进行。

第四,经费保障缺乏,执法条件不够硬。

第五,执法人员素质较低,执法监督缺乏。近年来,虽然全国普法教育发展迅猛,各级民政部门、工作人员的法律知识以及法制观念日益增强,但是这仍然与全面推进依法行政、加快建设法治政府的要求存在较大的差距。

2. 民政执法的完善

"天下之事,不难于立法,而难于法之必行。"目前,我国民政事务庞杂,需要提高民政执法的效率。信息化是提升民政执法效率的手段,2011 年,我国建立了网络信息系统,提升了网络情报搜集和快速反应能力。2013 年,我国启动民政执法综合管理平台系统建设,初步实现了执法办案、执法监察、执法人员等核心工作的网络化管理。

当然,在提高民政执法效率的同时,也要保障民政执法行为的质量,即要做到合法、合理。也就是说,民政执法每个具体的行为都必须要有明确的法律依据,即要做到依法民政执法是推进依法行政的重要内容。

加快建设法治政府,对民政执法队伍建设和能力建设提出了更高要求。2014 年 12 月,民政部制发《关于全面推进民政法治建设的意见》,把民政法治建设作为一项战略性基础工程统筹部署,在推动民政法律制度严格实施、完善行政执法体制机制等方面,明确了具体任务。

此外,对于民政执法也需要进行必要的监督。在全面推进依法治国的大背景下,民政执法监察队伍要适应依法治国新常态,重点做好以下工作:积极健全预警发现机制;全面开展执法监察活动;全面提高民政执法效率;持续推动执法重心下移;切实提升队伍专业水平;持续完善部门协作机制;切实加大执法保障力度;加强民政执法工作宣传;推进执法信息化建设;加强民政执法规律研究;探索创新民政法治文化。

四、公安

我国是人民民主专政的社会主义国家,这决定了我国公安机关是武装性质的国家治安行政力量和刑事司法力量,是我国人民民主专政的重要工具。公安机关的性质决定了其具有专政职能和民主职能。公安机关的宗旨是全心全意为人民服务。

(一)公安执法的概念及特点

所谓公安执法,是指国家各级公安机关及其派出机构依法行使职权,执行和适用法律、法规、规章的活动。在执法过程中,公安机关必须遵守"严格、公正、理性、文明执法"。公安执法在我国行政执法体系中处于十分重要的地位。除了它的执法包容量最大、最为庞杂外,更主要的是它可以通过其执法活动,为我国的其他执法活动创造良好的环境,通过其特殊的执法活动为其他执法活动排除障碍。公安执法具有如下特征:

(1)合法性。公安作为国家权力的执行机关,它所拥有的警察职权和责任是由宪法和法律明确规定的,公安管理社会治安公共事务必须依法行政、依法执法。

(2)广泛性。公安执法可以分为刑事执法与治安管理执法两大类型,反映在刑事侦察、治安管理、行政处罚三个方面。就治安管理来说,它涉及国家生活和社会生活的许多方面。例如,户口管理涉及所有的居民;危险物品的管理涉及有关生产、储存、运输、销售、使用危险物品的单位和个人;公路交通管理涉及参与道路交通的行人、司乘人员和车辆。公安执法处理的问题既有触犯刑律的犯罪活动,又有一般违法、违章行为。同时,它还渗透到其他执法部门的执法领域,不但要侦查多种犯罪行为,而且还要预防、发现、制止各种违法犯罪活动。

(3)强制性。公安机关依据宪法和法律的规定,有权在其职责范围内颁布各种行政规章,有权处理各种社会治安公共事务,并对各种社会组织和公民以及广泛的社会生活施加影响,实行普遍的约束,被约束者必须遵从。它不仅具有一般执法部门所具有的许可、取缔、警告、罚款、没收财物、责令赔偿等权力,而且还拥有它们所不具有的传唤、拘禁以及收容审查、逮捕等限制人身自由的强制手段和措施。例如,公安机关可以对违反《治安管理处罚法》的行为人处以15日以内的行政拘留;经人民检察院批准,可以"对主要犯罪事实已经查清楚,可能判处徒刑以上刑罚的犯罪嫌疑人"予以逮捕。

(二)公安执法主体

公安执法是保障国家专政机器得以正常运转、社会秩序符合人民要求的重要方式。所以,公安执法主体必须是合法组成的。具体地说,公安执法主体的

构成,必须具备以下要件:

第一,只有国家各级公安机关才能成为公安执法主体。公安机关是党和国家为实现对国家的统治和管理而建立的国家执法组织,党和政府赋予它特殊的强制权力,是在国务院和各级人民政府领导下,依据国家法律、规章从事保卫国家安全和维护社会治安秩序的专门机关。因此,只有公安机关具有公安执法的资格,才能成为公安执法主体。除公安机关外,其他任何组织机构都不能成为公安执法的主体。

第二,公安机关只有行使国家法律所赋予的警察权才能成为公安执法主体。公安机关并非在任何情况下都能成为公安执法主体,因为公安机关的活动除行使警察权外,还有对本机关内部事务进行管理的活动,如人事、财务、培训等,这些活动不是行使警察权,所以公安机关从事这些活动时不能成为执法主体。

第三,公安机关必须在法定的管辖范围内行使警察权才能成为公安执法主体。法律在赋予公安机关行使特定职权的同时,也确定了其管辖的范围和界限。如果超越法定职权范围,就构成越权或侵权行为,越权或侵权行为不具备法律效力,其主体资格也就自行消失。

第四,公安机关只有在以自己的名义实施警察权时,才能成为公安执法主体。在实践中,有的机构虽然可以实施具体的公安行政行为,但它不能以自己的名义实施。例如,治安处罚大多是由公安局内的治安处或科作出的,但裁决书或处理决定必须由公安局署名,对于由此引起的治安行政诉讼也必须由公安局而不是治安处(科)应诉。

(三)公安刑事执法

1. 公安刑事执法活动的任务

根据《公安机关办理刑事案件程序规定》,在刑事诉讼活动中公安机关的任务主要包括:保证准确、及时地查明犯罪事实;正确应用法律,惩罚犯罪分子,保障无罪的人不受刑事追究;教育公民自觉遵守法律;积极同犯罪行为作斗争,维护社会主义法制;尊重和保障人权,保护公民的人身权利、财产权利、民主权利和其他权利;保障社会主义建设事业的顺利进行。

根据《宪法》和《刑事诉讼法》的规定,公安机关在刑事诉讼中享有侦查、执行刑罚的权力,并与人民法院、人民检察院分工负责,相互制约和监督,保障刑事诉讼活动顺利进行。作为侦查机关,公安机关在刑事诉讼活动中有着不可替代的作用,负责案件的侦查、拘留、执行逮捕、预审以及部分刑罚的执行。

2. 基本原则

公安刑事执法的基本原则是公安机关在刑事执法过程中必须严格遵守的行为准则。根据《刑事诉讼法》和《公安机关办理刑事案件程序规定》,公安机关须遵循以下原则:(1) 尊重和保障人权原则;(2) 依靠群众原则;(3) 以事实为依据,以法律为准绳原则;(4) 对一切公民在适用法律上一律平等原则;(5) 公、检、法分工负责,互相配合,互相制约原则;(6) 接受监督原则;(7) 尊重各民族公民使用本民族语言文字进行诉讼的权力原则;(8) 各地区公安机关加强协作和配合原则。

3. 侦查手段和强制措施

为了使违法犯罪分子得到应有的惩罚,保障国家、公民的合法权益,国家依法赋予公安机关侦查权和采取必要的刑事强制措施的权力。

(四) 公安行政执法

公安行政执法指的是公安机关为了实现行政管理职能,依法对行政管理活动的相对人实施的具体行政行为。公安行政执法具有执行性、合法性、强制性以及不可分性的特点。公安行政执法的范围主要包括:

1. 公安行政管理处罚

公安行政管理处罚是公安机关依照《治安管理处罚法》和其他相关法律等规定,对违返治安管理,尚不构成刑事处罚等行为人实施的各种制裁行为,主要有依法剥夺人身自由、财产或其他权利。

2. 公安行政强制

根据《行政强制法》,行政强制包括行政强制措施和行政强制执行。公安行政强制措施,是指公安机关在行政管理过程中,为制止违法行为、防止证据损毁、避免危害发生、控制危险扩大等情形,依法对公民的人身自由实施暂时性限制,或者对公民、法人或者其他组织的财物实施暂时性控制的行为。公安行政强制执行,是指公安机关或者公安机关申请人民法院,对不履行行政决定的公民、法人或者其他组织,依法强制履行义务的行为。

3. 公安行政许可

公安行政许可是指公安机关根据公民、法人或者其他组织即行政相对人的申请,经依法审查,准予其从事特定活动的行为。根据相关法律的规定,公安行政许可主要有以下几种:特种行为许可;群众性文化体育活动许可;集会、游行、示威许可;枪支管理工作中的许可;民用爆炸物品管理工作中的许可;化学剂放射性物品管理工作中的许可;道路交通安全管理工作中的许可;社会公共安全产品生产中的许可等。

(五)公安执法监督

1. 公安执法监督的概念及特点

公安执法监督是指公民、组织或者有关机关,在法律授权的前提下,依照法定程序对公安机关及其人民警察的职务行为进行的监督。它具有以下几个特点:一是监督对象特定,是公安机关以及人民警察的职务行为。二是监督主体多样,包括人民检察院、人民法院、行政监察机关、国家权力机关、公民以及组织。三是监督方式多样,包括检查、审查、调查;批评、建议、申诉、控告和检举等等。四是监督过程的程序性,任何主体的监督行为都必须符合法律的要求,按照法定程序进行,这样才能保证监督活动的顺利、高效。

2. 公安执法监督的分类

(1) 按照监督主体的不同,可以分为国家权力机关的监督、检察机关的监督、审判机关的监督、行政监察机关的监督、公安机关内部的监督以及社会监督。

(2) 按照监督主体与公安机关的隶属关系的不同,可以分为外部监督和内部监督。内部监督是公安机关内部进行的监督,通过督察监督、法制监察部门以及行政复议和国家赔偿制度进行。[1] 其余的均可归为外部监督。

(3) 按照监督时间的不同,可以分为事前监督、事中监督以及事后监督。

---

[1] 参见石启飞主编:《公安工作概论》,清华大学出版社2014年版,第192页。

第二章　中国涉老法律服务

近年来，随着老龄化问题的突出，涉老法律纠纷日益增多，老年人寻求法律帮助的愿望日益强烈。但是，目前我国仍然缺乏专业的涉老律师团队，涉老法律援助制度还不健全，涉老法律服务的专业化市场也还未成形。

2015年4月，司法部、全国老龄办印发了《关于深入开展老年人法律服务和法律援助工作的通知》（以下简称《通知》），对深入开展老年人法律服务和法律援助工作作出全面部署，要求各级司法行政机关、老龄工作机构深入贯彻党的十八大和十八届三中、四中全会精神，引导律师、公证员、基层法律服务工作者和法律援助人员深入开展老年人法律服务和法律援助工作，依法维护老年人合法权益。

《通知》要求，深入开展老年人法律服务和法律援助工作，一是要明确服务重点，着力解决医疗、保险、救助、赡养、婚姻、财产继承和监护等老年人最关心、最直接、最现实的法律问题，重点关注高龄、空巢、失独、失能、半失能、失智及经济困难老年人法律服务和法律援助需求；二是要加大服务力度，进一步降低老年人法律援助门槛，把民生领域与老年人权益保护密切相关的事项纳入法律援助范围；三是要开展专项活动，如2015年10月在全国范围内组织开展以法律服务和法律援助为主题的"法治阳光温暖老龄"专项服务活动，努力为老年人提供适应其群体特点、满足其特殊需求的法律服务和法律援助；四是要建设专门队伍，依托律师事务所、公证处、基层法律服务所设立一定数量的老年人公益法律服务中心，每个中心视情况安排律师、公证员、基层法律服务工作者，相对集中地为老年人提供公益法律服务。

另外，《通知》要求，要建立健全信息交流和定期沟通机制，紧密配合、通力协作，不断提升服务老龄工作的针对性、实效性。要树立和表彰一批为老年人提供法律服务和法律援助的先进典型，广泛宣传他们的先进事迹，大力弘扬为老年人服务的优良传统，展示法律服务行业的良好精神风貌。

第一节　中国涉老律师服务

一、中国涉老律师服务概况

律师制度是现代国家法律制度的重要组成部分。律师制度的健康发展以及律师权利的充分实现，对保障司法公正、保障人权都有无可替代的作用。所以，律师业的发展往往是一个国家依法治国、法制健全的重要标志。中国律师制度恢复以后，律师业有了很大的发展，律师队伍不断扩大，律师素质也不断提高，律师执业的制度环境和社会环境都有了很大的改善。但由于中国现代律师制度发展的历史较短，仍然存在很多亟待解决的问题。

中国专业化的律师队伍建设时间不长，目前法律服务市场还没有出现专业服务老年人、解决涉及老年人法律问题的律师事务所，而擅长涉老法律服务的律师只有少数，还未形成专业化、规模化的趋势。律所内部进行专业化分工时，很可能将涉老法律问题归入擅长婚姻、继承等家庭法的律师部门。但是，除了老年人的遗嘱、继承等问题有关家庭法外，还有一些涉及老年人的经济纠纷，以及老年人作为受害人的刑事案件等，这类案件的处理应当予以特殊对待。因此，在涉老法律服务专业化的建设过程中，建立律师事务所内部的专业涉老服务部门与培养专业从事涉老领域的律师都相当关键。

随着新的经济、金融关系的出现，涉老法律问题也日益复杂，早就超越了遗嘱、继承等传统的老年业务。老龄金融业务越来越独具特色并占据现有金融业务的"半壁江山"，老龄地产也将是行业发展的主要方向，养老企业的发展也如火如荼。居家养老形式已经被法律确定，老龄法学有望日后推出，老龄事业正不断向制度规范化努力前行。因此，有资深律师认为，老龄法律服务专业律师的社会需求必将十分抢手，许多律师事务所进军老龄业的转型发展势在必行。

二、中国涉老律师服务的前景

纵观近年来的政策形势，国家积极应对老龄化，说明老龄事业是一个重要的、庞大的复杂领域。当前，老龄法学研究不够深入，老龄法律制度严重缺位，这种情况下，律师能否提供专业的涉老法律服务就显得更加重要。

目前，除了现行的《老年人权益保障法》以外，大多数法律制度的规制都散见在民事、行政法及各项政策之中。相比其他法律部门，老龄法律的缺位与社会的客观需求矛盾最为突出。因此,在现行法律不尽完善的形势下,急需一批老龄法律服务团队为老年人提供及时、专业、精准的法律服务和援助。在法律制度不健全的领域,律师可以通过合同完善服务关系,来弥补立法的不足。可以说,律师的专业团队建设,是应对老龄化的大势所趋。

可以预见,随着"老龄时代"的来临,涉老法律服务的市场化发展是必然的。在中国已经有个别律师事务所开始着手打造老龄法律服务的平台,构建律所内部专门从事涉老领域服务的老龄法律事务部,为老年人提供更多、更有效的法律帮助,同时也在不断发挥律师的作用,助推老龄事业的规范化发展。老龄法律事务部的成立,不仅仅是国内老龄人口比例急剧增高形势背后的无限商机需求,更是为被忽视的弱势群体发声、出力,是律师事务所及执业律师承担应有的社会责任的体现。

一方面,已经有律师事务所与老年人公益机构和社会团体共同协力,推动涉老律师服务的专业化之路。例如,由律所或者由律所内部专业的老龄法律事务部承担起社会福利院、广大养老社区、军队干休所等养老机构半公益性的常年法律顾问职责,或者担任养老服务中心的监事。

另一方面,专业从事老年法领域的律师积极从事涉老法律问题的理论研究,并取得学术进展。举办论坛、出版学术著作、提出立法建议、提供公益服务等成为涉老律师服务的工作重点内容。例如,北京市一法律师事务所成立的老龄法律事务部内的五位资深律师,在2015年共同编撰了《养老法律那些事儿》一书,并计划继续出版《老龄产业法律实务》《维护老年人权益案例精选》等著作。通过把专业律师的工作经验、研究成果和心得汇集成册,促进老龄普法宣传、涉老法律服务规范化发展。该律师团队还在2016年9月28日举办了"促'养十条'落地法律专题研讨会",并于2016年10月15日召开了首届全国老龄法律论坛,推动国家应对老龄化法律战略的构建,将集体研究的专业法律服务经验向社会推广。该论坛还讨论了向全国人大提出的应对老龄化的立法建议。该律师事务所还将成立老龄法学研究中心,其内部的老龄法律事务部是该研究中心的核心研究机构与动力源泉。该研究中心聚拢了一大批各法学院校研究老龄法学的专家学者,以及各律师事务所老龄法律服务的专业律师。但是,整体上说,中国目前涉老专业法律服务还处在低级的起步阶段,未来有着很大的发展空间。

第二节　中国涉老法律援助

一、中国法律援助制度

法律援助,是由政府设立的法律援助机构组织法律援助人员和社会志愿人员,为某些经济困难的公民或特殊案件的当事人提供免费的法律帮助,以保障其合法权益得以实现的一项法律保障制度。[①] 法律援助的对象,仅限于经济困难的赡养、劳动、工伤、刑事诉讼等案件的当事人,或者被告人为盲聋哑、未成年人或可能被判处死刑的人。法律援助制度是现代国家一项重要的社会保障制度,是实现宪法规定的"法律面前人人平等原则"的重要保障。在司法实践中,很多经济困难的老弱病残幼等弱势群体没有经济能力聘请律师,导致他们在诉讼中十分被动,合法权益无法得到有效保障。法律援助制度为弱势公民提供法律指导、代理诉讼,加快了纠纷解决的进程,也促进了司法正义的实现。

中国的法律援助制度是随着中国法制建设的不断完善,特别是律师制度的发展而产生、发展的。1954年,司法部颁布《律师收费暂行办法》,其中第6条规定律师减、免费给予法律帮助的五个具体案件范围,包括生产事故赔偿、请求赡养费、抚育费、抚恤金以及经济困难当事人等。这就从立法上确定了律师的法律援助制度,是中国法律援助制度的萌芽。但总的来说,这一时期并没有出现完整的法律援助制度,因为当时中国建立法律援助制度的物质条件、法制条件和社会条件均不具备。十一届三中全会后,社会公众对民主法制建设的呼声越来越高。1981年的《律师收费试行办法》第9条规定了律师提供法律帮助减、免收费的6种情形,包括因公受伤赔偿、请求赡养抚养费、请求劳动保险金抚恤金救济金、简单咨询、经济困难当事人及特殊情况。这一时期,中国的法律援助制度逐步成形。但总体上讲,法律规定得比较原则,未制定出具体的实施细则,也没有建立起统一的管理机构和实施机构,因此没有从整体上建立起现代法制意义上的法律援助制度。

直到20世纪90年代以后,随着国民经济的迅速发展、经济体制改革的逐步深入,以及市场经济体制的确立和完善,迫切要求加强民主法治建设。社会进入迅速转轨时期,权利调整过程中各种利益纠纷增多,这成为法律援助制度

[①] 参见宫晓冰:《中国法律援助制度研究》,中国方正出版社2004年版,第4页。

建立和发展的社会条件。同时,律师素质的提高、法律服务领域的拓展,也为法律援助制度的建立和实施提供了重要契机。1993年以来,司法部确定律师工作为司法行政工作改革的突破口。《刑事诉讼法》和《律师法》修订时增加了法律援助的内容。作为律师工作的主管部门——各级司法行政机关,强调律师应为经济贫困者提供减、免费服务,积极为当事人排忧解难。近三十年来,中国法律援助制度走过了一个从提出设想、试点工作,到全国执行、逐步完善的进程。中国法律援助制度的阶段性成果是显著的,进展也是极其迅速的,对于缓和社会矛盾、维护社会正义起到了很大的作用。[①]

二、中国涉老法律援助现状

由于法律援助制度在中国起步较晚,作为一种新制度,特别是在我们这样的发展中国家,不可避免地会出现一些问题。首先,由于法律援助机构基础建设薄弱,各部门之间协作配合的机制尚未健全、职能不清,严重阻碍了法律援助工作的顺利开展。其次,由于律师法律援助的公益性质,律师从事援助工作的热情不高。在司法实践中,律师提供法律援助大多并不主动,甚至有些律师通过法律援助中的咨询活动为自己增加案源,造成当事人对法律援助律师的不信任。最后,由于当事人对法律援助制度并不了解,产生纠纷后也不知道利用这一制度为自己寻求帮助,导致律师也无从获得援助信息,这种困境降低了双方的合作意愿,从而导致法律援助制度的社会价值减损。

法律援助制度的基本出发点,是维护弱势群体的合法权益。在中国有关法律援助的规定中,就有援助对象包括老弱病残幼等弱势群体的规定。老年人作为社会的弱势群体,一直属于法律援助的重要对象。

2005年,河北赞皇县在县政协的呼吁下,成立老年法律援助中心。短短半年时间,该中心就为老年人免费提供119次法律援助。赞皇县是国家扶贫开发工作重点县,60岁以上的老人23894人,占总人口的10%。由于社会还不富裕,过早进入老龄社会,老年人的权益、生活不能得到充分的保障,特别是在农村,不敬老爱老的现象时有发生。该县政协通过深入调查,提出了《尊老爱幼 发扬中华民族的美德 保护老年人合法权益》的提案。这份提案通过县政府交办后,县民政局、老龄办聘请了社会上的知名律师,在民政局设立了老年法律援助

[①] 参见李金旺:《社会弱势群体法律援助制度研究》,福建师范大学2004年硕士论文,第27页。

中心,免费为老年人提供写诉状、调查取证、代理出庭等法律服务。县民政局和老龄办还协调有关司法部门,检查、督促有关侵犯老年人合法权益案件的办理。①

2008年7月16日,辽阳市首家区属老年法律援助中心在文圣区正式挂牌。家住文圣区的60岁以上的老年人遇到侵权等问题可享受该中心提供的免费法律咨询服务。辽阳市有老年人26.8万人,是辽宁省老龄化程度高、发展速度快的地区之一。随着老年人口数量的不断增加,老年人侵权纠纷和涉老案件也日益增多。文圣区以区属老年人法律援助中心为核心,在全区街道、社区(村)建立老年法律援助所、站,形成老年人法律维权网络体系,无偿为该区4万余老人提供法律咨询服务,并对低保、特困、残疾等老年人减收或免收代理费。②

2009年,山东沂源县法律援助中心已设立13个乡镇法律援助联络站,在626个村设立了法律援助联络点,还在县老龄委设立了专门向老年人提供法律援助服务的"沂源县老年人法律援助站",累计向老年人发放"法律援助爱心直通卡"8000余张,使更多的老年人享受到了政府提供的便捷法律援助。自2000年成立以来,法律援助中心共办理涉及赡养、继承、婚姻、虐待等老年人法律援助案件460余件,义务调处各类家庭矛盾纠纷720余起,有力地维护了老年人合法权益,促进了家庭和睦和社会稳定。③

然而,中国法律援助制度还不够健全,老年人的法律援助工作与现实需要还存在较大差距。据统计,1999年,中国基本进入老龄化社会。2011年公布的第六次人口普查资料显示,中国0至14岁人口占总人口比重16.60%,比2000年人口普查时下降6.29%,而60岁以上人口占总人口比重13.26%,比2000年人口普查时上升6.29%。2012年,中国60岁以上人口1.94亿,占全国总人口13.54亿的14.3%。2014年,中国老年人口数量已经达到2.12亿。根据预测,2050年,中国老年人口将达到4.8亿,几乎占全球老年人口的1/4,是世界上老年人口最多的国家。同时,从21世纪中叶到21世纪末,中国人口老龄化水平可能将一直维持在30%以上的重度老龄化平台期。也就是说,整个21世纪,人口老龄化始终是中国的基本国情。随着社会的变革,"空巢老人"问题也成为一

---

① 参见白中亮、郝振子:《赞皇县落实政协提案,老年法律援助中心实行免费服务》,载《河北日报》2005年12月23日第006版。
② 参见严佩鑫:《文圣区老年法律援助中心成立》,载《辽宁日报》2008年7月22日第012版。
③ 参见高秀法:《沂源健全老年法律援助体系》,载《淄博日报》2009年10月24日第007版。

个不容忽视的社会问题。毫无疑问，为适应人口老龄化的严峻形势，尤其是家庭养老功能减退、养老社会化增强的趋势，国家已经开始采取积极应对老龄化的基本国策和实施老龄事业的战略规划，健全和完善家庭保护、社会保险、社会养老服务、社会救助、社会优待、宜居环境以及相关配套立法和地方立法，构建中国特色的老年人权益保障法律制度体系。

为此，司法援助方面的老年人权益保护也取得了较大进展。2015年4月21日，司法部、全国老龄办印发《通知》，对深入开展老年人法律服务和法律援助工作作出全面部署。《通知》要求各级司法行政机关在当今形势下，积极适应老龄事业发展的新需求，不断拓宽老年人法律服务和法律援助的覆盖面。要做好老年人法律服务和法律援助工作，结合各地区的实际情况，组织动员相关从业人员从各个细小问题的症结点入手。《通知》号召组织引导广大律师事务所、公证处、基层法律服务所、法律援助机构及人员参与涉及老年人合法权益的诉讼、调解、仲裁和法律咨询等活动，解决老年人最关心、最直接、最现实的法律问题，并着重强调关注高龄、空巢、失独、失能、半失能、失智及经济困难老年人的法律需求。

2012年12月，《老年人权益保障法》修订，在原第39条规定老年人因经济困难有权获得司法救济与法律援助的基础上，又在第55条中特别增加规定："鼓励律师事务所、公证处、基层法律服务所和其他法律服务机构为经济困难的老年人提供免费或者优惠服务。"《通知》的发布，无疑对该条文的具体应用形成最有效的政策指引。

为将《通知》精神贯彻下去，各地维护老年人合法权益的法律援助实践正如火如荼地展开。山东省济南市148协调指挥中心积极打造"12348法律服务热线"，全年免费接听解答老年人的法律咨询，成为提供法律咨询、法律援助的民生热线，为老年人提供每天在家"听得见"的法律服务。为做好老年人法律服务工作，中心与"12345市民服务热线"联动对接，开通了济南市普法维权热线，安排有专长、有经验、有耐心、善沟通的工作人员为老年人提供优质高效、方便快捷的法律咨询服务。年均接听老年人电话咨询20000余个，接待老年人来访1000余人次，为老年人提供上门服务130余次，协调解决涉及老年人矛盾纠纷500余件，职能部门受理老年人法律援助案件700余件，深受老年群体的欢迎和好评。

江苏省苏州市老年人法律服务机制按照"3+X"模式运行，突出法律咨询、法律服务、矛盾调解三大核心要素,同时整合公证、律师、法律援助、基层法律服务等资源,形成老年人法律服务的综合优势。苏州市老年法律服务中心将每月的18日定为"老年法律服务日",根据法律咨询、法律服务、矛盾调解等不同主题,由律师、公证员等法律服务工作者在固定场所开展老年人法律咨询服务、老年人法律知识宣传普及,提供"一站式"法律服务。不仅如此,苏州市政府还下发了《苏州市政府向社会购买服务实施意见》,将养老服务法律咨询等公共法律服务项目列入政府购买服务指导目录,这意味着苏州养老服务法律咨询等老年人法律服务将由政府财政保障。

在完善工作机制、财政保障的同时,一张覆盖苏州全市的维护老年人合法权益的法律服务工作网络已经形成,并且越来越高效。目前,农村、社区便民法律服务站建设趋于完善,各村、社区都有自己的法律顾问,极大地方便了老年群体;依托律师行业"阳光法务"活动,市律师法律服务志愿团多次开展老年人专项法律服务活动;不断扩大老年人法律援助覆盖面,将赡养纠纷、继承等老年人常见的法律问题列为援助事项;努力提升老年人公证服务质量,对老年人实行公证费用减免政策,积极开展预约服务和上门服务等,老年人成为苏州公证惠民承诺的最大受益体。①

第三节　完善中国涉老法律服务的设想

近年来,随着老龄化问题日趋严峻,如何最大限度地满足数量庞大的老年人多方面的需求,妥善解决人口老龄化带来的社会问题及相应的法律问题,让全体老年人共享国家改革和经济社会发展的成果和红利,让每位老人享有健康、安全、活力、尊严和自主的生活,并在全社会营造尊老、敬老、爱老、助老的浓厚社会氛围,已实实在在地成为各级政府当前面对的重要课题。对此,中国政府积极应对挑战,把发展老龄事业作为经济社会统筹发展和构建社会主义和谐社会的重要内容。2006年,国务院新闻办发布的《中国老龄事业的发展》白皮书介绍,近二十年来,全国人大及其常委会、国务院及其有关部门颁布的老龄法律、规章及有关政策达200余件,初步形成以《宪法》为基础,《老年人权益保障法》为主体,包括有关法律、行政法规、地方性法规、国务院部门规章、地方政府

---

① 参见丁国锋:《苏州老年人法律服务很实惠》,http://news.xinhuanet.com/legal/2015-03-29/c_127633384.htm,2017年7月8日访问。

规章和有关政策在内的老龄法律法规政策体系框架。

然而，发生在老年人周围的一系列社会问题，还是以不同的形式接连不断地浮出水面，涉老纠纷以及由此引发的官司越来越多。建立健全维护老年人合法权益的法律服务和法律援助制度，发挥法律保障作用，是维护老年人合法权益最有效的方法、途径。国家有责任以制定规范性文件的方式和通过提供必要的法律救助，争取社会的广泛支持和关注等措施，确保老年人在政治、经济和社会生活等方面法定权利的实现，使每位老年人都能得到应有的关怀和照顾，使他们能安度晚年。法律服务与法律援助制度不仅有利于促进社会的公平和正义，而且有利于树立"共同责任"意识，来号召全社会共同维护老年人的合法权益。

据调查，老年人需要提供服务和帮助的法律问题集中体现在赡养权、房产权、婚姻权、医疗权四个方面。(1) 赡养权纠纷大多发生在无收入或者低收入的老年群体中，负有赡养义务的子女不能积极履行其职责，甚至歧视、侮辱、虐待、遗弃老年人。另外，在大多数家庭中容易发生只注重经济方面的赡养，而忽视老年人最需要的"精神赡养"的问题。(2) 老年人房产权纠纷居高不下，有的子女贪图私利，敬老意识薄弱，钻老年人法律维权意识弱的空子，侵犯老年人的居住空间。(3) 婚姻权纠纷多集中体现在丧偶老年人再婚问题上，据统计，有超过1/3的老年人丧失配偶，其中大部分有再婚的想法。但是，现实生活中，再婚阻力极大。虽然《老年人权益保障法》第21条规定"老年人的婚姻自由受法律保护。子女或者其他亲属不得干涉老年人离婚、再婚及婚后的生活"，但是，老年人的婚姻权仍因多种外界因素无法得到保障。(4) 医疗权问题作为第四大纠纷，多发于疾病高发的老年人群。原卫生部数年前的调查显示，老年人发病率比青壮年要高3至4倍，住院率高2倍，全国老年人因病和老龄生活不能自理的有1000多万人。

法律问题的频发，还不是老年群体急需法律服务和法律援助的最大原因。众所周知，随着年龄的增长，人体的器官和身体机能不可逆转地发生退化，导致生理原因造成的多重弱势。面对内容专业、程序复杂的法律纠纷，老年人无法像中青年人一样参与其中。针对老年人自身身心特点的上门服务、取证或者代理其出庭等服务活动，是专业法律援助人员不可被替代的重要原因。另外，跳出具有严格法律程序的专业环境要求，光是由于老年人听力、视力、语言表达能力退化导致的沟通障碍，就足以彰显与之交流人员要具备充分耐心的必要性。

同时,我们不能否认,在一些涉及被家暴或者长期被虐待的老年人身上,负面的情绪甚至抑郁症等心理疾病还需要法律援助人员心理疏导的辅助。

另外,针对老年人的法律服务和法律援助案件,具有其独特的难点。例如,纠纷时间跨度大,很多证据已经灭失,老年人很可能面临举证不力的败诉风险;民生领域的生存、医疗纠纷,争议久拖未决容易引发新争端,很难做到案结事了;从争议数额来看,通常多为小额诉讼,法律服务和法律援助资源匮乏时,往往只挑选争议金额大、社会影响大的案件,无形之中会抬高援助门槛等。可见,在法律服务和法律援助问题上,还需要很多部门、很多人员的共同努力探索。

一、构建专业化的涉老律师团队

专业涉老律所与律师团队的构建是完善中国涉老法律服务的根基,而专业化的分工也是未来中国法律服务市场的发展之路。

但是,中国目前涉老法律专业律师严重匮乏,专业培训又十分罕见,因此培养一批致力于涉老法律服务的律师还有漫长的道路要走。因此,一方面,律师服务市场需要充分意识到"老龄时代"已经来临,市场化发展是必然出路,老龄化法律专业服务需要尽快发展起来。老龄问题突出地区的律师事务所可以开始着手打造老龄法律服务的平台,为老年人提供更多更有效的法律帮助,如在律所内部专门设立老龄法律事务服务部门等,安排律师专门从事涉及老年人的法律纠纷,进行有关老龄法律问题的理论研究,从而带动老龄法律服务市场的兴起与发展。而法律服务市场的兴起与发展能够产生对专业化老龄律师的需求,有需求就有供给,在法律就业市场会涌现一大批致力于老龄法律事务的专业律师,这是促进涉老律师产生的市场因素。另一方面,对于那些愿意转行或致力于成为老龄法律专业服务的律师而言,为迎合市场需求,自身素养的提高也极为关键。在此前律师可以逐渐培养自己擅长的领域,如家事、合同、政府法律顾问、房地产、金融、刑事等,至少应当在一个领域有所擅长,正是有专长才能在竞争激烈的同行中脱颖而出。在此基础上,律师还需反复磨炼、深研并熟练掌握老龄法律专业的特殊性,积累专业知识和提升处理专项法律事务的业务能力。只有这样,才能成为一名合格的老龄法律专业律师。①

除此之外,律所内的涉老专业部门及其律师团队还可以和各大高校的法学

---

① 参见刘瑜、李天琪:《老龄法律服务"专业"才是根本》,http://www.mzyfz.com/cms/benwangzhuanfang/xinwenzhongxin/zuixinbaodao/html/1040/2016-10-09/content-1224937.html,2017年7月8日访问。

院或者法学、社会学研究院(所)进行学术上的交流与合作,开展有关老龄法律问题的讲座、研讨会,律师与学者一起进行有关涉老法律问题的理论与实务研究。同时,借助学者相关科研成果的展示与宣传,以及由业务经验丰富的律师向同行或者年轻律师传授经验,逐渐建立起涉老法律服务的培训体系。专业律师队伍的组建也可以反过来推动涉老法律服务市场的进一步规范化发展与扩大。这样,会有越来越多的律所开始组建涉老服务的专业化部门,培养越来越多、越来越专业化的涉老法律服务律师。最终,甚至可能出现专门从事涉老领域业务的律师事务所。因此,"专业"是涉老法律服务的根本。

二、完善涉老法律援助制度

要完善中国的涉老法律服务,首先要建立健全涉老法律的援助制度,即完善涉老法律援助的立法工作。将涉老法律援助问题作为法律援助立法的重要内容,进行具体的制度设计。其次,引导、培育涉老律师专业化发展,将涉老专业服务内容列入律师业务培训。另外,如果能够通过制度完善引导年轻律师从事涉老法律服务,对服务者与服务对象都将大有裨益。最后,各地司法行政机关要加快与当地律师事务所的合作,建立专门的老年法律援助中心,增加财政支持。

三、完善涉老法律服务市场的管理体制

中国涉老法律服务市场的构建与完善,当然涉及如何有效实现对该法律市场的管理问题,这一问题也关涉中国律师管理制度的创新。目前,中国律师业的管理分为三个层面,一是司法行政机关的管理,二是律师行业协会的自律管理,三是律师事务所自身的内部管理。现阶段,律师业的管理已经逐步从行政管理为主转向行业协会自治管理为主,并将最终形成主要由行业协会管理的新模式。目前在过渡期内,可能还会沿用司法行政机关管理与律师协会管理的双重管理模式。改革律师管理制度,能够有效完善涉老法律服务市场的管理体制,促进涉老法律服务市场的健康发展。

首先,当然是要做好司法行政机关在涉老法律服务管理中的角色定位。一方面,司法行政机关作为国家政府机关,应当顺应时代发展的要求,主动向服务型政府转变。作为律师管理部门,司法行政机关应当在涉老法律服务的管理中依法行使政府职能,管理、引导律师依法执业;另一方面,还应当积极主动提高

工作效率，为涉老律师创造良好的执业环境，以廉洁、高效的司法管理活动促进涉老法律服务市场的健康发展。政府机关还应当逐步将律师管理权限交给律师协会，积极推进以律师协会管理为主的模式。司法行政机关要逐步实现从内部操作式管理转向透明运作、开放式管理，从微观、直接管理转向宏观、间接管理。

其次，在涉老法律服务的管理中，还要充分发挥律师协会的作用。律师协会是律师的自律性组织，以保障律师合法权利为宗旨。尽管法律明确规定了律师协会有权对执业律师、实习律师依法进行管理，但其在做好本职工作的同时，更多应该以服务者而非管理者的身份出现。律师协会应当以实际行动树立自身形象，与国家司法行政机关划清界限，充分做好涉老律师的执业保障工作，提高工作效率，切实保护律师合法权利。同时，律师协会还要充分发挥自治功能，为涉老法律服务市场建立一系列的行业规范、收费标准、具体流程，这不仅能为老年人提供特殊保护，也为律师的规范化执业提供参考，最终有利于涉老法律领域专业化市场的构建。

最后，律师事务所作为律师管理机制的核心组成部分，在涉老法律服务的管理中应当承担重要角色。第一，应当加强律师事务所内部管理机制的改革。应该依照公平、规范的原则建立律师事务所的管理体制，促进律师事务所的内部整合和外部联合，支持和鼓励律师事务所向规模化、专业化方向发展。现阶段，中国律师事务所发展的基本方向应该是律师事务所管理机制的团队化以及律师自身业务的专门化。第二，涉老法律服务专业部门的构建、运营与管理将是律师事务所参与涉老法律市场的重要内容。为此，需要实现对专业涉老律师的有效管理，这不仅体现在对律师执业道德的监督方面，更应当对专业律师执业素养的提高负有义务。为此可以定期展开有关涉老法律的培训活动，组织律师学习、交流业务经验等。第三，律师事务所需要协助政府机关完善涉老法律援助制度，共同建立老年人法律援助中心，督促专业律师积极参与涉老法律援助，以维护老年人的合法权益，为涉老法律服务市场的构建与完善作出积极的贡献。

第三章　中国老年人监护制度

第一节　老年人监护的基本内容

一、老年人监护制度概述

（一）概念

监护制度，是指为了弥补无行为能力和限制行为能力人的辨认和控制能力的缺失，而由完全民事行为能力人代理其实施法律行为，并对其财产和人身进行照顾和保护的制度。

老年人，是指60周岁以上的公民。① 但是，并不是所有60周岁以上的公民都需要监护。我国法律意义上的监护，是指对无民事行为能力、限制民事行为能力人的人身、财产及其他合法权益进行照管和保护。

我国的老年人监护制度是指，对60周岁以上需要监护的无民事行为能力、限制民事行为能力的自然人的人身、财产及其他合法权益进行照管和保护，并且代理其实施法律行为的制度。这一制度建构在大陆法系法律行为理论基础之上，是意思表示制度的延展。

（二）民事行为能力

在我国民事法律理论系统中，民事行为能力是由年龄、智力、精神状况等决定的。2017年《民法总则》规定，不满8周岁的未成年人是无行为能力人，8周岁以上的未成年人是限制民事行为能力人；不能辨认自己行为的成年人是无民事行为能力人，不能完全辨认自己行为的成年人是限制民事行为能力人。

民事行为能力，是法律行为的效力和自然人的责任能力确定的依据之一。行为能力的缺失，对自然人和社会都有很大的影响。对内，当事人自己的人身

---

① 《老年人权益保障法》第2条规定："本法所称老年人是指六十周岁以上的公民。"

和财产权利得不到和完全民事行为能力人相同的保护;对外,因为无民事行为能力人和限制民事行为能力人所为的法律行为效力并不确定,或为无效,或为效力待定,因此第三人的交易安全无法得到保障。

二、法律渊源

我国《民法通则》将监护分为对未成年人的监护和对精神病人的监护[①],并没有将老年人监护作为单独分类。不过,《最高人民法院关于贯彻执行〈中华人民共和国民法通则〉若干意见(试行)》(以下简称《民通意见》)规定,精神病人包括痴呆症人。因此,对精神病人监护的相关规定也可以适用于对老年痴呆症人的监护。但是,需要监护的老年人并不止老年痴呆症人,于是出现了其他丧失或者部分丧失行为能力的老年人的监护应如何适用法律的问题。

作为特别法的《老年人权益保障法》试图填补这一空缺,首先提出了老年人监护的概念[②],并且将老年人监护划分为意定监护和法定监护。于是,在我国现行法律中,监护制度的体系包括了对未成年人的监护、对精神病人的监护和对老年人的监护。但是,对精神病人的监护和老年人的监护制度,既有重合又有冲突,使得我国监护制度呈现出一个不协调的局面。

《民法总则》完善了监护制度,将监护制度分为对未成年人的监护和对成年人的监护,老年人监护于是成为成年人监护制度的组成部分。[③] 另外,与《民法通则》的规定相比,《民法总则》第24条的规定不仅扩大了被监护人的范围,还增加了宣告成年人为无民事行为能力人和限制民事行为能力人的申请人范围。

三、法定监护

(一)法定监护的概念

老年人的法定监护制度是指,事先没有确定监护人的、成为无民事行为能

---

① 《民法通则》第13条规定:"不能辨认自己行为的精神病人是无民事行为能力人,由他的法定代理人代理民事活动。不能完全辨认自己行为的精神病人是限制民事行为能力人,可以进行与他的精神健康状况相适应的民事活动;其他民事活动由他的法定代理人代理,或者征得他的法定代理人的同意。"

② 《老年人权益保障法》第26条规定:"具备完全民事行为能力的老年人,可以在近亲属或者其他与自己关系密切、愿意承担监护责任的个人、组织中协商确定自己的监护人。监护人在老年人丧失或者部分丧失民事行为能力时,依法承担监护责任。老年人未事先确定监护人的,其丧失或者部分丧失民事行为能力时,依照有关法律的规定确定监护人。"

③ 《民法总则》第24条第1款规定:"不能辨认或者不能完全辨认自己行为的成年人,其利害关系人或者有关组织,可以向人民法院申请认定该成年人为无民事行为能力人或者限制民事行为能力人。"

力或者限制民事行为能力的老年人,由其近亲属、关系密切的愿意承担监护责任的个人和组织,按照法定顺序确定监护人,承担照顾和保护老年人的人身、财产和其他合法权益的责任。

(二) 老年人法定监护的要件

1. 实质要件

老年人法定监护的监护对象,是丧失或部分丧失行为能力的60周岁以上的老年人,在我国即指无民事行为能力、限制民事行为能力的老年人。而行为能力是由年龄、智力、精神状况等确定的,根据《民法通则》行为能力三阶层的划分,并非所有的老年人都符合法定监护的条件,只有60周岁以上的无行为能力人和限制民事行为能力人才能成为老年人监护制度的对象。从执法和司法角度看,用固定的划分标准确定监护对象固然方便制度的施行,但是理论界对此仍存在不同意见。

2. 程序要件

法定监护要求被监护人是无民事行为能力或限制民事行为能力人。未成年人是天然的无民事行为能力、限制民事行为能力人,而成年人则首先被推定为完全民事行为能力人,如果需要认定为无行为能力、限制行为能力人,则需要由申请人向人民法院申请,法院经民事诉讼法的特别程序①审理后,决定是否宣告为无民事行为能力人或限制民事行为能力人。

所以,我国法定监护的程序始于申请,申请内容是确定被申请的当事人是无民事行为能力或限制民事行为能力人,如果得到法院的确认并予以宣告,监护依法自动开始。②

(三) 老年人的法定监护人

关于老年人法定监护的监护人,法律规定了范围和顺序。

---

① 《民事诉讼法》第187条规定,申请认定公民无民事行为能力或者限制民事行为能力,由其近亲属或者其他利害关系人向该公民住所地基层人民法院提出。申请书应当写明该公民无民事行为能力或者限制民事行为能力的事实和依据。第188条规定,人民法院受理申请后,必要时应当对被请求认定为无民事行为能力或限制民事行为能力的公民进行鉴定。申请人已提供鉴定意见的,应当对鉴定意见进行审查。第189条规定,人民法院审理认定公民无民事行为能力或者限制民事行为能力的案件,应当由该公民的近亲属为代理人,但申请人除外。近亲属互相推诿的,由人民法院指定其中一人为代理人。该公民健康情况许可的,还应当询问本人的意见。人民法院经审理认定申请有事实根据的,判决该公民为无民事行为能力或者限制行为能力人;认定申请没有事实根据的,应当判决予以驳回。

② 参见李霞:《民法典成年保护制度》,山东大学出版社2007年版,第174页。

《民法总则》第 28 条规定,无民事行为能力或者限制民事行为能力的成年人,由下列有监护能力的人按顺序担任监护人:(1) 配偶;(2) 父母、子女;(3) 其他近亲属;(4) 其他愿意担任监护人的个人或者组织,但是须经被监护人住所地的居民委员会、村民委员会或者民政部门同意。

在《民法总则》颁布以前,学界讨论了"直接将成年监护制度的监护人适用于老年人监护是否合理"的问题。因为这一问题不仅涉及老年人本身的生理特征,也忽视了老年人近亲属范围的特殊性,比如老年人的配偶、老年人的父母等。《民法总则》采纳了学界的研究成果,将《民法通则》中"由下列人员担任监护人"的表述改为"由下列有监护能力的人担任监护人"。

(四) 老年人法定监护的分类

1. 按照监护人的产生方式,可以分为法定监护和指定监护

法定监护是指在老年人丧失或者部分丧失行为能力时,按照法定顺序,监护人主动承担监护责任。指定监护是指对担任监护人有争议的,由被监护人所在地的居民委员会、村民委员会和民政部门在近亲属中指定。对指定不服提起诉讼的,由人民法院裁决。

法定监护是相对于意定监护而言的。指定监护虽然不是根据法律直接产生的,但是由相关组织在近亲属中指定,而这里的近亲属依然是按照法定监护的监护人的范围和顺序,①没有体现被监护人的意思,所以指定监护仍然属于法定监护。

2. 按照监护人的类型,可以分为自然人监护和法人或组织监护

在没有意定监护,也没有依法具有监护资格的自然人的情况下,监护人由民政部门担任,也可以由具备履行监护职责条件的被监护人住所地的居民委员会、村民委员会担任。

法人或组织监护和自然人监护是有很大不同的。首先,自然人监护一般是一对一的监护,即一个自然人一般负责一位老人,当然,在现在"四二一家庭模式"下,一对夫妻监护两对老人也是有可能的;而法人或者组织的监护,则是集体对个人的监护,集体因所在地域不同而在人力物力上有所差别。其次,可以

---

① 《民通意见》第 14 条规定:"人民法院指定监护人时,可以将民法通则第十六条第二款中的(一)、(二)、(三)项或者第十七条第一款中的(一)、(二)、(三)、(四)、(五)项规定为指定监护人的顺序。前一顺序有监护资格的人无监护能力或者对被监护人明显不利的,人民法院可以根据对被监护人有利的原则,从后一顺序有监护资格的人中择优确定。被监护人有识别能力的,应视情况征求被监护人的意见。"

成为监护人的自然人都是老人的近亲属或者朋友,有血缘关系或者感情基础,对被监护人的性格或者需求有所了解;而法人或者组织则没有这样的优势。

(五)法定监护的终止

监护首先要求监护人有完全民事行为能力,而被监护人为限制民事行为能力或者无民事行为能力人。因此,在监护人死亡或者丧失、部分丧失行为能力时,同时丧失监护资格;在被监护人死亡或者重新获得行为能力,不再需要监护时,监护关系终止。

监护除因上述原因自然终止外,还有法定终止。法律规定,对于不履行监护职责或者侵犯被监护人合法权益的人,不仅要赔偿损失,还可能经有关人员或单位的申请而被撤销监护人的资格。[①] 另外,有正当理由的监护人也可以请求辞去监护职责。

四、意定监护

相对于老年人法定监护,意定监护最大的特点就是老年人的监护人是由老年人自己选定的,是老年人和他希望担任监护人的人协商一致的结果。

《老年人权益保障法》第 26 条第 1 款规定,具备完全民事行为能力的老年人,可以在近亲属或者其他与自己关系密切、愿意承担监护责任的个人、组织中协商确定自己的监护人。监护人在老年人丧失或者部分丧失民事行为能力时,依法承担监护责任。《民法总则》则吸收并扩大适用到成年人监护制度上。[②]

(一)意定监护的要件

意定监护是老年人在意识完全时为自己安排监护人,并且要求双方协商一致。协商一致即意思合意,所以有关法律行为的规定适用于此。

法律行为生效,主体必须具备完全民事行为能力,其行为才不会因为具有意思瑕疵而产生不确定的效果——无效、效力待定、可撤销等。所以,意定监护人必须在老年人具备完全民事行为能力时确定。但是,监护并非一经确定即开

[①] 《民法通则》第 18 条第 3 款规定,监护人不履行监护职责或者侵害被监护人的合法权益的,应当承担责任;给被监护人造成财产损失的,应当赔偿损失。人民法院可以根据有关人员或者有关单位的申请,撤销监护人资格。

[②] 《民法总则》第 33 条规定,具有完全民事行为能力的成年人,可以与其近亲属、其他愿意担任监护人的个人或者组织事先协商,以书面形式确定自己的监护人。协商确定的监护人在该成年人丧失或者部分丧失民事行为能力时,履行监护职责。

始,而是在老年人丧失或者部分丧失行为能力之后,由监护人开始承担责任。意定监护的被监护人依然是无民事行为能力或者限制民事行为能力的老年人。

(二) 意定监护人的范围

《老年人权益保障法》第 26 条规定,老年人可以在近亲属或者其他与自己关系密切、愿意承担监护责任的个人、组织中协商确定自己的监护人。

那么,该条款中的"与自己关系密切",是不是对意定监护人范围的限制?本书认为,契约自由原则允许当事人自主决定所订契约的内容和相对人,并且通过事后监督即法律行为的效力性规定[①]维护公序良俗等社会公共利益。既然意定选择监护人的行为发生在待监护老年人具有完全行为能力阶段,那么,该条款规定的意定监护人,应当是任意性规定而不是强制性规定,老年人既可以选择自己的近亲属或者其他和自己有关系的个人和组织做监护人,也可以选择其他与自己未必关系密切的第三人(包括自然人、法人和其他组织)做监护人,如信誉良好、专门承担监护责任的公司、社会组织等。

(三) 意定监护的类型

按照老年人选定的监护人的性质不同,可以将意定监护分为自然人监护和机构监护。老年人既可以在其近亲属、朋友或者其他愿意担任监护的个人中选任监护人,也可以在负责监护的组织机构中选择。专门的老年人监护机构在我国并不常见,目前主要是指养老机构。

(四) 相关制度比较

在现行民法体系中,有些制度与意定监护表面上存在近似之处,但是,从法律性质上看,这些制度存在着根本性的区别。

1. 遗赠扶养协议

在《继承法》中,除法定继承、遗嘱继承外,还有一种遗赠扶养协议,是老年人与其继承人之外的第三人签订生养死葬的协议,其内容一般也包括监护,因此往往也会涵盖意定监护的功能。

---

① 《合同法》第 52 条规定:"有下列情形之一的,合同无效:(一) 一方以欺诈、胁迫的手段订立合同,损害国家利益;(二) 恶意串通,损害国家、集体或者第三人利益;(三) 以合法形式掩盖非法目的;(四) 损害社会公共利益;(五) 违反法律、行政法规的强制性规定。"第 54 条规定:"下列合同,当事人一方有权请求人民法院或者仲裁机构变更或者撤销:(一) 因重大误解订立的;(二) 在订立合同时显失公平的。一方以欺诈、胁迫的手段或者乘人之危,使对方在违背真实意思的情况下订立的合同,受损害方有权请求人民法院或者仲裁机构变更或者撤销。当事人请求变更的,人民法院或者仲裁机构不得撤销。"

但是,意定监护的监护人范围更广,老年人可以在其意识健全时,在可以担任其法定监护人的近亲属中,通过协商确定一个监护人,在其丧失或者部分丧失行为能力时,由该监护人承担监护责任而不再受法定监护顺序的限制。另外,意定监护协议的有效期限短于遗赠扶养协议。遗赠扶养协议一般是生养死葬的协议,即协议中承担义务的一方在老年人生前负责照顾老年人的生活,类似于赡养中的人身和精神上的照拂,因此不要求被照顾的老年人有无民事行为能力,而在老年人去世后,扶养人还负有处理老年人身后事的义务;而监护则仅开始于老年人丧失或者部分丧失行为能力,即成为无民事行为能力或者限制民事行为能力人之后,并且当被监护人死亡时,监护即终止。

2. 委托监护

委托监护,是指监护人将其监护职责部分或全部委托给他人。因此,委托监护的当事人是监护人与第三人,而意定监护的主体是被监护人与监护人。因被监护人的侵权行为需要承担民事责任的,应当由监护人承担,但另有约定的除外;被委托人确有过错的,负连带责任。

五、监护内容①

(一) 监护事务

老年人法定监护中,监护人的职责是保护被监护老年人的人身、财产及其他合法权益。② 在意定监护中,监护人的职责则依据老年人在具备完全民事行为能力时,与监护人签订的监护协议。

1. 保护被监护人的人身权利

老年人的人身权利是指人格权和身份权。人格权包括生命健康权、姓名权、肖像权、名誉权、荣誉权、隐私权和婚姻自主权等。虽然被监护的老年人是无民事行为能力或者限制民事行为能力人,但是人格权始于出生、终于死亡,不受民事行为能力的影响。

2. 保护被监护人的财产权利

被监护的老年人虽然不具备完全民事行为能力,没有工作能力,但是大都有退休工资或者最低生活保障金、保险以及自己的积蓄。老年人因为丧失或者

---

① 参见李霞:《民法典成年保护制度》,山东大学出版社 2007 年版,第 220 页。
② 《民法通则》第 18 条规定,监护人应当履行监护职责,保护被监护人的人身、财产及其他合法权益,除为被监护人的利益外,不得处理被监护人的财产。

部分丧失辨认能力而不能为有效的法律行为,所以需要监护人代为保护财产利益。

法律对监护人管理被监护人财产的要求是:除非为了被监护人的利益,否则不得任意处分被监护人的财产。

3. 担任被监护人的法定代理人

监护和代理虽然是不同的法律关系,但是监护的内容包括法定代理,监护人补足被监护人的行为能力,代理实施法律行为。

(二) 监护责任

监护会产生两种法律关系,由此形成不同的监护责任。

(1) 监护人与被监护人的内部法律关系,包括监护职责、不履行职责的法律责任。① 在意定监护中,监护人与被监护人之间存在协商一致的监护协议,意定监护人承担监护义务后,一般享有报酬请求权或者其他权利。

(2) 以被监护人为媒介,监护人和第三人产生的外部关系,主要是侵权责任的承担。《侵权责任法》规定了监护人的无过错替代责任,②即被监护人造成他人损害的,由监护人承担侵权责任。因为当被监护的老年人是精神病人或者老年痴呆症人,不具有完全控制自己行为的能力,给他人造成损害的可能性很大,因此法律规定了监护人的严格责任。同时,为了鼓励监护人履行职责而不是消极接受严格责任,法律还规定了如果监护人尽到了必要的监护责任,则可以减轻其侵权责任。

六、监护监督

监护监督制度是对监护人履行监护职责进行督促的制度,或者说为老年人权利提供的另外一种保障、一种法律救济的途径。

《民法通则》规定,监护制度的监督机关是指老年人所在的单位、居民委员

---

① 《民法通则》第 18 条第 3 款规定,监护人不履行监护职责或者侵害被监护人的合法权益的,应当承担责任;给被监护人造成财产损失的,应当赔偿损失。人民法院可以根据有关人员或者有关单位的申请,撤销监护人的资格。

② 《侵权责任法》第 32 条规定,无民事行为能力人、限制民事行为能力人造成他人损害的,由监护人承担侵权责任。监护人尽到监护责任的,可以减轻其侵权责任。

会、村民委员会以及民政部门,《民法总则》则扩大了监督机关的范围[1],包括其他依法具有监护资格的人、居民委员会、村民委员会、学校、医疗机构、妇女联合会、残疾人联合会、未成年人保护组织、依法设立的老年人组织、民政部门等。其中,依法设立的老年人组织首次被赋予监督老年人的监护人履行义务的职责和权利,有利于更好地保障老年人的权利。

监督机构的职责,包括在法定监护中对担任监护人有争议的,由监督机构负责在法定监护人范围内指定监护人;监护人给被监护人的权利造成损害的,可以申请撤销监护人的资格,有必要时安排临时监护,并且负责依法另行指定监护人。另外,《民法总则》还增加了自然人监督人,即在法定监护人范围内,但是暂时不需要承担监护责任的其他监护人,也可以监督正在履行承担监护责任的监护人履行职责的情况。

第二节 老年人监护领域的民法理论问题

一、监护的概念与属性

何谓监护?监护的本质属性如何?这组问题,长期为民法理论界所关注。

史尚宽先生认为:"监护,谓为不在亲权下之未成年子女或被宣告禁治产人,为身体财产之照护所设私法上之制度。"[2]佟柔先生认为:"监护是指对未成年人和精神病人的人身、财产及其他合法权益进行监督和保护的一种民事法律制度。"[3]王利明教授认为:"监护是民法上所规定的为无民事行为能力人和限制民事行为能力人设定监督保护的一项制度。"[4]张俊浩先生认为:"监护是对不能得到亲权保护的未成年人和精神病成年人,设定专人管理和保护其人身和财产

---

[1] 《民法总则》第36条规定:"监护人有下列情形之一的,人民法院根据有关个人或者组织的申请,撤销其监护人资格,安排必要的临时监护措施,并按照最有利于被监护人的原则依法指定监护人:(一)实施严重损害被监护人身心健康行为的;(二)怠于履行监护职责,或者无法履行监护职责并且拒绝将监护职责部分或者全部委托给他人,导致被监护人处于危困状态的;(三)实施严重侵害被监护人合法权益的其他行为的。本条规定的有关个人和组织包括:其他依法具有监护资格的人、居民委员会、村民委员会、学校、医疗机构、妇女联合会、残疾人联合会、未成年人保护组织、依法设立的老年人组织、民政部门等。前款规定的个人和民政部门以外的组织未及时向人民法院申请撤销监护人资格的,民政部门应当向人民法院申请。"

[2] 史尚宽:《亲属法论》,中国政法大学出版社2000年版,第693页。

[3] 佟柔主编:《中国民法》,法律出版社1990年版,第75页。

[4] 王利明等:《民法新论(上册)》,中国政法大学出版社1988年版,第166页。

利益的法律制度。"①马原教授认为:"监护是为保护无民事行为能力人和限制民事行为能力人的合法权益,维护社会正常秩序而设的一种法律制度。"②陈国柱先生认为:"监护,就是对无行为能力人或限制行为能力人的人身、财产或其他合法权益进行监督和保护,并且代理他们进行民事法律活动的一项民事法律制度。"③龙卫球先生认为:"监护,是指对于法律上那些由于年龄或精神健康原因而不能自我保护的人给予监督和保护的,由民法所赋予的必要的权利和义务。"④

监护属于一种权利还是一种义务,关乎监护制度整体设计。对此,民法学界历来有不同的观点。

关于监护的性质,学界主要有四种学说。

第一种学说认为监护是一种权利,张俊浩、梁慧星持此观点。如前所述,《民法通则》第18条第2款规定:"监护人依法履行监护的权利,受法律保护。"持此种观点的学者认为,基于我国法律的明文规定,监护很明显就是一种权利。当然,监护作为一种权利,是一种身份权。监护人并不是任何人都可以当,只有具有一定资格的人才能够成为监护人,而这种资格一般指的是监护人与被监护人之间具有一定的亲属身份关系。正是因为他们之间有这一层亲属身份关系的连接,才能更好地尽自己的监护职责,保护被监护人的合法权益。⑤ 也有学者认为,监护人为了实现被监护人的利益,对于被监护人的人身利益和财产利益的保护以及代理方面享有独立的权利。因此,监护是一种权利。

第二种学说认为监护是一种义务,江平和彭万林为此观点的代表。彭万林教授认为,权利的最终落脚点是权利人从权利中获得利益,如果说监护是一种权利,就等于说监护人可通过他人获得利益,但实际上《民法通则》关于监护的规定,并未赋予监护人任何利益,而只是课以沉重的负担。江平认为,大凡权利皆可放弃,义务皆需履行。而在监护存续期间,监护人未有正当理由不准辞其职务,从这一点可以看出,监护应当是一种强制性的义务。

第三种学说认为监护不仅仅是单纯的权利,亦非单纯的义务,而应当是权

---

① 张俊浩主编:《民法学原理》,中国政法大学出版社1991年版,第120页。
② 马原:《中国民法教程》,人民法院出版社1989年版,第55页。
③ 陈国柱主编:《民法学》,吉林大学出版社1987年版,第40页。
④ 龙卫球:《民法总论》,中国法制出版社2001年版,第276页。
⑤ 参见官玉琴:《亲属身份权理论与实务》,厦门大学出版社2007年版,第265页。

利和义务的结合体,王利明即是这种观点的支持者。说监护是一种权利,是指监护人可以依自己的意思自由决定作为或者不作为;说监护是一种义务,是指监护制度的设立是为了维护被监护人的合法权益,因此要求监护人按照法律规定依法作为,对监护人设置了一定的约束。另外,在法律上将监护关系看作亲子关系或者是配偶关系的一种延伸,属于一种伙伴型关系,监护人对被监护人的关心和照顾,是一种法律无法实现的慈爱价值。因此,就像在亲权中一样,法律对监护也规定了最低限度的义务,即在保障伙伴型关系存续所必需的安全、价值秩序后,听任监护人去作为或不作为。①

第四种学说认为监护是一种职责,杨大文持此观点。持此种观点的学者认为,监护并不是一种权利,而是一种职责。首先,监护的目的是为了维护被监护人身体和财产的合法权益,并非是一种对其进行支配的权利。在罗马法中就把监护视为一种公役,而不是权利。② 其次,《民法通则》第 18 条第 1 款规定:"监护人应当履行职责,保护被监护人的人身、财产及其他合法权益,除为被监护人的利益外,不得处理被监护人的财产。"这便正好证实了监护是一种职责,而非一种权利。

上述四种学说关于监护性质的讨论都有一定道理,也都在一定程度上揭示了监护中的法律关系及其特点,对于我们理解监护制度的本质有很大帮助。但是,这些学说在说理过程中,涉及的某些观点偏误需要得到辨析。

(1) 在定位监护制度的性质时,对权利的理解过于狭隘。在讨论监护是不是一种权利时,反驳监护是一种权利的学者理由主要是监护人在监护的过程中并没有得到任何利益,而只是被课以沉重的负担。从这一理由可以看出,否认监护是一种权利的学者将权利理解为利益,无利益就无权利。而赞同监护是一种权利的学者,除了将《民法通则》第 18 条第 2 款作为直接依据之外,认为监护人在监护的过程中可以根据自己的意思自由来决定作为或不作为,有进行民事行为的自由。在这里,赞同监护为一种权利者是将权利理解为自由。而事实上,利益和自由均被视为权利的要素③,如果单纯把权利定义为其中的某一项,缺乏说服力。

(2) 只用权利和义务来分析监护的法律关系过于片面。权利和义务是我们

---

① 参见王利明主编:《人格权法新论》,吉林人民出版社 1994 年版,第 204 页。
② 参见倪娜:《老年人监护制度研究》,厦门大学出版社 2012 年版,第 26 页。
③ 同上。

用来分析法律关系的两个基本工具,这一点自然是毋庸置疑的。但是,法律关系多种多样,权利和义务是最基本的和最常见的两个工具,并不意味着除此之外我们就不再需要用其他因素来分析法律关系。如果不去考虑法律关系所涉问题的复杂性,就将其局限于权利和义务的框架内,未免难以服众。我们面对的监护关系即是如此,监护作为一种复杂的法律关系,不仅涉及了监护人与被监护人之间的关系,也可能涉及其他第三人甚至政府等主体。面对这样新型的法律关系,只有权利和义务的二元评价体系也许就不再完全适用,而应该寻求不止包含权利和义务,也包含其他所需因素的评价体系,比如职责这种既不是纯粹权利也不是纯粹义务的因素。

(3)用身份权作为依据,来论证监护的本质是一种权利,存在着不周延之处。首先,随着立法关于监护人范围的扩大,监护人与被监护人的特定身份关联因素逐渐被淡化;其次,身份权是民事主体基于特定的身份关系产生的与人身不可分离的权利,以身份利益为其客体,而监护关系的客体很明显并不仅限于身份利益,所以监护并不完全符合身份权的特征。

(4)对于老年人监护问题,职责说能更准确地与老年人监护法律关系的特点相契合。职责,是基于一定的职分所应当尽的责任。职责说强调了监护人的义务是以一定的特殊身份为前提的,无论是老年人的家人、朋友、机构,只有具有监护人身份的人才有相应的权利,需要承担相应的义务。职责说较好地解决了权利义务二分观念在监护问题上的纠结。

二、老年人的自主决定权

自主决定权就是与自己相关的事务,自己进行自主决定的权利。这一权利在理论领域中一直被学者所重视,并且不断强调自主决定权在老年人监护制度构建中的重要性。老年人监护制度中对老年人意见的尊重越来越重视。

(一)老年人监护的旧理念对自我决定权的忽视

学者们认为,古老的老年人监护制度通过隔离的手段限制了被监护人的某些自主决定权,违反了关于平等保护的原则和理念,是一种法律制度排斥。[①] 在过去,监护的观念是为那些身心障碍的人找一个监护人,管理他的财产,照顾他的身体健康并代替他进行各种法律行为。在被监护的过程中,被监护的老年人

---

① 参见李欣:《私法自治视域下的老年人监护制度研究》,群众出版社2013年版,第78页。

自己的意志很薄弱,其意愿会被忽略掉。在实际的监护过程中,往往是监护人直接代替本人行使权利而罔顾被监护人的意愿。这个制度最终实现的只是社会秩序的稳定、交易的安全,当被监护人的利益或者意愿与社会利益发生冲突或者矛盾时,牺牲的往往是被监护人的个人利益。

(二)老年人监护制度中的理念转变

监护制度的未来完善中,需要充分保障老年人的自主决定权。

1. 监护人在行使职责时要充分尊重被监护的老年人的意见

尊重自我决定权这一理念应当贯彻到老年人监护制度的设立始终,贯彻到实体和程序当中。被监护的老年人作出的关于其日常生活的决定应当得到相应的重视和尊重,不能被随便撤销。同时,监护人在行使职责时也需要充分尊重被监护的老年人的意愿,要与其进行必要的沟通,征求其意见和建议,这些都应当在实践中得到落实。

2. 在监护人的选任上,也应当充分尊重被监护的老年人的意愿

需要被监护的老年人虽然存在一定的身心障碍,但是他们只是欠缺一部分能力,并非完全没有辨别能力。他们也有自己的主观意愿,尤其是具有老年人特点的尊严需求。应当重视被监护的老年人尚存的意思能力,在监护人的选任上应当征求他们的意见,充分尊重他们的主观愿望。法律明文规定,法院在指定监护人时,应当由老年人作出对选任的监护人同意或不同意的意思表示,当下的问题是在实务中认真落实这些规定。

3. 意定监护优先于法定监护

要尊重被监护的老年人的自主决定权,就要在立法中确定意定监护优先于法定监护的原则。在构建老年人监护制度时,法律应当赋予老年人在意识清醒的状态下自行选择满意的监护人的权利,并且这种选择应当优先于法院的指定。

三、老年人监护与成年人监护

从被监护人的年龄来看,监护制度包括:一为未成年人设立的监护制度,这类监护制度设立的目的在于监督保护未成年人的人身和财产利益;二为有身心残障的成年人设立的监护制度,这一类监护制度之所以被设立,是因为一部分成年人身心存在障碍,缺乏一定的辨别能力甚至失去了全部的辨别能力,需要有监护人来帮助照顾他们的日常生活,维护他们人身和财产的合法权益。老年

人监护制度,是成年人监护制度的一个组成部分,法律中并没有对老年人监护的具体规定,其中设有明文的只是针对未成年人的监护制度和笼统的针对成年人的监护制度,由此传统民法中将老年人监护制度直接纳入成年人监护制度中进行统一规范。但是,近年来,民法学界对这种将老年人监护并入成年人监护当中的做法提出了质疑。众多学者认为老年人监护制度越来越重要,因此主张单独设立老年人监护制度,以同成年人监护制度区分开来。

老年人监护制度应该独立于成年人监护制度之外,这是因为老年人监护制度具有以下几个方面的特殊性:

第一,被监护的老年人并不完全等同于无民事行为能力或者限制民事行为能力的精神病人。一般而言,被监护的老年人意识和辨别能力的衰弱是有一个过程的,当然身体也是如此。无民事行为能力或者限制民事行为能力的精神病人,大多数情况下都是处在一种无法辨认自己行为或者无法完全辨认自己行为的状态之中。老年人突然出现不能完全辨认自己行为的情况是很少的,他们的意识往往都是逐渐衰弱的。有些老年人能够预感到自己意识的衰弱,觉察出自己日后可能难以照顾自己的日常生活,自己会有心目中满意的监护人人选,为自己以后的生活作好准备。另外,老年人在精神状况衰弱的过程中可能会出现记忆力减退、行动不便、身体状况变差的情况,也有可能会发展为某些行为能力的丧失。但是,这些能力的丧失仅仅只是对部分事务不能进行独立处理,而不是丧失全部能力,这与无民事行为能力或者限制民事行为能力的精神病人是有明显区别的。

第二,对于无民事行为能力或者限制民事行为能力的精神病人而言,他们的配偶可以是自己的监护人。但是,对于需要监护的老年人来说,他们的配偶作为自己监护人的可能性非常低。因为实际社会生活中,一般情况下,老年人的配偶也是老龄之人,暂且不说有可能他们自己就是被监护的老年人,就算他们自己意识清醒、辨别能力健全、身心健康,不至于是需要被监护之人,但若要求他们担任自己配偶的监护人,代理可能出现的一系列法律行为,对一个老年人来说仍然是有很大的难度的。

第三,在成年人监护制度体系中,意定监护一般是针对老年人监护而言的。如前所述,很多老年人可以预感到自己日后行为能力日渐衰弱,自己的日常生活无法完全自理,他们会有自己心中合适的监护人人选,从而就可以在意识还清醒之时为自己设定意定监护。但是,无民事行为能力或者限制民事行为能力的精神病人是做不到这一点的,他们没有清醒的意识为自己设立意定监护,往往只能是法院指定的人选来担任他们的监护人。

老年人监护制度同无民事行为能力或者限制民事行为能力的精神病人的监护一样,都是成年人监护制度的重要组成部分,这一点是毋庸置疑的。但是,考虑到我国目前社会人口老龄化趋势严峻,老年人监护又与成年人监护制度存在诸多不同,因此学界才认为应当考虑到老年人监护独有的特点,将老年人监护制度独立于成年人监护制度之外进行研究。

第三节 传统文化视角下的赡养与监护

在现有民事法律体系中,赡养与监护是两种相对独立的法律制度。赡养解决的是老年人的养老问题,监护主要解决的是老年人在参与社会活动的过程中的行为能力问题。另外,在中国的文化传统中,赡养制度极具文化特色,正是基于这一点,现代民法必须关注两个制度之间的关联。

一、赡养文化的嬗变[①]

(一)儒家"孝养文化"下的传统赡养制度

当下赡养制度的前身,是传统中国"孝养文化"中孕育的"孝治礼法"制度。"孝养文化"是一种涵盖政治、经济、社会生活的文化形态,它以家庭为单位,以差序的长幼家庭关系为切点,确立起一套完整、自治的价值观念与行为规范。统治者通过对这一系统的运作,解决社会物质资源的分配与代际流转、个体尊严与生存条件的依附,从而实现广泛而长期的有序社会治理。

这种治理方案采取的是"礼法同治"的制度模式。与"法治"相对,本书称之为"礼法治",即管理者通过综合运用"柔性的礼治"与"刚性的法治"双重手段,统一规制出社会诸层面的良性发展形态。

"礼"原本是氏族社会后期祭祀活动的仪式,后来逐渐从维系血缘群体的纽带发展成为强化国家政治组织的工具。"礼"被认为是贯穿于整个中国古代社会、旨在维护宗法血缘关系和社会治理秩序的伦理观念和行为规范的总称。在

---

① 参见孙颖、高丹:《赡养制度的立法易变——兼论中国法治道路选择》,载李洪卫主编:《礼仪、文化与法律秩序》,上海三联书店2017年版,第71—83页。

中国古代，"礼"作为一种调整社会关系的行为规范,在确认和维护社会秩序过程中发挥着无法替代的作用。历代政府对于儒家经典的推崇,使得"礼"不仅成为影响成文法制定的重要标准,自身也发展成为具有一定强制力,并为人们普遍遵行的不成文法,与"刑"(或"法")共同成为数千年来中国人的根本行为准则。

"出礼入刑"[①]"引礼入法"[②]"礼法结合"是中国古代社会治理形态的突出标志,是一套整体性的社会调控方式。"礼",积极主动、防患于未然,"刑",则消极被动、惩恶于已然。"礼"与"刑"(或"法")两者互相配合、互为表里,共同构成了完整的中国古代法律体系。中国古代立法中子女对父母赡养义务的规定亦体现在"礼"和"刑"(或"法")两个方面。

1. "礼"的要求

以儒家思想为基础的中国传统文化,强调对待父母要"事之以礼"[③],而"礼"则要求子女以"孝"[④]事亲。孝养的观念在有历史记载之前就已经出现。《尚书·酒诰》中记载"肇牵牛车远服贾,用孝养厥父母",只是对当时社会"孝"观念的平实记录。

孝养礼制的内容具体、务实。《礼记·内则》规定了子女为父母提供衣食住行的具体内容,如每天早上向父母请安时要"问衣燠寒,疾痛苛痒""问所欲而敬进之"。孝养父母的行为标准是"事父母,能竭其力"[⑤],要求家境贫寒的子女在自己的经济能力范围之内供养父母。孝养意识的培养尤为重要。子女孝养父母应当"居则致其敬,养则致其乐,病则致其忧,丧则致其严"[⑥]"出必告,反必面"[⑦],强调对父母要有实心实意的"敬"。《论语·为政》中"今之孝者,是谓能养。至于犬马,皆能有养;不敬,何以别乎"强调的就是和颜悦色地承顺父母,重

---

① 西周时期,"刑"多指刑法和刑罚。"礼"正面积极规范人们的言行,而"刑"则对一切违背"礼"的行为进行处罚。《汉书·陈宠传》所记"礼之所去,刑之所取,失礼则入刑,相为表里",准确地表达了古代中国礼治与法治的配合关系。

② 在儒家发展史上,荀子是"礼法治"思想的奠基人。他在"名分使群"的基础上强调"引礼入法",形成了"礼法结合"的制度体系,真正使"礼法治"成为完整而系统的社会治理思想体系。

③ 《论语·为政》。

④ "孝",形似一少扶持一老,钱穆先生解读为"父子相通"。中国人特别强调子女对父母的供养扶助,与对其他亲属的扶助义务相区别。

⑤ 《论语·学而》。

⑥ 《孝经·纪孝行章第十》。

⑦ 《礼记·曲礼上》。

视父母的心理体验,在感情和精神上给予父母细致的慰藉。

2."法(律)"的规制

孝养文化以父母在家庭中的尊重地位为基础,这种认识又逐渐成为社会共识,形成具体的社会规范。"法"则遴选出部分规范,通过划出行为底线,辅以严格规范,来维护这种差序的社会关系格局。其中最为典型的,就是针对"出礼"之后的各种不孝行为,历代立法所采取的严厉刑罚制度。

《唐律疏议》中,不赡养父母的"不孝"行为,被列为《唐律疏议·名例》重罪"十恶"之一。"不孝罪"内容广泛,包括咒骂父母、私用财物、供养有缺、父母在世分家析产、父母丧期嫁娶作乐、释服从吉、听闻父母丧匿不哀恸等。①《唐律疏议》卷第十规定:"诸闻父母若夫之丧,匿不举哀者,流二千里;丧制未终,释服从吉,若忘哀作乐,自作、遣人等,徒三年;杂戏,徒一年;即遇乐而听及参预吉席者,各杖一百……"不履行对父母的赡养义务,甚至殴打、谋杀父母的行为属于比"不孝"更为严重的"恶逆"罪,亦为"十恶"之一。《唐律疏议》卷二十二规定:"诸詈祖父母、父母者,绞;殴者,斩;过失杀者,流三千里;伤者,徒三年。"

犯上述"不孝"和"恶逆"的"十恶"罪,依据具体情节对子女处以杖、徒、流、绞、斩等严厉的刑罚。遇到皇帝大赦时也不能赦免其罪行,即"十恶不赦"。由此可见,"法(律)"对子女赡养父母义务的保障,可谓竭尽全力。

类似规定,在历代法典中均有体现。通过"礼法"规制出的"孝养"文化,贯穿了整个古代中国社会生活的方方面面。

(二)清末民初修律过程中的赡养(或扶养)问题

清朝末年,刚刚经受过近代工业化洗礼的西方列强,以武力叩关东方的千年帝国。中国传统的礼法社会受到巨大冲击,面临着"数千年未有之大变局"。这艘上了岁数的大船,开始了艰难的调整时期。传统"礼法治"向近代"法治"迈出了艰难的一步。

1. 新律法中的规定

20世纪初,清政府派出五大臣出洋考察,开始为修律作准备。在各种历史机缘影响之下②,在民事领域,清末修律走上了德国民法的立法道路。曾经在古代中国具有非同寻常立法价值的孝养问题,出现了根本性的立法变化。

---

① 显然,"不孝罪"包括的大都是违反道德、不符合人之常情的行为。
② 构成这一机缘的因素有:19世纪末20世纪初,各国对德国民法先进性的共识;德国文化中的"一统"观念与中国传统"道一"观念的契合;19世纪中国的图存抗争等。

(1)《大清民律草案》中的扶养义务

《大清民律草案》是中国第一部独立于刑事法律编纂的民法草案。其"亲属编"第 1450 条规定:"凡直系宗亲及兄弟姊妹,互负扶养之养务,妻之父母及婿,亦同。"第 1451 条规定:"负扶养义务者有数人时,须依下列次序而履行义务:一、直系卑属;二、夫或妻……"第 1453 条规定:"受扶养权利者有数人时,负扶养义务者,须依下列次序而履行义务:一、直系尊属;二、夫或妻……"第 1455 条规定:"负扶养之义务人,以有扶养之资力者为限。"第 1456 条规定:"受扶养之权利人以不能自存者为限……"[1]在 20 世纪初中国社会波谲云诡的政治动荡中,这一草案并未付诸实施。但是,它却成为后续民事立法的基础。

(2)《中华民国民法》中的扶养义务

民国时期制定的《中华民国民法》[2]以《大清民律草案》及北洋政府时期的法律为基础,同时大量借鉴了德国和日本的民法典。《中华民国民法·亲属编》第 1114 条规定:"下列亲属互负扶养之义务:一、直系血亲相互间;二、夫妻之一方……"第 1117 条规定:"受扶养权利者,以不能维持生活而无谋生能力者为限。前项无谋生能力之限制,于直系血亲尊亲属不适用之。"第 1118 条规定:"因负担扶养义务而不能维持自己生活者,免除其义务。但受扶养权利者为直系血亲尊亲属或配偶时,减轻其义务。"

2. 清末民初诸民法新律的渊源:《德国民法典》

从上述两部近代民事立法的内容看,"扶养义务"成为立法者解决涉老赡养问题的关键用语。所谓"扶养义务",是根据法律规定,负有扶养义务的特定扶养义务人为抚养行为,以满足扶养权利人受扶养利益的法律上的必要性。它源于法律的直接规定,以法律所认定的扶养内容为内容。这种转变的直接制度根源,是近代德国民事立法中的家庭成员之间的扶养制度。需要强调说明的是,这种制度所涉及的不仅仅是"子女对父母"或者说"卑亲属对尊亲属"的扶养。

就家庭成员之间的扶养义务,《德国民法典·亲属编》第 1601 条规定:"直系血亲有义务互相给予扶养费";第 1602 条规定:"(1) 只有不能自行维持生计的人才有受扶养权。(2) 即使未成年的未婚子女有财产,也可以在其财产的收入和其劳动的收入不足以维持生计的限度内,向其父母请求给予扶养费";第 1603 条规定:"(1) 在考虑到其他义务的情形下,不妨害其适当生计就不能给予

---

[1] 杨立新点校:《大清民律草案》,吉林人民出版社 2002 年版,第 185—186 页。
[2] 《中华民国民法》为南京国民政府颁布,于 1931 年正式施行,现适用于我国台湾地区。

扶养费的人，不负扶养义务。（2）父母处于这一境况的，对其未成年的未婚子女，父母有义务将其所有可利用的资金平均地使用于自身的生计和子女的扶养。只要 21 岁及以下的成年未婚子女在父母或父母一方的家计中生活，且正在接受普通学校教育，就与未成年子女相同。有其他负有扶养义务的血亲的，不发生该项义务；对其扶养费可从其财产的基本部分予以支付的子女，也不发生该项义务。"①

与传统中国对家庭事务的规制方法相比，德国民法的上述规定体现出两个重要的特点：

首先，"权利"是家庭成员间关系的纽带。在法律意义上形成了"必须做（义务）""要求对方必须做（权利）"的行为规范，建立了家庭成员之间一种相对简单明晰的关系。而传统中国家庭成员之间的纽带，则是由血缘、姻缘关系形成的"名分"。在"名分"的基础上，每个人在家庭生活中"为己所应为"，以"礼"进行日常规制，以"法"进行根本威慑。家庭成员之间的关系表现为一种"模糊的清晰"。

其次，对家庭成员平等地位的设定，是法治视角下"权利"成为家庭关系纽带的认识基础。"平等"是近代社会发展中形成的政治社会观念向家事生活领域的扩展，或者说"侵入"。

在分析近现代西方家庭成员之间的平等关系的时候，有一个问题值得考量：如何评价古代欧洲社会家庭成员之间的不平等关系？笔者认为，家庭成员之间基于生理原因、心智发育原因形成的不平等以及家庭成员之间的亲情，是所有文化体内家庭关系的客观事实。用中国传统文化的思考用语表达，这就是"理"。在这两个现实基础上，中国古代先贤进行了精心的制度设计，"理出"了早期的"礼"。这种以"理"为基础"理出"的"礼"，既体现不平等现实，又包容、育养亲人之间的爱。与之不同的是，古代西方文明的家庭制度设计相对粗疏，过多地偏重个人主义。家庭成员之间的不平等少了"爱"的制度护佑，"不平等"的现实容易衍生出一些野蛮的内容，比如罗马法中的"家父权"、唯利是图的收养关系等。到了近代，政治思想领域平等观念的兴起，使得欧洲野蛮、愚陋的"唯身份"的身份关系成为革命的对象，这种身份关系受到"契约"精神的猛烈冲击。但是，"契约"所预设的人人平等，仅仅是而且永远只能是"假设"，是人类的向往

---

① 陈卫佐译注：《德国民法典》（第 4 版），法律出版社 2015 年版，第 493—494 页。

而已。在"易变"过程中,早期文明的粗陋,也带来了后期(近现代社会变革)文明的简单。因此,"家庭成员之间的扶养义务",仅仅与西方个体主义传统相契合。当"扶养义务之名"进入中国社会后,却被 20 世纪的中国人自然而然赋予了"赡养之实"。

从"孝养"到"扶养义务",背后是涉老立法观念的重大而主动的变化。从依据上说,"孝养"是子女的职分,"扶养"则是法律义务。从内容上看,"孝养"偏重精神上的慰藉,而"扶养"偏重物质上的协助。从社会效果上看,"孝养"是建构社会各种秩序的基础手段,而"扶养"则仅仅是针对弱势社会成员的能力补足。在两者的各种区别中,最主要的是"差序"设定与"平等"设定之间的重大理念分殊。这种区别不只是体现在老年问题上,更体现在对社会成员的整体认知上。

之所以会产生这种不同的设定,从深一层次上看,欧陆文明强调"个体",不同于中华文明强调"群体"。[①] 从再深一层次上看,是看世界的根本方法的区别,形成了不同文化形态对个体与群体关系的不同看法。欧陆文明在最根本的层面,将"形而上"与"形而下"作了区分。这种看世界的方法,使得其无论在蒙昧阶段、宗教阶段,还是理性阶段,总是要从形而上的神、造物、理念那里,为形而下的世俗问题找出解决方案。而在中国传统文化的最根本层面,"道"的本意是"所行道";"道"的意蕴是,"形上"与"形下"体用不二。人有差别,是"道";人有差序爱心,亦是"道";而人作为地球上的独特物种,还会有灿漫的大爱,还是"道"。因为"尘世有爱",所以尘世之上才有"大爱(仁)";又因为"尘世的爱有差等",所以"大爱的理想"需要作出精心的制度设计,即差等对待。这种"道"显然不同于高高在上的"自然法"监视下僵硬的现世法。这也是形成"礼法治"与"法治"不同传统的根源。

"道"落实到家庭生活中,以儒家为核心的中国传统文化,基于人们的血缘亲情,"理"出了家庭伦理之道——"礼",以"礼"为基础构建出了"尊尊""亲亲""父父""子子"的血缘差等家庭秩序[②],使得传统中国家庭中的父母与子女似乎

---

① 对个体与群体的这种区分,是整体对比而言的。欧陆文明亦有关注群体的制度与现象,中华文明更是极尽所能对个体予以关照。

② "尊尊""亲亲""父父""子子"的意思分别是"尊重应该尊重的人""亲近应该亲近的人""父亲做父亲应该做的""儿子做儿子应该做的"。"尊""亲""父"和"子"各有本分。各人基于自己的身份尽好本分,自然形成良好的家庭秩序和社会秩序。

处于一种不平等的地位。父母享有优遇的社会地位和生活,尚未跨入这个行列的社会成员就有义务约束自己。从某一个时间点上看,"礼"好像是在构建一个"不平等"的家庭秩序和社会秩序,但是,从拉长的时间维度来看,"礼"却具有一种更深厚的"公平性"——每个人都会经历子女和父母的不同身份及儿童、少年、青年、中年和老年各种不同的年龄阶段,以"辈分"和"年龄"为标准构建的秩序,建立在每一个普通人都能在自己的人生中亲身体验到的自然血缘亲情基础上,因此,它隐含着一个包括全体社会成员在内的"大平等"。

然而,如前所言,基于各种因素的综合考量,清末民初,中国的民事立法还是选择了德国民法的立法模式,开始用基于西方"平等观"下的"扶养义务""抚养义务"调处不同家庭关系的立法方式。但是,对这一规制方法转变背后所蕴含的家庭文化变革,在当时显然不可能被审慎考量。

3. 现代民法中的赡养义务

新中国有着全新的国家意识形态。传统文化的特质被显性的制度形态淹没。在20世纪上半叶波澜壮阔的世界历史大潮中,中国的民事立法深受苏联民法思想的影响。从呈现出来的规则上看,一方面,立法试图通过弥补性别、阶层等差异,规制人与人之间的平等;另一方面,又强调"公私分别"基础上的集体精神。这两个特点,显然既不同于中华传统,也不同于欧陆传统。然而,在这一阶段的社会生活场景中,孝养文化却依然在民众生活中具有鲜活的生命力;在立法上,亦有其独特的展现。

(1)"赡养"一直以来都是宪法的当然条款

1949年10月中华人民共和国成立后,经全国人大审议通过,分别于1954年9月、1975年1月、1978年3月和1982年12月先后制定、颁布了四部宪法。

这些宪法得以颁布,是中国人民在中国共产党的领导下,反抗外来侵略、反抗陈旧的社会秩序所取得的政治成果。因此,用宪法的形式固定这些政治成果,历来是每部宪法的主要内容。但是,传统文化对中国社会秩序的影响远大于政治领域,因此,作为一部"根本大法",涉及老年人的问题,自然而然地出现在每一部宪法的条款中。①

(2)"赡养"一直是民事立法的内容

1950年《婚姻法》第13条规定:"父母对于子女有抚养教育的义务;子女对于父母有赡养扶助的义务;双方均不得虐待或遗弃。养父母与养子女相互间的关系,适用前项规定。"

1980年《婚姻法》第15条规定:"父母对子女有抚养教育的义务;子女对父母有赡养扶助的义务。父母不履行抚养义务时,未成年的或不能独立生活的子女,有要求父母付给抚养费的权利。子女不履行赡养义务时,无劳动能力的或生活困难的父母,有要求子女付给赡养费的权利。"之后《婚姻法》虽被修正,但仍保留了上述规定。

20世纪80年代,中国开启了自新中国成立以来最大的社会变革。"法治"成为"改革开放"大车的轮毂。在这一背景下,《民法通则》得以颁布实施。这部民法迥异于之前自觉承受苏联传统的民事立法,开启了民事立法的体系转向。作为通则,关于涉老问题,该法第104条规定:"婚姻、家庭、老人、母亲和儿童受法律保护。"这成为民事领域赡养问题的纲目性立法。

(3)《老年人权益保障法》中的"精神慰藉"问题

1996年8月29日,第八届全国人大常委会第二十一次会议通过了《老年人权益保障法》,并于2015年4月24日第十二届全国人大常委会第十四次会议进行了修正。

作为一部社会法领域的重要立法,这部法律在现代老龄化过程中具有重要

---

① 1954年《宪法》第93条规定:"中华人民共和国劳动者在年老、疾病或者丧失劳动能力的时候,有获得物质帮助的权利。国家举办社会保险、社会救济和群众卫生事业,并且逐步扩大这些设施,以保证劳动者享受这种权利。"

1975年《宪法》第27条规定:"年满十八岁的公民,都有选举权和被选举权。依照法律被剥夺选举权和被选举权的人除外。公民有劳动的权利,有受教育的权利。劳动者有休息的权利,在年老、疾病或者丧失劳动能力的时候,有获得物质帮助的权利。"

1978年《宪法》第50条规定:"劳动者在年老、生病或者丧失劳动能力的时候,有获得物质帮助的权利。国家逐步发展社会保险、社会救济、公费医疗和合作医疗等事业,以保证劳动者享受这种权利。"

1982年《宪法》第44条规定:"国家依照法律规定实行企业事业组织的职工和国家机关工作人员的退休制度。退休人员的生活受到国家和社会的保障。"第45条规定:"中华人民共和国公民在年老、疾病或者丧失劳动能力的情况下,有从国家和社会获得物质帮助的权利。国家发展为公民享受这些权利所需要的社会保险、社会救济和医疗卫生事业。"第49条规定:"婚姻、家庭、母亲和儿童受国家的保护。夫妻双方有实行计划生育的义务。父母有抚养教育未成年子女的义务,成年子女有赡养扶助父母的义务。禁止破坏婚姻自由,禁止虐待老人、妇女和儿童。"

的法治意义。在这部法的完善过程中,赡养问题有了更为明晰的规定。该法第二章专门规定了"家庭赡养与扶养"。有意思的是,尽管这些规定与之前的立法相比多有完善,但是,由于立法条文中涉及的赡养问题长久以来一直是社会共识,因此并没有带来太多的社会反响。然而,在一片"自然而然"中,"常回家看看"条款带来的"精神慰藉"问题,却在舆论界受到极大的关注,并在法学领域产生了广泛的争议。

所谓"常回家看看"条款,指的是修正后的《老年人权益保障法》第 18 条规定:"家庭成员应当关心老年人的精神需求,不得忽视、冷落老年人。与老年人分开居住的家庭成员,应当经常看望或者问候老年人。用人单位应当按照国家有关规定保障赡养人探亲休假的权利。"

这条规则出台前后,最大的争议围绕两点:第一,是否具有操作性?如何执行?第二,道德规范是否应当成为法律规范?

对于这两个问题,学者们的主流观点是:该规范不具有操作性,道德规范不能混淆为法律规范。然而,以中国传统的"道""理"观念看,道德规范与法律规范是否应该泾渭分明,其判断标准是"规范效果",而非"理念"。从这个角度讲,当下社会环境下,"常回家看看"条款的社会效果显然"利大于弊"。至于"操作性"问题,一方面,考虑到人们对"无讼"[①]的心理期待,此类案件的数量注定有限;另一方面,司法人员也有足够的智慧落实那些虽然在理论上无法精确释明,却因为有充分的"道""理",因而获得社会正向评价的制度规范。该法实施后的司法实践,也证明了专家们的多虑。

二、在赡养文化的变迁中审视涉老监护制度

(一)涉老监护制度应与赡养制度有效衔接

赡养制度的职分意识和涉老监护制度的职责本质,在价值取向上具有根本的一致性与重合性。这种一致性,使得赡养制度与涉老监护制度的有效衔接具有了理论上的可能性。因此,涉老监护制度的合理构建,应该充分借鉴赡养制度的职分意识。将我国的涉老监护制度与赡养制度进行有效衔接,具有重要的制度价值和现实意义,有利于更加全面、最大限度地维护和保障老年人的合法

---

① 孔子的"无讼"主张,事实上说出了大多数人对社会生活的理想,即说出了"理",儒者只是进而将帮助人们实现这种理想作为自己的社会价值去追求而已。

权益。

(二)从尊重老年人的角度看,意定老年人监护制度具有现实的制度价值

每个人都希望能够尽可能掌控自己的生活,这事关人的自由,更事关人的尊严。对老年人尤其如此。2017年10月1日正式施行的《民法总则》明确规定了意定监护制度,在推进尊重老年人意愿方面有着积极作用。

第四章 中国涉老虐待问题

第一节 涉老虐待概述

一、涉老虐待

世界范围内,涉老虐待被当作一项严重的社会问题。目前,中国尚未有关于老年人群体受虐待程度的全面信息,对涉老虐待也没有一个权威性的定义。现今国际上最被广泛认可并应用的涉老虐待概念,是1993年由英国的一个专门组织Action on Elder Abuse(AEA)提出的,它将"涉老虐待"定义为:在本应充满信任的任何关系中发生的一次或多次致使老年人受到伤害或处境困难的行为,或以不采取适当行动的方式致使老年人受到伤害或处境困难的行为。[1] 这一定义随后被世界卫生组织所采纳,并在《多伦多全球预防老年人受虐宣言》中引用。本章也采用这个概念框架,为涉老虐待问题的展开作一引导。

在这个概念基础上,AEA具体将涉老虐待行为分为以下四种类型[2]:

一是身体虐待,指因重复性或长期的外力行为,致使老年人身体受伤、遭受某种程度的疼痛或损伤,包括实施饿冻老人、强迫喂食、殴打、推、捏等暴力行为以及有病不给治、不适当的限制或禁闭、剥夺老人睡眠等。

二是精神虐待或心理虐待,包括长期口头侵犯。精神或心理虐待是借由口语或非口语方式处罚、漠视、攻击老人。长期口头侵犯包括对老人贬低人格、伤害心理、削弱个性、损害尊严和践踏自我价值的言辞和行动。

三是经济剥削或物质虐待,指运用不当方式或非法手段剥夺老年人自由处

---

[1] 资料来源:http://www.un.org/chinese/esa/ageing/humanrights31.htm,2017年1月20日访问。

[2] 资料来源:http://www.who.int/ageing/projects/elder_abuse/missing_voices/en/,2017年1月20日访问。

理财产的权利,或是对老年人的财产、资产或资金作非法或不当的处置,包括非法或不当地侵吞或使用老年人的财产、资产或资金;剥夺老年人掌控或使用本人资金的权利;强迫老年人更改与财产、资产或资金相关的法律文件,如遗嘱等;欺诈老年人、设计经济骗局侵害和掠夺老年人的财产。

四是疏于照顾,指不采取行为来满足老年人的需求。例如,不提供适当的食物、干净的衣服、安全舒适的住所、良好的保健和个人卫生条件;不准老年人与外人交往;不提供必要的辅助性生活工具;未能防止老年人受到身体上的伤害;未能进行必要的监护等。

此外,更广义的涉老虐待行为还包括性虐待、遗弃和老年人自我疏忽。

2016年,世界卫生组织认为涉老虐待这一领域发生的重要事实有:①

- 大约有1/10的老人每月遭受虐待
- 与社区中老年人相比,机构中的老年人遭受虐待的比率较高
- 虐待可导致老年人严重的身体伤害和长期的心理后果
- 由于许多国家都正在经历快速的人口老龄化,预计涉老虐待现象会愈发严重
- 全球60岁及以上老年人的数量将会增长超过一倍,从2015年的9亿增加到2050年的约20亿

虽然数据有限,但有一项研究估算了高收入国家或中等收入国家最常见的涉老虐待情况:

- 身体虐待:0.2%—4.9%
- 性虐待:0.04%—0.82%
- 精神虐待:0.7%—6.3%(基于实质性阈值标准)
- 经济虐待:1.0%—9.2%
- 忽视:0.2%—5.5%

在医院、护养院及其他长期护理机构等福利机构,该问题严重程度的数据也极为匮乏。一项对美国护养院工作人员的调查显示,此比例可能很高:

- 在前一年中,36%的人目睹过至少一次对老年患者的身体虐待事件
- 10%的人至少曾对一位老年患者采取过一次身体虐待行为
- 40%的人承认在心理上虐待患者

---

① 资料来源:http://www.who.int/mediacentre/factsheets/fs357/zh/,2017年1月21日访问。

在中国,涉老虐待问题的全面信息搜集似乎更加困难。在中国人的观念中,家庭虐待事件中的双方关系复杂又多变,"家丑不外扬"的古训中,是老年人难以启齿、不宜启齿的种种考量。因此,本书选取了进入公众视野的几个新闻事件,以期对中国当下的涉老虐待现象作一些现实的场景展现。

二、呈现:网络舆论场中的涉老虐待事件

近年来,网络舆论场中的涉老虐待事件频频受到关注。

场景一:广西九旬老人患病大小便失禁,儿子儿媳嫌脏臭将老人关"猪圈"[①]

杨某是广西凤山县金牙瑶族乡一位92岁的老人,她在被一位亲戚发现之前已经在"猪圈"里生活了好几年。后乡政府成立调查小组,去往老人家中进行调查,发现老人正躺在不足10平方米的房子里,全身散发着恶臭。这里虽然不是真正的"猪圈",但条件已与猪圈无异。屋子只有一道铁门,并且上了一把锁,外面有一大捆木柴顶着,木柴上还压着一块水泥砖,看上去很像一个猪圈;屋内光线很昏暗,卫生条件很差,没有床,只有一床旧被子铺在一块木板上,房间里到处都是沙子,蒙得老人的眼睛已经看不清东西。为何老人会遭受这样的虐待?老人的儿子儿媳在接受调查时称,老人因患病造成大小便失禁,给他们造成很大的负担,老人担心把家里搞臭,自愿提出搬到屋子旁边的"厨房"生活。几年来,老人被关在小房间里忍受着极度不清洁的环境,吃不饱、穿不暖,还经常被打骂,已骨瘦如柴,头脑也不是很清醒了。

场景二:老人出门就迷路,家人给其脚上拴铁链[②]

年过八旬的张婆婆右脚上拴了一根铁链子,脚踝处还有一把铁锁,非常引人注目。原来,张婆婆刚刚翻窗从家里逃了出来,现在一个人在街道上游荡。张婆婆老家在垫江的农村,由于在老家已无人照顾,故跟随儿子一家来到城里。可能是老人刚从农村搬来,不适应城里的生活,儿子、儿媳、孙子又每天都要外出打工(周末也如是),无暇顾及张婆婆,老人在家感到非常寂寞,"不出去走走,浑身就难受"。于是,老人风雨无阻,经常一个人往外跑。结果,老人一走远就容易迷路,甚至有一次老人出走了十天后家人才找到她,这使得张婆婆的儿子、

[①] 参见《广西一对夫妻将92岁老母"当猪养" 警方介入》,http://news.163.com/17/0111/14/CAGN90R10001875P.html,2017年1月21日访问。

[②] 参见《家人给老人脚上拴铁链 儿媳:跑出去十几天都找不到》,http://www.sxdaily.com.cn/n/2016/1017/c322-6015714-1.html,2017年1月23日访问。

儿媳十分头痛,但又不能辞去工作陪伴老人,家里经济状况更不允许请保姆或是把老人送到敬老院,如果老人还是要到处走,可能会更麻烦。无奈之下,张婆婆的儿子、儿媳只得采取这个下下之策,将张婆婆锁在床边,防止她外出。

场景三:毒保姆看护期间多次殴打老人①

房山的王姓老人今年77岁,有三个子女。因为不和子女住在一起,加上年老行动不便,2016年1月,老人的子女便在家政公司为父亲找了一位保姆,要求24小时看护,照顾老人的饮食起居。刚开始时,保姆庞某对王大爷的照顾还算令人满意,不久后逐渐失去耐心,开始对老人嚷嚷,并训斥老人。老人的女儿每次回家探望老人时都会发现父亲身上新增的瘀青,老人自述:"我没听话,他就这样揿我。"但老人不说是谁打的,并拉着女儿的手,不让女儿走。女儿再次质问庞某,庞某坚决否认自己打了老人。之后,老人的女儿在父亲的卧室安装了一个摄像头,当晚即发现,庞某用手使劲拍打老人的脑袋、抽打脸部,遂报警。庞某承认,从6月份开始,因为老人不吃药,她便用辱骂、推搡、拍打、扇耳光等方式,强迫老人吃药。最终,庞某因虐待被看护人罪被判处有期徒刑1年,并禁止其在刑罚执行完毕或假释之日起3年内从事看护工作。

场景四:河南郑州养老院虐老事件②

2011年5月31日,多家网站同时出现题为《郑州畅春园老年公寓护工残忍虐待老人》的帖子,里面记录的是郑州畅春园老年公寓护工郑焕明一些令人发指的虐老行径,引起了社会极大的愤怒。该事件起因于一位王姓司机的举报,据王师傅称,他半夜在畅春园附近的停车场停车时,经常会听到老年公寓内传来惨叫声,后经调查证实,畅春园老人确实遭到了护工的虐待。如晚上不让老人早睡,因为老人晚上"要小便好多次";老人睡觉时,将其身体和双手绑在床上;凌晨四点钟就亮起房间的灯,大声呵斥老人起床;由于时间太早,老人困得不想起,护工就猛击老人头部;甚至还有护工以捉弄老人为乐,不仅对其进行言语上的侮辱,还逼迫其喝尿。更令人气愤的是,对于护工们的上述行径,养老院的院长是清楚的,每天夜里老人的惨叫声,院长均能听到。听到老人惨叫声的院长,对外宣称该养老院"服务非常好",办公室墙上还挂满了各种锦旗。

---

① 参见《男保姆虐待老人被判刑1年》,http://news.xinhuanet.com/legal/2016-10/12/c_1119705679.htm,2017年1月23日访问。
② 参见《郑州养老院爆虐待事件:我们都有变老的那天》,http://roll.sohu.com/20110603/n309196211.shtml,2017年1月24日访问。

以上是近年来通过网络进入公众视野的几起涉老虐待事件,既有来自家庭的忽视、冷漠与无奈,也有来自养老机构以及社会服务人员的渎职与犯罪。每一起事件都深深地触动着每个中国人的神经,毕竟,中国是一个有着尊老爱老悠久传统的国家。

第二节　中国当下涉老虐待领域若干突出现象

本节关注中国当下涉老虐待问题领域几种类型化的社会现象。

一、"啃老"问题

"啃老族"又叫"袋鼠族",最早见于法国的《快报》,比喻大学毕业后到了就业年龄,却以薪水少等为理由,仍依赖父母的那些年轻人。[①] 中国老龄科学研究中心公布的一项调查数字表明:中国目前有 50% 以上的老年人倒贴子女钱财,有 65% 以上的老年人家庭出现"啃老"现象,且这一比例仍在逐年上升,并带来了许多新的社会问题。[②] "啃老现象"甚至被称为"影响未来中国家庭生活的'第一杀手'",值得我们特别关注。

"啃老"一词最初出现在中国社会时,作为批评对象的"啃老群体"还集中在所谓"毕业即失业"的大学毕业生群体中。啃老研究很多也是围绕这部分人专门展开的。后来,随着社会的转型,各类矛盾加深、激化,"啃老"族群在数量不断增多的同时,也开始呈现出多元化趋势,其中包括了因各种各样原因失业的人员,这些人有:以工作太累、太紧张、不适应为由主动离职的人;缺乏真才实学,总是不成功又不愿"屈居人下"当个打工者的"创业幻想者";频繁跳槽,最后找不到工作的人;不适合社会、不适应新的工作环境从而放弃工作的人等。这些人因失业完全依靠父母生活,被称为"显性啃老"。此外,我国还存在"隐性啃老",即有些人虽然有一定的收入来源,但由于收入常不及支出以及自身的依赖心理等主客观因素,仍然选择"啃老"。近年来,在社会生活成本逐渐提高的影响下,有些人因为结婚、买房等社会生活原因,也会在某个阶段出现"啃老"的现象。整体上说,可以将目前中国的"啃老"群体界定为:自身具有劳动能力,已经

[①] 参见《30%成年人父母供养啃老族谁之过》,http://chinaxhpsy.sunbo6.net/misc.php?xname=P7Q3D11&dname=FCNG311&xpos=67&op=print,2017 年 1 月 24 日访问。

[②] 左洪海:《农村"啃老"现象忧思录》,载《中国民政》1996 年第 3 期。

毕业离开学校,目前无工作或已经就业,但仍长时间、大量地接受父母提供的各种支持和帮助(包括金钱支持和劳力支持)的群体。

通常情况下,社会舆论对"啃老"现象的评价是负面的,坊间媒体多有戏谑之语。① 然而,围绕"啃老"这一概念引起的讨论,"啃者与被啃者"所表达出的各自感受,透露出这一问题的复杂与多面。

受访"啃老"子女的表达:

"大学毕业的时候来北京第一件事就是买房,啃老的,记得那会四环内新盘1万出头,现在……既然父母已经帮你开创了路,并且你也有能力把这条路一直修下去,甚至加长、加宽,为什么还要自己拼搏,从头开始修呢?"

"我是啃老的,如果我父母不给我出钱买房,我凭自己的收入是买不起房的。"

"这几年房价飞涨,自己的收入涨幅根本跟不上。现在谈恋爱3年了,结婚买房的事再也拖不下去了,只能向爸妈求救……其实我也不想把父母攒下的养老钱都用光了,但结婚时,谁不想有一个稳定的安身之处?租房价格并不便宜,而且还要面临不断搬家的可能,谁愿意忍受这样的折磨?只能等以后有能力了再回报父母。"

"研究这个问题不如跟国家聊聊物价。"

"家里没关系找好工作,打工基本都是被剥削压榨,而且什么都学不到,就是拿自己的时光换那么点钱太不划算了,所以还是待在家里好。"

"女怕嫁错郎、男怕入错行,没有合适的工作,就是慢慢等两年也不能将就。所以毕业后就一直在家备考。"

"其实是双方你情我愿的,没有死皮赖脸。"

"没的啃么就自己好好努力,有的啃么怀着感恩的心情好好生活,'啃老'用词用得太刺眼了,社会上竞争的基本单位本来就是家庭甚至家族而非个人,想着如何更独立还不如想着如何使自己的家庭变得更好。"

"尽管我已经毕业了,但是就目前为止我在北京生活上的收入支出无疑会在一段时间里面处于入不敷出的状态。这个时候,提高赚钱能力是首

---

① 例如,说"啃老一族""一直无业,二老啃光,三餐饱食,四肢无力,五官端正,六亲不亲,七分任性,八方逍遥,九(久)坐不动,十分无用"。

要的任务。如何提高赚钱能力呢?一定要住在公司附近,上下班不消耗太多精力,可以在工作上多做投入。老板找我,10分钟内随时可以到位,也许可以拿到更多的机会。我知道健康的饭菜可能更贵,但是我还是得吃。因为身体是革命的本钱。我应该考虑向父母寻求前期的经济补贴。"①

受访"被啃"父母的表达:

"你说说,这么大小伙子,既不成家也不立业,平时还要吃好的穿好的,我们老两口劝也劝不动,骂也骂不走,自己都到快要退休的年龄了,却还要跟年轻人一样拼命工作养家,本来以为把儿子养大了就轻省了,谁知养出了个'啃老'的儿子,这往后可怎么办啊?!"

"现在我想起学生时代的儿子,还是挺自豪的。我们陪着他风里来雨里去,上各种培训班,在学校里也总被老师夸。刚工作时,儿子也是挺努力的,只是社会竞争太激烈了,他有些不适应。他心里应该也是挺着急沮丧的,我们也不舍得把他逼得太狠,自己一手拉扯大的儿子,又没有什么不良恶习,对我们态度也不算差,我们哪里能做得那么绝,真的把他扫地出门呢?只能盼着他哪天能发奋图强,挑起大梁吧!"

"看到他们平常工作那么忙,又要交房子的月供,我们也不忍心责备他们。再说我们俩的退休工资加起来也好几千元,平时也没什么花钱的地方,把钱花孙子身上也就认了。"②

"其实我对儿子的要求不高,不需要他们赚很多钱,只要他们健健康康、开开心心就好了。他们现在一家三口陪着我们,我们已经老满足的了。"

"女儿确实没有问我要过钱,但还不上信用卡,那个利息也不少,到时候越滚越多,不是更加讨厌?她有4张信用卡,张张刷爆。所以钱还是要给的。"③

直观地看,现阶段引起"啃老"的直接原因主要有几点:其一是城市房价太高,个人无法负担,需要父母的帮助;其二是个人在外地求职,工资不够基本生活花销;其三是找不到满意的工作,待在家里"吃父母"可以暂时逃离激烈的社

---

① 资料来源:http://mini.eastday.com/a/160718101704984-2.html,2017年1月25日访问。
② 资料来源:http://education.news.cn/2015-12/11/c_128520774.htm,2017年1月25日访问。
③ 叶晓楠:《拒绝啃老有多难》,载《人民日报海外版》2015年12月11日第11版。

会竞争或蛰伏寻找好工作;其四是收入不足以扶养下一代,父母必须帮助抚养孙辈;其五是个人挥霍无度,只有依靠父母才能继续过奢侈生活;其六是物价太高,需要父母补贴生活。

在上述被表达出来的"啃老"态度中,父母一方表现出某种显而易见的矛盾:无论理解还是不理解儿女们的"啃老"行为,行动上大都还是尽力而为地付出。是什么原因造成了老年人的这种矛盾呢?现有的社会学研究提供了以下几种解释:[1]

(一)"双二元结构"的形成使社会结构性矛盾加剧

探讨"啃老族"群体的成因,首先不能忽略的就是其背后特定的宏观结构背景。当今社会正处于转型加速与结构变迁的复杂变化时期,在这样的宏观条件下产生的"啃老族"群体,其突出表现之一就在于处在一种"双二元结构"夹缝境地中。所谓的"双二元结构",即劳动力市场的二元结构、城市与农村两个完全不同生活世界中的二元结构。从中国现实国情来看,第一层是劳动力市场的二元,是指以城市劳动力为主的初级劳动力市场和以农村劳动力为主的次级劳动力市场;第二层的二元,指的是城市和农村两个不同的生活世界,在中国,这种二元性则是以户籍制度的形式体现出来的,带有"强社会身份"特征。

结合以上两种二元可以看出,由于中国的"啃老族"大部分属于城市劳动力,因此按常理推断,他们在劳动力市场中应该处于初级劳动力市场的竞争地位,然而自身资本的薄弱或个体社会化能力的缺乏,导致其在劳动力过剩的当今社会中,无法在初级市场中占有一席之位,而被迫进入次级劳动力市场求得岗位。而就算处于收入水平极低的次级劳动力市场中,他们有时也不得不面对以农村流动人口为主的外来劳动力的竞争。另外,和农村劳动力相比,城市劳动力常常不愿在次级劳动力市场中就业,即使一部分人为生活所迫而不得不从业于次级市场,但由于其城市的生活方式对收入的高要求,也使得他们被迫面临"入不敷出"的困境,使得城市劳动力主动或被动地选择"啃老"。而农村劳动力市场同样存在问题,一方面是越来越多的农村劳动力涌入城镇,这当中许多人的子女就留守在农村依靠爷爷奶奶照料,收入情况好的人往往会往家里寄钱,收入情况不好的或有挥霍习惯的人甚至连养育儿女的费用都要父母负担;另一方面,我国"生在农村,长在城市"的新生代农民工数量在逐渐增多,他们的

---

[1] 参见费微:《我国"啃老族"问题的社会学研究》,东北师范大学2009年硕士论文,第5—9页。

年龄集中在18岁到25岁之间,以"三高一低"为特征,即受教育程度高、职业期望值高、物质和精神享受要求高、工作耐受力低,这部分人中也出现了为数不少的"啃老"人员。

(二)就业难问题催生"大学生啃老族"

社会竞争的激烈导致了部分人由于学历不高,或者没有知识和技能而无法就业。即使是对于接受过高等教育的毕业生,随着高等教育进入大众化教育阶段,为了扩大办学规模,各大高校纷纷扩招,大学毕业生也不再是"香饽饽"。面对着"僧多粥少"的岗位,各个单位的面试门槛越提越高,最终岗位的入场券更是一票难求,用人单位求贤若渴的时代已经过去。这并不是说单位对于知识性人才不再重视,而是大众化教育使得满足用人单位需求的人才越来越多,故"毕业即失业"的大学生越来越多。此外,还有一些大学生由于尚未找到自己满意的工作,所以干脆自愿选择失业、待业。而即使是那些已经就业的大学生,由于起步工资低又面临租房等种种压力,常常入不敷出,此时也不得不依靠父母接济。

(三)以血缘为基础的关系网络催生中国特有的"家庭亲子观"

家庭作为个体社会化的早期环境,能够给予个体的依赖感是不言而喻的。中国作为一个奉尚"伦理本位"的社会,"父慈子孝"自古就作为一种家庭道德,规范了个体的认知与行为。家庭在中国人观念里的显要地位,使得个体在主观意愿上依附于家庭。而伦理关系本身就是一种相互之间的责任义务关系,这种伦理决定了家庭中父母与子女之间的两种关系取向:一方面,"孝"体现了子女对父母应尽的义务,使"养儿防老"成为传统家庭的伦理观;然而,另一方面,当子女在经济上遇到困难无法为父母尽"孝"时,父母给予其相当程度的资助,也被他们视为应当承担的一种责任,这不得不说也属于"父慈子孝"的伦理范畴。因此,这就导致了家人之间在物质上、感情上的相互帮助与扶持成为中国人生活的常态,从而衍生出中国特有的"家庭亲子观念"。这种"家庭亲子观念"使得家庭成员之间的"共生性依附"在社会文化中根深蒂固,而中国"啃老族"之所以发展得如此迅速,家庭作为社会保障制度弱化的辅助系统,起到了重大的作用。[1]

---

[1] 这种家庭成员之间的依赖,往往并不只限于经济关系,更涉及人的社会尊严感、成就感。父母与子女之间的成就关联,使得父母与子女之间的经济关系表现出一种不同于其他社会民事关系的复杂性。

(四) 中国当下教育制度的缺陷及教育理念的偏差,导致教育的工具化和功利化

不同于传统中国的"成人教育",当下中国是一种追求技能的"学历教育"。教育中的"立人""立德""立心""求知"功能,被"考点式的知识点教育"所遮蔽。在这样的教育制度中,"社会人格意识""责任感"教育流于形式。高等教育片面追求工具化、功利化,甚至不断异化使得接受教育变成只是为了"求文凭",不利于年轻人实现由学校向社会的过渡。同时,随着高校不断扩招,用人单位片面追求高学历,迫使大量的非学历人才不得不去接受学历教育而不是职业教育,以"适应"于社会,同时也使得大量本已经具备较高学历人才的就业处于"高不成、低不就"的尴尬境地。这些都无疑进一步异化了高等教育的功能,不可避免地形成了"求学历"的局面。在某种意义上说,当前中国"应试教育"制度的局限性,对造就中国社会大量"啃老族"起到了一定的推波助澜作用。

(五) "四二一"家庭结构延长了独生子女的"断乳期"

中国目前的"啃老族"大多来自独生子女家庭。改革开放后,国家实行的计划生育政策,促使中国家庭结构发生了质的改变。"四二一"模式的结构成为多数家庭存在的主要形式。所谓"四二一"家庭结构,是指一对独生子女结婚生子后,他们的家庭包括四个父母长辈、一个小孩和他们两个人。"四二一"结构是独生子女政策的必然产物,是一种特殊的家庭之间和代际关系的混合体。可以说,这种结构强调了一种代际关系,是在家庭形式下三代共存的现象,至少涉及两代独生子女。而在这种结构下成长起来的个体,虽然是整个家庭的核心,却表现为对家庭及父母的逆向依赖。作为独生子女,在其周围存在一个初级网络,该网络出于保护意识对于个体某些消极行为给予支持,使他们即使不工作,也能以"啃老"的方式维持其基本生活。而正是这种支持网络,使"啃老"一族即使在生理性成年之后,也未必能实现心理性的"断乳"。这种心理特征的主要表现为:存在懒惰依赖心理、社会适应能力下降、交流意识贫乏、个体社会化过程中出现角色错位或偏差,从而导致整个社会化过程的中断或失败,最终"回到父母怀抱"的恶性循环。

目前,中国越来越多的地方性条例出台了禁止"啃老"的法规用以遏制这种现象,如《山东省老年人权益保障条例》第17条规定:"有独立生活能力的成年子女要求老年人经济资助的,老年人可以拒绝。"《吉林省老年人权益保障条例》第16条也规定:"有独立生活能力的成年子女或者其他亲属要求老年人给予经

济资助的,老年人有权拒绝。成年子女及其亲属不得因无收入、低收入或者其他理由,以窃取、骗取、强行索取等方式侵犯老年人的财产权益。"以上"禁啃老"立法和当初的"常回家看看"条款一样引发了一系列"道德能否入法"的讨论。

二、农村"空巢老人"问题

随着农村青壮年劳动力的外流,中国农村空巢现象越来越严重。民政部统计数据显示,2013年,中国空巢老人超过1亿,目前60岁以上的老年人中,至少有45%的老人过着子女不在身边或没有子女的空巢生活。根据国家第六次人口普查数据,全国空巢老人家庭占比已达到32.64%,其中农村空巢老人家庭比例为30.77%。尽管农村空巢老人家庭比例低于城市,但是由于城乡之间的社会保障差距,农村空巢老人面临着更艰难的生活境况。专家预计,到2030年中国老龄人口将接近3亿,空巢老人家庭比例或将达到90%,这也意味着届时将有超过2亿空巢老人,并且相当比例都分布在农村。[①] 近年频发的农村空巢老人悲剧,不断刺激公众敏感的神经,这些弱势群体中的弱势群体,目前正面临着生活、养老等多重困境,亟须得到社会的广泛关注。

所谓空巢老人,是指子女不在身边的老人,其中包括无子女的老人和与子女分开居住的老人。[②] 在生命周期中,空巢期是家庭生命周期的一个阶段,也是老年人生活容易发生困难的一个重要阶段。他们不仅要忍受自身老化带来的种种不便,还要面对"空巢"带来的更多挑战。在技术飞速发展的当下,有些挑战往往是不可逾越的。对于子女外出打工的农村空巢家庭中的老年人来说,"老有所养"是经济来源问题、是现实的抚养问题,几千年所固有的所谓"精神赡养",几乎是奢谈。如何解决农村空巢养老问题,已经成为考验政府治理能力、当代知识分子智慧灼见的时代命题。

实际上,政府近年来已经开始积极地应对养老问题,出台了许多政策。如2006年,国家鼓励吸引社会力量兴办不同层次的养老服务机构;2011年,国家启动养老产业化,采取多种形式引导社会力量和民间资本进入养老领域;2015年,又提出医养结合,鼓励各类民间资本参与等。不过,与时俱进的养老政策,

---

① 参见《农村空巢老人生活状况令人不安 滋生大量心理问题》,http://shaanxi.mca.gov.cn/article/bxgz/201606/20160600956575.shtml,2017年2月2日访问。
② 参见《思考:关于农村空巢老人》,http://www.sohu.com/a/27009366_229993,2017年3月3日访问。

仍旧赶不上社会迅速老龄化的进程。尤其当问题涉及农村,许多政策更是鞭长莫及。现实中,由于农村物质条件、基础设施和配套制度均落后于城市,农村空巢老人的物质和精神生活状况都非常令人不安,已经涉及老年人虐待的各方面问题。①

(一)经济供给

相关资料显示,空巢老人经济收入普遍不高,尤其是农村空巢老人,经济收入非常低。他们大多数没有社会养老保障,经济收入主要来自于自己的劳动所得和子女补贴。由于身处农村,大多数老人自身的收入来源非常有限,年老体弱使他们已不负当年的力气和干劲;来自子女的生活费,则受到子女供养能力以及供养意愿的影响,给几次、给多少,全凭子女孝心,难有有效的约束机制,因而子女补贴这部分来源就缺乏稳定性。② 总的来说,农村空巢老人的经济保障普遍存在很大的不确定性,且收入偏低。这种状况一旦遭遇日常起居以外的支出,如老年人常面临的生病问题,大幅增加的支出会使得老人的生活立刻陷入窘境,甚至产生"有病不敢医""任其自生自灭"的现象。

镜像一:

> 安徽省固镇县的吴姓老人,81岁,老伴几年前就去世了,现有三个闺女和一个儿子。大闺女已经出嫁,"家庭条件还可以,但是比较馊(小气)"。大闺女一年回来几次,但一年平均下来可能只给老人60—70块钱。老人的主要经济来源,还是来自于二闺女。二闺女在邻县教高中,只要学校放假就会来看望老人,一提到二闺女,老人流露出自豪的神情。二闺女每次来从来没有空着手来看望,总是会买一些食品、肉类、衣服等,过年也会给一些现金。据老人推算,二闺女一年要在老人身上花费800—1000块钱。三闺女的儿子和媳妇都在深圳打工,所以也过去帮助照顾孙子,有几年没有回来了,逢年过节也会寄300—400块钱给老人。老人在经济来源上,主要依赖于三个女儿。老人原来有两个儿子,大儿子因病去世,小儿子住在另外一个自然村。小儿子经常利用农闲时候去县城打短工。虽然离得近,但一年到头很难得过来看老人。老人一般只在无粮时去找儿子要粮食吃。

---

① 资料来源:http://finance.sina.com.cn/china/gncj/2016-06-12/doc-ifxszfak3574736.shtml,2017年2月2日访问。

② 参见聂志平、温忠文:《农村空巢老人问题研究综述》,载《江西农业大学学报(社会科学版)》2012年第4期。

邻居们说:"他儿子害怕老人找他要钱,所以干脆就不见面。"①

(二)精神健康

养老,不仅意味着老人的晚年要吃饱穿暖,更意味着要有丰富充盈的精神生活。然而,据河北省钻石公益基金会与河北大学联合发布的《河北省农村空巢老人生存状况调研报告》显示,农村空巢老人由于无子女或者与子女长时间分居,普遍存在心理健康问题,绝大多数老人有孤独、压抑、有事无人诉说之感,老人精神生活呈现"荒漠化"趋势。②

有研究者指出,影响农村老人幸福程度的首要因素并不是健康因素,而是家庭关系。③ 农村空巢老人由于没有完整家庭的支撑,精神面貌不容乐观。心情暗淡、沮丧、孤寂,食欲减低,睡眠失调,脾气暴躁或愁眉不展,不好与人相处,得过且过等等都是空巢老人常见的心理体验与情绪状态,一些空巢老人甚至会想到自杀。④ 尽管现代科技如手机、电话、电视相当普及,但是,在一些经济不发达的农村,这些设备仍然少见,很多老人也并不懂得如何使用这些设备。常见的情况是,许多空巢老人只有在过年才能与子女相聚,代际的沟通、联系少之又少,甚至还有子女外出打工多年音信全无,老人连"孩子的模样都记不清了"的情况。

一直以来,中国老年人在退出主要社会关系、退居家庭生活后,一方面通过晚辈的社会参与,获得自己老年生活的社会成就感;另一方面通过晚辈的奉养,获得老年生活的安全感。然而,当下的大部分农村老人,已经很难再通过这种传统的方式获得依托与慰藉。此外,农村的休闲娱乐设施相对较少,老人打发时间的方式就比较单一,多数老人靠与邻居闲聊获得慰藉,其余时间就只能"枯坐在家",在生命力逐渐衰弱的过程中,老年人的痛苦已经不仅仅是"寂寞",而往往伴有深入骨髓的恐惧。

---

① 参见《纪实文学:中国农村空巢老人的生存状况写实》,http://www.360doc.com/content/13/0401/17/1241083_275331154.shtml,2017年2月2日访问。
② 参见《我省农村"空巢老人"生活状况调查报告》,http://zhuanti.hebnews.cn/2014/2014-09/09/content_4162573_4.htm,2017年2月4日访问。
③ 参见张天潘:《农村空巢老人生活状况令人不安 滋生大量心理问题》,http://finance.sina.com.cn/china/gncj/2016-06-12/doc-ifxszfak3574736.shtml,2017年2月2日访问。
④ 资料来源:http://www.people.com.cn/32306/366956/369444/,2017年2月4日访问。

镜像二：

乐姓老人，女，68岁，没读过书，有六个女儿和一个儿子。儿子37岁那年，因为喝酒过度而死亡。儿子死后，媳妇很快就改嫁了，只留下三个孩子。为了照顾三个在县城念初中的孙子女，乐老人的老伴就独身在县城租了房子，照料三个孩子的起居，剩下乐姓老人一个人在村里守着一家小卖部，卖点小东西。至于六个女儿，要么出嫁了，要么就在外打工，一年到头难得回家一趟，女儿们也是一个多月来次电话，电话是女儿们凑钱给老人买的。老人用电话的方式就是接听，从来不打出去，老人说："有时很想和她们拉拉（聊天），但电话费太贵了，我只能接。想和女儿多拉拉，但她们也得花钱，又要花时间。所以没事，她们也并不打电话来。"村里人有时会聚在小卖部聊天，老人从来不会因为人多影响生意而不高兴，反而很高兴，因为众人在一起聊天可以暂时忘记孤独。①

（三）生活照顾

福建省老年学学会课题组曾进行过一次城乡空巢老人调研，通过抽样调查得出，近20%空巢老人感觉生活无人照料是面临的最大困难。② 对他们来说，买菜、吃饭、洗澡、做家务等常人看来再简单不过的事情已经变成每日烦恼，出现"老了连顿饭都做不上"的情形。空巢老人其实对生活照顾的需求很大，但迫于无奈，现实中只能依靠自己和老伴之间的互相帮助，才能勉强满足生活照顾的基本需求。那些丧偶的空巢老人就更为不易，需要自己独自解决每日吃喝问题。而对于农村空巢老人来说，生活照顾的问题尤其严重。

镜像三：

杜姓老人，81岁，男，老伴几年前就去世了，现有三个闺女和一个儿子。老人原来有两个儿子，大儿子因病去世，小儿子住在另外一个自然村。小儿子经常利用农闲时候去县城打短工。老人身体并不太好，无法依靠儿子照顾，主要依赖左右邻居时不时地照顾。一旦邻居不来，老人只能自己照顾自己。有一次突发急病，老人躺在床上，无法动弹，一直呼救，但没人听见。老人过一小阵子就大声呼救。后来，邻居到院子里上厕所，听见了老

---

① 参见《纪实文学：中国农村空巢老人的生存状况写实》，http://www.360doc.com/content/13/0401/17/1241083_275331154.shtml，2017年2月2日访问。

② 资料来源：http://www.people.com.cn/32306/366956/369444/，2017年2月4日访问。

人的喊声,才将老人送到医院。生病期间,只有老人的二闺女请假来照顾老人,儿子和媳妇很少过来。要不是邻居发现了,老人很可能死在家里而无人知道。①

(四)医疗卫生

据福建省城乡空巢老人调查报告显示,54.64%的老人表示,因为无人照料,所以最怕的就是生病。空巢老人面对病痛常面临三大"无助"困境:急病突发无人知晓、慢性疾病无人照料、医疗费用过高无法承担,看病难、看病贵问题在农村空巢老人身上表现得尤为明显。以湖北省农村空巢老人为对象的一项调查显示,面对疾病,有55.6%的受访老人选择"简单治疗",16.2%的老人会选择"间歇性治疗",仅21.8%的老人采用"正规治疗",另有6.4%会选择"放弃治疗"。② 从以上数据可以看到,疾病面前,过半的老人会选择"简单治疗",如去村里的卫生院拿一些药或自行上山采药,甚至还有老人请巫师、用非科学方法治疗疾病的。看病,已经成为农村空巢老人的"生命不能承受之重"!

镜像四:

> 徐州的夏姓老人因为未能早期及时治疗,后期住院多日,病情一直没有好转。在平常,如果只患小病,老人一般是不愿意告诉儿女的,只有身体撑不住的时候,才会通知儿子。"家里有电话,要是身体不舒服,就给儿子打电话。"在老人的观念中,和子女一起生活是不太现实的事。"年纪大,邋遢,孙子、孙媳妇会不喜欢的,还不如自己住。"老人很怕生病,她所在的村庄曾有老人因为生了一场大病,整个家庭就垮了。"如今有合作医疗,但如果是大病,自己支付的部分仍然十分庞大。我们两口子一年的收入也就万儿八千的,子女在外打工也不容易,都有家庭负担,如果生了场大病,至少也要几万块吧,这些钱是一个农村家庭几年的收入。"③

对一个有着几千年孝传统的文化形态来说,在经济飞速发展的当下,上述系列镜像的深层原因,值得人们深思。

---

① 参见《纪实文学:中国农村空巢老人的生存状况写实》,http://www.360doc.com/content/13/0401/17/1241083_275331154.shtml,2017年2月2日访问。
② 资料来源:http://www.people.com.cn/32306/366956/369444/,2017年2月4日访问。
③ 参见刘清香:《脆弱的空巢:他们只有孩子和土地》,http://news.163.com/15/0322/03/AL9GA6FM00014Q4P.html,2017年2月5日访问。

第三节 中国古代虐老问题立法

"百善孝为先。""孝"是中华民族的传统美德,在中国传统伦理乃至中国传统文化中具有非常重要的地位。在某种意义上,中国传统社会就是奠基于孝道之上的社会,"孝"不仅是维系家庭关系的伦理基础、道德准则,更是一种治国根本。"孝观念"历经数千年帝制,再经近现代的社会变革,至今依然在中国社会生活中产生着重要的影响。

然而,我们今天所理解的"孝顺"与古代相比,内容上已经有了很大的差异。在今天,"孝顺父母"多指经济上的供养、生活上的照顾以及情感上的关心。孝顺与否多为子女的个人选择,很多古代被认为是不孝的行为,现在虽然仍然受到道德谴责,却较少纳入法律的规制中。这是中国由古代礼法社会向近现代法治社会转型过程中出现的现象。追溯礼法社会中的"孝"立法,对于恰当地推进当下相关立法至关重要。

一、先秦时期的"孝观念"

一般认为,中国人的"孝"意识大致在原始社会末期就已经出现。甲骨文的"孝"字,从字形看就像是一位老者在抚摸子孙的头,子孙以力支撑老者,表示了父祖与子孙之间的爱。

西周初期,社会管理者接续了先周的社会观念,作礼以治社会。春秋时期,社会出现"礼崩乐坏"的现象。随着分封制的瓦解,宗族式大家族也逐渐解体,"慎终追远"的"尊祖敬宗"观念淡化。与此同时,"孝"的要求却在不断扩大。所谓"孝",最开始只要求能供养父母,如《管子·形势解》中就说:"正谏死节,臣下之则也。尽力共养,子妇之则也。"[①]到了战国时期,孟子又提出了"五不孝"说,即"世俗所谓不孝者五:惰其四支,不顾父母之养,一不孝也;博弈好饮酒,不顾父母之养,二不孝也;好货财,私妻子,不顾父母之养,三不孝也;从耳目之欲,以为父母戮,四不孝也;好勇斗很,以危父母,五不孝也。"[②]此时,不孝不仅包括不管父母的生活,更包括使父母有耻辱感和危及父母安全。

可以看出,先秦这段时期,不孝行为的模式已经基本确定了下来,"孝观念"

---

① 黎凤翔:《管子校注》,中华书局 2004 年版,第 1168 页。
② 李学勤等:《孟子注疏》,北京大学出版社 1999 年版,第 236 页。

开始深入人心、占据舆论的制高点,但仅停留在道德意义上,并未出现法律意义上的不孝。

二、秦汉时期的"不孝入律"

战国时期的秦国,"不孝罪"已经正式入刑。《孝经》中有"五刑之属三千,而罪莫大于不孝"①的说法。当然,这不是由于秦更注重孝道,而是秦自从商鞅变法开始,法家的"重刑主义"刑罚理论被贯彻到了司法实践中,任何触犯刑律的行为都会本着"轻罪重刑"的原则予以严惩。到了汉代,随着儒学正统地位的确立,"孝观念"得到了空前的发展,并进入政治领域,号称"以孝治天下",相应地对于"不孝罪"的重视也超过以往任何朝代。

(一)不养亲

《吕氏春秋·孝行》把孝养分为五道,曰养体、养目、养耳、养口、养志。事实上,由于各家各户贵贱有差、贫富有别,在孝养方面不可能完全一致。正如《盐铁论·孝养》所说:"善养者不必刍豢也,善供服者不必锦绣也。以己之所有尽事其亲,孝之至也。"②即一个善于供养父母的人,不一定非得供给父母肉食,也不一定非得供给锦绣华服,用己之所有,尽心尽力侍奉双亲,就是孝了。所以,入于刑律的应是最基础的物质奉养。一旦有不供养之行,即论罪。张家山汉简《奏谳书》中即有一个关于不养亲的司法论断,说是有一位名叫申的廷史出差回到廷尉府,对廷尉的判决有不同意见,"议曰:当非是。律曰:不孝弃市。有生父而弗食三日,吏且何以论子?廷尉等曰:当弃市。又曰:有死父,不祠其家三日,子当何论?廷尉穀等曰:不当论"③。意思是,廷史申发表议罪意见说:"这判决不恰当。按照律条,不孝罪的刑罚是弃市死刑。如果父亲健在,儿子三天不给父亲吃饭,司法官吏应该怎么判这个儿子?"廷尉等人回答:"(不孝罪)应该是弃市死刑。"申又问了:"那么父亲去世了,儿子三天不上坟祭祀,怎么判?"回答是:"这不应该判。"由此可见,在汉初,不供养父母会被处以弃市的死刑。

(二)轻慢尊亲

轻慢,意为不尊敬、侵侮,有些类似于我们今天所说的精神虐待或心理虐

---

① 胡平生译注:《孝经译注》,中华书局1999年版,第27页。
② 王利器校注:《盐铁论校注》,中华书局1992年版,第308页。
③ 张家山二四七号汉墓竹简整理小组:《张家山汉墓竹简(二四七号墓)》,文物出版社2006版,第227页。

待，但那时的标准更高，不单单指不在言语上攻击父母或不能漠视老人，更指要好言相待、让父母感到心情愉悦。这种思想，早在《论语》中就有非常多的体现。如《论语·为政》中有一段孔子和子游的对话，子游问孔子什么是孝，孔子回答说："今之孝者，是谓能养。至于犬马，皆能有养，不敬，何以别乎？"①意思是，现在所说的孝，只是说能够赡养父母就足够了，然而就是犬马都能得到饲养。如果不用心孝敬父母，那么赡养父母与饲养犬马又有什么区别呢？接下来是子夏问孔子什么是孝，孔子给出了比之前更为具体可感的回答，孔子答曰："色难。有事，弟子服其劳；有酒食，先生馔，曾是以为孝乎？"②意思是，子女要尽到孝，最不容易地就是对父母要和颜悦色。服侍父母、给父母酒和饭享用只是最基本的标准而已。如果心里没有由衷敬意的话，就很难表现出那种和颜悦色。特别是对年迈的父母，很可能会表现出嫌弃、不耐烦。

《汉书》中记载着这样一个故事也很具有代表性，说是梁平王刘襄很宠爱他的妻子任后。有一天，任后看上了孝王（刘襄祖父）生前视为珍宝的一个酒樽，想要得到它，遭到刘襄亲祖母李太后的反对，说先王曾叮嘱后代要好好保管它，不能给别人。但刘襄不予理会，径直派人开府门将酒樽赐予了任后。后来，有人将梁平王与祖母争酒樽这件事上书给皇帝，想以"不孝"的罪名斩杀梁平王。皇帝于心不忍，认为首恶为任后，于是将任后枭首示众，同时也对梁平王作出惩罚，只削掉梁平王五个县的地盘。③ 可见，在汉代，对尊亲不恭敬是要被处以极刑的。

（三）殴杀尊亲

殴杀尊亲主要指殴骂、杀伤尊亲，是"不孝罪"中的重罪。

在以父权为尊的社会，习惯与法律赋予了长者管教、惩罚不听教令子孙的权力，"父"字本身就有"家长率教者""从又举杖"的含义④，"鞭扑不可弛于家"⑤是再正常不过的事。但是，法律是决不允许小辈殴骂尊亲的。秦律《法律答问》中就有关于殴打长辈的一些规定，如"殴大父母，黥为城旦舂。今殴高大父母，

---

① 张燕婴译注：《论语》，中华书局 2006 年版，第 15 页。
② 同上书，第 16 页。
③ 参见（南朝·宋）范晔：《后汉书》，中华书局 1965 年版，第 233 页。
④ 参见（清）段玉裁：《说文解字注》，上海古籍出版社 1988 年版，第 115 页。
⑤ （东汉）班固：《汉书》，中华书局 1962 年版，第 1090 页。

可(何)论？比大父母"①。所谓"黥为城旦舂"，指对殴打祖父母的人，要在其脸上刺字并涂墨，然后男女犯人分开处罚，男犯需"治城"，即筑城；女犯需"治米"，即舂米。服刑者除筑城、舂米外，还要兼及田间劳动、手工业劳动（如青铜器制作）等。

如果说殴骂父母就要被判处徒刑中最重的刑罚城旦舂，那么杀伤父母，就更是罪大恶极、罪不容赦的。汉代的《二年律令·贼律》中就说："子贼杀伤父母，奴婢贼杀伤主、主父母妻子，皆枭其首市。"②同时，杀伤后不论是自告还是遇赦都不能减刑。在汉代，杀死父母是严重违背人伦之事，东汉桓谭曾记载了汉武帝时有男子毕康杀其母，有诏"燔烧其子尸，暴其罪于天下"③，以示对丧尽人伦之人的严惩。

纵观秦汉时期入律的不孝行为，除了以上不养亲、轻慢尊亲、殴杀尊亲外，还包括告发、诬告尊亲，居丧不谨（居丧奸、居丧嫁娶、居丧生子、父死不奔丧、匿父母丧）、无后不孝（无后传宗接代）、妻后母、与母别居、非议孝道等，可见秦汉的"不孝罪"名目之多、范围之广、惩罚力度之大都是史无前例的。尤其是汉代，统治者将"不孝入律"作为强化孝伦理的一个极其重要的行政措施，使孝伦理贯彻于法律惩罚的标准中，不仅对传统家庭伦理道德的养成产生了推动作用，更对整个中国古代的"不孝罪"具有范型作用，影响极为深远。

三、唐律"十恶"中的不孝行为

到了魏晋时期，统治者继续传承汉家"孝治天下"的治国理念，并采取了一系列的举措。其中，将"不孝罪"纳入"重罪十条"当中，儒家法律化的色彩大为加强。北齐律"重罪十条"第八条规定，诅骂祖父母、父母，不奉养祖父母、父母，以及违反服制的行为都属于不孝，④孝道从伦理道德上升为国家法律，为以后唐律中"不孝罪"的确立奠定了基础。

唐律在继承前代关于不孝入律的立法成果的基础上，将"不孝"列入"名例·十恶"中，作为除了"恶逆"以外，惩罚家庭成员间犯罪最为严重的罪行之

---

① 睡虎地秦墓竹简整理小组：《睡虎地秦墓竹简》，文物出版社1990年版，第111页。
② 张家山二四七号汉墓竹简整理小组：《张家山汉墓竹简（二四七号墓）》，文物出版社2006版，第139页。
③ 佚名：《全后汉文》，河北教育出版社1997年版，第141页。
④ 参见张晋藩主编：《中国法制通史》（第3卷），法律出版社1998年版，第555页。

一,并确立"不孝罪"成为国家法律原则之一。"恶逆"位列"十恶"之四,指殴打或谋杀祖父母、父母等尊亲属的行为。"不孝"位列"十恶"之七,其规定:"谓告言、诅詈祖父母父母,及祖父母父母在,别籍异财,若供养有阙;居父母丧,身自嫁娶,若作乐,释服从吉;闻祖父母父母丧,匿不举哀,诈称祖父母父母死"[1],意思是,状告、咒骂祖父母、父母;于祖父母、父母在世时,另立户口、分割家产,或者对父祖供养断缺;在父母的丧期内自我做主嫁人娶妻,或者玩赏音乐歌舞,脱去丧服穿吉庆之服;听知祖父母、父母亡故,不公开表示哀痛,诈说祖父母、父母死亡都是不孝,触犯了刑律并需要受到刑法处罚。

以上只是对"不孝"作了原则性的规定,用列举的方式规定哪些是"不孝罪",而对于表现形式各异、处罚方式不同的不孝行为,我们需在《唐律疏议》的《户婚律》《斗讼律》等律文中才能寻到具体规定。如关于供养有缺的不孝行为,《唐律疏议》中规定:"……供养有缺,徒二年。谓可从而违,堪供而阙者。须祖父母、父母告,乃坐。"[2]意为,对父祖可以供养却不供养的,构成犯罪行为。这和我们今天《婚姻法》中"有负担能力的孙子女、外孙子女对子女已经死亡的祖父母、外祖父母有赡养义务"的规定有些类似,强调供养者需具备供养的能力,体现出一种"法律不强人所难"的思想。

四、宋明清"不孝罪"的沿袭及分崩

唐律沿袭了北齐律"重罪十条"中"不孝"的规定,将"不孝罪"列入"十恶"中并予以严厉处罚,是孝道从伦理道德范畴上升为国家法律原则范畴最完备的体现,并以此作为维护封建统治秩序的手段之一。此后,历朝历代皆沿袭唐律的做法,将"不孝"规定在"十恶"中,在罪名上也并无更改,但由于社会环境以及每个王朝制度发展的不同,对"不孝罪"的具体规定必定会存在细微的变化。

在宋代,有关"不孝罪"的规定,无论是原则性列举的规定还是在具体条款中,对"不孝罪"的详尽规定几乎照搬唐律,只是条目和简称略有更改。到了明清时期,随着社会的发展和商品经济的冲击,明清法律必然会在继承唐宋律的基础上有所变动。在这一时期,律法对于"不孝罪"的规定比唐宋时期的规定更加详细,但对同一行为的处罚却有逐渐减轻的趋势。

以"诅詈祖父母父母"即咒骂尊亲长这一不孝行为为例,《唐律疏议》中规

---

[1] 钱大群:《唐律疏议新注》,南京大学出版社2007年版,第33页。
[2] 同上书,第758页。

定:"诸詈祖父母、父母者,绞。""诸妻妾詈夫之祖父母、父母者,徒三年;须舅姑告,乃坐。"①《大明律》则规定:"凡骂祖父母、父母,及妻、妾骂夫之祖父母、父母者,并绞(须亲告乃坐)。凡妻、妾骂夫之期亲以下、緦麻以上尊长,与夫骂罪同。妾骂夫者,杖八十。妾骂妻者,罪亦如之。若骂妻之父母者,杖六十(并须亲告乃坐)。凡妻妾,夫亡改嫁,骂故夫之祖父母、父母者,并与骂舅、姑同罪。"②《大清律例》基本继承了《大明律》中关于"骂祖父母父母""妻妾骂夫期亲尊长"以及"妻妾骂故夫父母"的规定。

可以看出,这一时期有关咒骂尊长行为的规定出现了两点很大的变化:其一是明清对此种行为的处罚更轻。在唐律中对于咒骂尊长的行为采用的是绞刑和徒刑,而明清律中除了骂祖父母父母的行为依然用绞刑以外,其他咒骂期亲尊长的行为均为"杖八十""杖六十"处罚,并且都增加了"亲告,乃坐"的限定,官府并不主动介入对其进行管理和处罚。其二是明清律在规定上更为详尽。唐律中仅仅区分了"骂祖父母""妻妾骂祖父母"与"妻妾骂故夫父母"的行为,而明清律中增加了"妻妾骂夫期亲尊长"的行为。

以上明清时期"不孝罪"的变化,一方面表明这一时期孝道教化经过几千年发展已经到了登峰造极的地步,孝伦理更加深入人心,尤其是《二十四孝图》在元代完成,使得明清更加重视孝道教化的通俗化,对孝道教化的重视以及孝道的广泛传播甚至一直延续到清末民初;另一方面也可以看出此时政府对于不孝行为的禁止态度的减弱,不再科以重刑,用法律维护孝伦理道德的强制性减弱,伦理和法律有逐渐分开的趋势。③ 到了清末修律时期,"诅詈祖父母父母"已经完全从律法中消失,甚至于在传统刑律中存在了数千年之久的"不孝罪"罪名也不复存在了。

第四节　当代涉老虐待法律制度

在中国现行法律中,有关老年人特殊权益的立法,除《老年人权益保障法》外,多散见于其他部门法律法规之中,尚未形成一个完整的框架体系。关于涉老虐待问题,虽然没有单独立法,但是仍然能从民法、刑法、婚姻法、诉讼法以及

---

① 钱大群:《唐律疏议新注》,南京大学出版社 2007 年版,第 715、717 页。
② 怀效锋点校:《大明律》,法律出版社 1998 年版,第 173—174 页。
③ 参见史雯雯:《〈唐律〉中"不孝罪"及其流变》,南昌大学法律史专业 2013 年硕士论文,第 18 页。

各种地方性法规中寻求到司法救济。

一、涉老虐待的公法对待

公法,是调整国家权力与公民权利法律关系的系列法律规范的统称。公法既明确老年人的相关权利,又规范国家、政府、社会、公民个人的责任。可以说,公法在老年人权益保障法治体系中居于核心地位。涉老虐待的公法包括宪法和刑法。

（一）宪法规定

在内容上,宪法规定国家最根本、最重要和最基本的各项制度和政策;在地位上,宪法在整个法律体系中居于最高地位;在效力上,宪法具有最高的法律效力,是其他法律立法的依据,其他的一切法律都不能同宪法相抵触。因此,宪法是保障老年人权益最重要的法律渊源。由于老年人属于社会弱势群体,宪法中涉及老年人权益的相关规定,既有一般性的普适规定,也有专门针对老年人等弱势群体的规定,充分体现了宪法尊重和保障人权的价值。关于涉老虐待问题,宪法保护主要体现在以下条款中,主要涉及老年人的生活和医疗保障权、享受家庭赡养的权利以及人身权：

《宪法》第 45 条第 1 款规定："中华人民共和国公民在年老、疾病或者丧失劳动能力的情况下,有从国家和社会获得物质帮助的权利。国家发展为公民享受这些权利所需要的社会保险、社会救济和医疗卫生事业。"

第 49 条第 3 款、第 4 款规定："父母有抚养教育未成年子女的义务,成年子女有赡养扶助父母的义务。禁止破坏婚姻自由,禁止虐待老人、妇女和儿童。"

（二）刑法规定

刑法是规定犯罪及其法律后果(主要是刑罚)的法律规范,[①]其通过对严重侵犯老年人合法权益的犯罪行为加以刑罚处罚的方式,对老年人的合法权益予以维护,同样与老年人权益保障相互关联。与其他法律相比,刑法更加关注的是老年人作为弱势群体应当享有的权利和应受到的特殊保护。关于遗弃罪和虐待罪的相关规定,是刑法对老年人的合法权益进行特殊保护的集中体现。

所谓遗弃罪,是指对于年老、年幼、患病或者其他没有独立生活能力的人,负有抚养义务而拒绝抚养,情节恶劣的行为。遗弃老年人,是指对老年人负有

[①] 参见张明楷：《刑法学》,法律出版社 2011 年版,第 19 页。

赡养、抚养义务的人不履行其应尽义务的违法行为。根据我国《刑法》第261条的规定，犯遗弃罪的，处五年以下有期徒刑、拘役或者管制。

所谓虐待罪，是指对共同生活的家庭成员，经常以打骂、捆绑、冻饿、限制自由、凌辱人格、不给治病或者强迫做过度劳动等方法，从肉体上和精神上进行摧残迫害，情节恶劣的行为。我国《刑法》第260条规定："虐待家庭成员，情节恶劣的，处二年以下有期徒刑、拘役或者管制。犯前款罪，致使被害人重伤、死亡的，处二年以上七年以下有期徒刑。"

值得一提的是，2015年8月29日表决通过的《刑法修正案（九）》对虐待罪作出了两个方面的修改，给虐待行为刑法规制带来了一大突破。这两个修改包括：其一，将原先《刑法》第260条的"第一款罪，告诉的才处理"改成"第一款罪，告诉的才处理，但被虐待的人没有能力告诉，或者因受到强制、威吓无法告诉的除外"。其二，在《刑法》第260条后增加一条，作为第260条之一："对未成年人、老年人、患病的人、残疾人等负有监护、看护职责的人虐待被监护、看护的人，情节恶劣的，处三年以下有期徒刑或者拘役。""单位犯前款罪的，对单位判处罚金，并对其直接负责的主管人员和其他直接责任人员，依照前款的规定处罚。""有第一款行为，同时构成其他犯罪的，依照处罚较重的规定定罪处罚。"从虐待罪的刑事诉讼程序启动的修改来看，改变了原先全部虐待罪告诉才处理的模式，将一部分虐待案件的刑事诉讼程序的启动权掌握在国家机关的手中，在被害人自身无法维护自己的权利时，由国家机关启动刑事诉讼程序追究行为人的刑事责任，体现了国家对于弱势群体保护的加强，避免了涉老虐待案件中，老年人因行动不便、不懂法、"家丑不可外扬"、受到施虐者强制或威吓等种种原因无法告诉而不能得到救济的情况。从虐待罪的构成要件的角度分析可以得知，《刑法修正案（九）》将虐待罪的主体由具有特殊的家庭关系的主体，扩展至对未成年人、老年人、患病的人、残疾人等负有监护、看护职责的人。这些人员和机构在负责看护人员的日常起居等事项时，就具有了《刑法》虐待罪中要求的"监护、看护职责"，满足了虐待罪的主体构成要件，其实施相应的虐待行为，情节严重的，就要承担相应的刑事责任。这使得虐待罪成为那些不构成其他犯罪但情节严重的虐待行为的真正"兜底条款"，加大了对受虐待老年人群体的保护力度。①

---

① 参见《解读刑修（九）对虐待罪的修改》，http://china.findlaw.cn/bianhu/gezuibianhu/qfgmrsqlmjqlz/nuenuedaizui/1244683.html，2017年2月24日访问。

（三）程序法规定

所谓程序法是相对于实体法而言的，二者主要依据法律规定的内容来进行划分。实体法是规定和确认权利和义务以及职权和责任为主要内容的法律，如宪法、行政法、民法、商法、刑法等。而程序法是规定以保证权利和职权得以实现或行使，义务和责任得以履行的有关程序为主要内容的法律，如行政诉讼法、民事诉讼法、刑事诉讼法、立法程序法等。程序法的主要功能，在于及时、恰当地为实现权利和行使职权提供必要的规则、方式和秩序。因此，一个诉的展开必须同时适用实体法和程序法。在涉老虐待案件中，老年人由于经济、认知、体质等因素存在维权能力较弱的现实，这就需要在老年人寻求司法救济时为其提供特殊的救济途径。

目前，我国的《民事诉讼法》及其司法解释、《法律援助条例》中规定了老年人追索赡养费案件时的一些特殊照顾，按照上述法律法规、司法解释，老年人在诉讼时可以获得先予执行和相应的法律援助。[1]

二、涉老虐待的民法对待

民法是调整社会平等主体之间的人身关系和财产关系的法律规范的总称，涉及社会民事生活的方方面面，是民事主体享有权利、承担义务的基础与依据。民法亦注重对社会弱者权利的保护，民法中监护制度的设定、继承制度的规定等，都是对社会弱者权利维护的具体体现。老年人作为弱势群体，在涉老虐待这一特殊问题上，除了受到公法的规范之外，也受到民法的调整和保护，我国的《婚姻法》《继承法》《反家庭暴力法》及相关司法解释在保障老年人经济供养，免受身体虐待、精神虐待和物质剥削等问题上都有所规定。值得一提的是，万众瞩目的《民法总则》已于2017年3月15日在十二届全国人大五次会议上被表决通过，该法增加了许多关于成年人监护的规定，涉及成年人自行选择监护人、监护权撤销等相关制度，对老年人虐待的预防和事后处理都有非常重大的意义。涉老虐待相关民事法律条款如下：

《民法总则》第26条、第33条、第34条、第35条、第36条、第37条、第196条。

---

[1] 参见《民事诉讼法》第106条、第206条；《最高人民法院关于适用〈中华人民共和国民事诉讼法〉的解释》第9条、第218条、第274条；《法律援助条例》第10条。

《婚姻法》第3条、第21条、第28条、第30条、第43条、第44条、第45条、第48条。

《最高人民法院关于适用〈中华人民共和国婚姻法〉若干问题的解释（一）》第1条。

《继承法》第7条、第12条、第13条、第31条。

《最高人民法院关于贯彻执行〈中华人民共和国继承法〉若干问题的意见》第10条、第11条、第12条、第13条、第19条、第27条、第28条、第29条、第30条。

《反家庭暴力法》第2条、第14条、第15条、第16条、第21条、第23条、第37条。

三、涉老虐待的社会法对待

关于"社会法"的概念，理论上争议颇多，目前并未有定论。通常认为，社会法是解决经济规划、环境保护、就业、社会保障等社会性问题的法律，它既不是公法也不是私法，而是介于这二者之间的第三法域，具有公私法融合的属性，[①]旨在保护公民的社会权利，尤其是保护弱势群体的利益。目前，我国的社会法包括了《劳动法》《劳动合同法》《工会法》《未成年人保护法》《老年人权益保障法》《妇女权益保障法》《残疾人保障法》《矿山安全法》《红十字会法》《公益事业捐赠法》《职业病防治法》等一系列保护特定群体的法律法规。这其中，《老年人权益保障法》是我们在涉老虐待这一问题上需要重点关注的法律。

2012年，中国对《老年人权益保障法》进行了修订，2015年又作出了部分修正。与1996年的版本相比，新的《老年人权益保障法》增加了三章，内容极为丰富，出现了许多亮点：[②]

亮点一：把积极应对人口老龄化纳入法律，并作为中国的一项长期战略任务上升为国家意志。

第4条规定："积极应对人口老龄化是国家的一项长期战略任务。"

亮点二：对家庭养老进行了重新定位，明确了老年人养老从"家庭养老"变为"以居家为基础、社区为依托、机构为支撑"的新型全社会养老服务体系。

---

① 参见郑尚元：《社会法的定位和未来》，载《中国法学》2003年第5期。
② 参见陈斯喜：《老年人权益保障法修订草案有六大亮点》，http://www.npc.gov.cn/huiyi/lfzt/lnrqybzfxd/2012-08/15/content_1733286.htm，2017年2月27日访问。

第 5 条规定:"国家建立多层次的社会保障体系,逐步提高对老年人的保障水平。国家建立和完善以居家为基础、社区为依托、机构为支撑的社会养老服务体系。倡导全社会优待老年人。"

第 13 条规定:"老年人养老以居家为基础,家庭成员应当尊重、关心和照料老年人。"

亮点三:强调了赡养人对老年人有提供精神慰藉的义务。

第 18 条规定:"家庭成员应当关心老年人的精神需求,不得忽视、冷落老年人。与老年人分开居住的家庭成员,应当经常看望或者问候老年人。用人单位应当按照国家有关规定保障赡养人探亲休假的权利。"

亮点四:将社会优待辟为专章,增加了老年人社会优待的内容,扩大了优待对象的范围。优待内容涉及为老年人办事提供便利、提供法律援助、交通优待、参观游览优待等,并免除了农村老年人承担兴办公益事业的筹劳义务。

亮点五:确定了老年人监护制度,老年人养老可自己挑人。

第 26 条规定:"具备完全民事行为能力的老年人,可以在近亲属或者其他与自己关系密切、愿意承担监护责任的个人、组织中协商确定自己的监护人。监护人在老年人丧失或者部分丧失民事行为能力时,依法承担监护责任。老年人未事先确定监护人的,其丧失或者部分丧失民事行为能力时,依照有关法律的规定确定监护人。"

亮点六:增加了宜居环境建设的内容。

第 61 条规定:"各级人民政府在制定城乡规划时,应当根据人口老龄化发展趋势、老年人口分布和老年人的特点,统筹考虑适合老年人的公共基础设施、生活服务设施、医疗卫生设施和文化体育设施建设。"

第 64 条规定:"国家推动老年宜居社区建设,引导、支持老年宜居住宅的开发,推动和扶持老年人家庭无障碍设施的改造,为老年人创造无障碍居住环境。"

在这部法律中,最引人注目的条款当属第 18 条,此条规定被众人称为"常回家看看"条款,因存在"道德能否入法"的问题而备受争议。

反对观点认为:

"常回家看看"只是道德层面上的问题,提出法律要求在实践上不具有可操作性,应当避免道德入法。理由主要有三个:其一是"常回家看看"说起来容易做起来难,我国法律虽规定员工有探亲休假的权利,但并没有很好地落实;其二是"常回家看看"没有规定惩罚措施,难以制裁;其三是"常回家看看"诉讼可能性小,老人往往不愿把儿女推向被告席,且判决执行困难。① 退一步来说,纵然老人对法院判决可以申请强制执行,然而,在子女们不自觉履行探望义务尤其是从心底抵制的话,即使执行人员将其强行带至老人跟前,他们根本就不会产生真诚探望老人的意思,执行人员能运用什么样的法律手段让他们真诚地表达呢?如何才能达到老人真心希望的效果?况且在强制执行的情况下,当事人之间往往会产生敌视情绪,使相互关系更加紧张甚至激化,因而只会客观上加剧精神隔阂和对立,而不是有利于精神交流。强制性根本就与精神的自发交流性质相背离。如果根本就无法达到老人所满意的效果,能否算是对判决的执行呢?可见,"常回家看看"绝不仅仅是法院的一纸判决所能解决得了的问题。

支持观点认为:

社会领域的立法不同于传统法律,家庭和社会是最讲道德的领域,相关立法避不开法律与道德的关系。将道德要求写进法律无碍于法律的法律性,不会淡化法律的法律特征。在社会立法中,实际很难做到"法律的归法律,道德的归道德",社会立法有一个倾向,就是要将一些必要的道德要求赋予一定的法律意义。中国目前处于社会转型期,无论家庭道德、社会道德还是伦理道德,其作用力都出现下降,用法律来调整社会伦理是希望用法律来支持道德,让法律和道德并肩发挥作用,不存在法律对道德领域的强行介入。

此外,社会上对"不常回家看看怎么处罚"的疑问,实际上是把法律条款的可操作性与可诉性、可制裁性两个概念混淆了。可操作性包含的内容除了可诉性、可制裁性外,还包括评判是非、调处家庭纠纷等重要原则。社会立法中很多条款不具有可诉性、可制裁性,而侧重于鼓励、倡导、保障。如果能督促政府和社会履行应有的责任,能促使家庭更好地履行义务,就体现了社会法条款的可操作性。最后,若老人真的申请了强制执行,形式也并不只限于"常回家看看",第18条只是将"看看"与"问候"并列,中间用了"或者",意为即使回不了家,打电话、发短信、写信问候也可以达到给予老年人精神慰藉的效果。②

四、涉老虐待案件审判实践

由于我国有关老年人权益保障的法律多散见于上述部门法,相应地,在司

---

① 参见顾桃:《"常回家看看"正式入法之我见》,载《法制博览》2013年2月(中)刊。
② 参见霍小光、崔清新:《专家回应"常回家看看"条款:法律道德共作用》,http://news.sohu.com/20130705/n380868458.shtml,2017年3月3日访问。

法实践中,涉老虐待案件也多被分流到刑事或民事审判庭审理,导致不同的虐待纠纷之间案由差异很大,并不存在一个统一的"涉老虐待纠纷"去命名此类案件。

目前,比较常见的涉老虐待案件包括刑事上的故意杀人、故意伤害、侮辱、虐待、遗弃老年人案件,以及民事上的赡养纠纷、排除妨害纠纷、分家析产纠纷、房屋所有权确认纠纷、继承纠纷、侵权责任纠纷等。

近年来,随着涉老案件数量的不断增多和纠纷的复杂化,传统的民事、刑事庭承载的压力越来越大,许多地方法院纷纷开始试点建立"老年法庭",如上海市静安区人民法院的"老年审判庭"、江苏省南京市秦淮区人民法院的"保障老年人权益法庭"以及山东省济宁市任城区人民法院的"老年法庭"等。这些专司老年人案件的法庭将涉老案件从传统的民、刑庭中抽出,独创了一整套适合老年人的审判工作模式。

以山东省济宁市任城区人民法院老年法庭为例,首先,该院为了方便老年人维权,专门设立了"老年人信访接待窗口",对来院信访的老年当事人实现优先信访;在人员设置方面,该院尽可能安排业务精、素质高的法官和执行员来处理涉老纠纷。其次,该院总结出了涉老案件调解的"三步走"原则,第一步是加强与社区、村居的联系,了解诉讼老年人的基本家庭情况,掌握矛盾重点;第二步是与老年人的子女、亲友广泛沟通,听取他们在对待老年人纠纷问题上的看法意见;第三步是与老年人交流,并且尽可能做到换位思考,站在老年人的角度讲事实、摆问题,分析不同解决方式对老年人今后生活的利弊,紧紧围绕维护老年人合法权益进行调解。最后,该院在开展工作中,还探索出了一套"一简、二缓、三不传、四优先"的工作方法。"一简"即简化立案程序,做到即收即办、快审快结;"二缓"指对贫困老年当事人实行缓交诉讼费或适当减免诉讼费办法;"三不传"即在案件审理过程中,对高龄老年人不传唤到庭,对行动不便的老年人不传唤到庭,对居住偏远、交通不便的老年人不传唤到庭,而是采取"便民诉讼进社区""巡回审判进社区"等多种灵活方式进行审理;"四优先"是在立案和审理过程中,对矛盾激化的案件、涉及老年人人身安全保障的案件、急需解决生产及生活困难的案件、在社会上有一定影响力的案件优先立案、优先审判、优先执行。[①] 任城区人民法院老年法庭的以上做法,在很大程度上实现了涉老案件审理工作的专门化,更好地维护了老年人的合法权益。

---

① 参见卞玉杰:《老年人维权,尽量快审快结》,载《齐鲁晚报》2015年2月8日第H02版。

第五章 中国老年人社会保障制度

2015年末,中国总人口为13.7462亿人,65周岁及以上人口为1.4386亿人,占总人口的10.47%[1],老年人口抚养系数为14.3%[2],中国已经进入了国际公认的老龄化社会。从表5-1可以看出,20世纪80年代以后,中国人口老龄化速度加快,第三次至第四次人口普查的8年间,65周岁及以上人口占全国总人口数的比重年均增加0.0825个百分点;第五次至第六次人口普查的10年间,老年人口占比年均增加0.191个百分点;而第六次至第七次人口普查的5年间,老年人口占比年均增加0.32个百分点,增速显著加快。据预测,到2050年中国将进入重度老龄化社会阶段,届时老年人口将达到4.37亿人,占总人口的30%以上。[3] 从上述资料分析来看,中国老龄化社会的发展趋势,呈现出老年人口基数大、老龄化增速快、老龄化程度高等特点。

表5-1 中国人口普查主要数据公报中的65周岁及以上人口占比(%)

年份	1954	1964	1982	1990	2000	2010	2015
全国	4.41	3.56	4.91	5.57	6.96	8.87	10.47

资料来源:http://data.stats.gov.cn/easyquery.htm?cn=C01&zb=A0301&sj=2015,2017年1月10日访问。

人口老龄化已成为当今世界面临的普遍问题,对世界各国传统的老年政策提出了重大挑战。与西方发达国家相比,中国在经济社会尚不发达、社会保障

---

[1] 资料来源:http://data.stats.gov.cn/easyquery.htm?cn=C01&zb=A0301&sj=2015,2017年1月10日访问。

[2] 老年人口抚养系数也称"老年人口抚养比",是指某一人口中老年人口数与劳动年龄人口数之比,用以表明每100名劳动年龄人口要负担多少名老年人。老年人口抚养比是从经济角度反映人口老龄化社会后果的指标之一。

[3] 参见《我国老龄化速度远超预期》,http://unn.people.com.cn/GB/22220/172372/172406/10292649.html,2017年1月10日访问。

制度尚未完善的情况下就进入了人口老龄化阶段,呈现出"未富先老"的特征。显然,人口老龄化对老年人社会保障提出了更高的要求,而中国传统的老年社会保障制度已经不能适应当前社会发展的需要。

因此,如何在人口老龄化不断加剧的发展趋势下,安排好老年人的生活,切实保障老年人的合法权益,实现幸福、平安养老,是非常重要的社会问题。基于此,本章从中国老年人社会救助、社会保险、社会福利和社会优抚制度四个方面进行全面梳理,以期能对中国老年人社会保障制度的宏观把握和深入认识有所助益。

第一节 中国老年人社会保障制度概述

"老吾老,以及人之老。"老有所养,是人类不同时期各个文明体始终关注的重要问题。在中国古代社会,养老以子女和家庭提供为主,传统"礼"和"法"共同规制出来的"孝养"观念,使得中国的老年人大多能够颐养天年。[①] 然而,伴随着中国经济的高速发展和老龄化社会的快速到来,传统家庭规模趋于小型化,"孝养"父母的观念淡薄,使得以子女为核心的家庭养老面临着极大的冲击和弱化。因此,原本属于个人和家庭层面的养老问题,逐渐成为政府重要的社会服务职能之一。基于对中国老年人社会保障制度进行梳理的研究目的,必须首先对老年人社会保障制度的定义和发展阶段进行界定和阐述。

一、基本概念

"社会保障"(social security)一词,最早使用于美国1935年颁布的《社会保障法》。《简明不列颠百科全书》解释"社会保障"是一项公共福利计划,旨在保护个人及家庭免除因失业、年老、疾病和死亡而在收入上所受的损失,并通过公

---

① 中国传统礼法中明确规定子女对父母负有基本无条件、包括物质和精神两方面的"孝养"义务,似乎父母天然处于高于子女的优越地位,并且子女应该无条件地满足父母的全面需求。但是,当子女成为父母,他也将如自己的父母那样享有子女提供的尊荣。一代又一代普通的中国人,在自己的日常生活中切身体验着这种血缘亲情,在家庭中能获得更强的安全感和满足感,更能发挥出个人对家庭并延伸至社会的责任意识,这将是一种长远的平衡和理想状态。"孝养"义务经由"礼法结合"的长期规制,使中国人将子女"孝养"父母视为理所当然的事。

益服务和家庭生活补助,提高其福利。① 国内学者郑功成教授认为,社会保障是指国家通过立法规定的,由国家和社会举办的,对社会成员因年老、疾病、伤残、失业、生育等丧失劳动能力、中断就业机会以及遭受自然灾害时所给予的物质帮助,以此保障公民的基本生活、保持社会稳定和经济协调发展。② 费梅苹教授认为,社会保障是指国家以立法和行政措施,确立对遇到年老或其他风险的社会成员予以相应的经济、福利和服务的帮助,以保障其基本生活需要的一种社会经济福利制度。③ 总体上说,社会保障除了金钱和物质的补偿,还包括了更为广泛的医疗和社会服务等。

关于老年人社会保障制度的定义,国内学界已有基本一致的认识:老年人社会保障制度,是指对退出劳动领域或无劳动能力的老年人实行的社会保护和社会救助措施,包括经济、医疗以及服务照料等方面。④

本书将老年人社会保障制度定义为,以社会救助为基础,以社会保险为主体,社会福利和社会优抚为有效补充,由政府和社会为老年人提供多方面、多层次的经济、医疗及社会服务等全方位支持的保障体系。老年人社会保障制度,主要包括老年人社会救助、老年人社会保险、老年人社会福利和老年人社会优抚制度四个方面。

二、发展阶段

新中国成立以来,老年人社会保障制度的发展大致分为以下三个阶段:

第一阶段,新中国成立之后到改革开放前。这一时期以家庭保障为主,单位、集体和政府保障为辅。由于传统"孝养"观念的深刻影响、普遍三代同堂的家庭结构以及物质发展水平较低的经济状况,家庭保障居于主导地位。同时,由于公有制经济体制的影响,还存在以单位、集体和政府提供养老保障作为家庭保障有效补充的形式。例如,在城镇,单位和政府为职工发放退休养老金,并提供一定程度的养老服务;在农村,集体组织和基层政府为部分孤寡、贫困老人发放金钱和实物补助。

---

① 参见中国大百科全书出版社《简明不列颠百科全书》编辑部译编:《简明不列颠百科全书》,中国大百科全书出版 1986 年版,第 789 页。
② 参见郑功成主编:《社会保障学》,中国劳动社会保障出版社 2005 年版,第 3 页。
③ 参见费梅苹:《社会保障概论》(第 4 版),华东理工大学出版社 2011 年版,第 4 页。
④ 参见孙光德、董克用:《社会保障概论》(第五版),中国人民大学出版社 2016 年版,第 5 页。

第二阶段,改革开放初期到20世纪90年代后期。这一时期家庭保障开始弱化,老年社会保障逐渐探索。改革开放大力推动了社会经济的快速发展,使得城乡人口流动加快、核心家庭趋于增多及土地养老保障弱化,传统家庭保障的主导作用不断减弱。政府开始探索社会保障,逐步建立城镇职工基本养老保险制度。此时的老年人社会保障制度处于初始阶段,覆盖人群范围小、保障水平程度低。

第三阶段,21世纪初至今。这一时期的老年人社会保障制度趋于快速发展和逐步完善。进入21世纪,中国逐渐建立了一系列的老年人社会保障制度。例如,城镇职工基本养老保险和医疗保险制度、新型农村社会养老保险和合作医疗制度、城乡老年津贴福利制度等,老年社会保障制度体系不断建立和发展完善。

第二节 中国老年人社会救助制度

一、基本概念

(一)定义

老年人社会救助制度,是指国家和社会按照法定的程序和标准,对面临生存危机的老年人提供维持其最低生活需求的无偿物质帮助的社会救助体系,是老年人社会保障制度的最低层次。老年人社会救助制度的资金,主要来源于国家的财政预算拨款。提供老年人社会救助,是国家和社会必须履行的基本社会保障职能。

(二)特点

老年人社会救助制度具有以下三个特点:

第一,救助权利的单向性,老年人社会救助强调老年人享有国家和社会提供救助的权利,而不对国家和社会负有相应的义务。

第二,救助水平的低层次性,老年人社会救助仅能够维持老年人的最低生活水平。

第三,救助对象的限定性,老年人社会救助仅适用于无法维持基本生活且符合条件的老年人。

二、中国古代老年人社会救助制度

在中国古代传统社会中,除了以子女和家庭提供养老为主外,各个朝代历来也非常重视政府在保障老年人最低生活需求方面的救助职责。下文选取具有代表性的汉、唐和宋三个朝代,从政府的行政举措角度,对中国古代的老年人社会救助制度进行场景再现。

(一) 汉代

文帝时期,"养老令"诏曰:"老者非帛不暖,非肉不饱。今岁首,不时使人存问长老,又无布帛酒肉之赐,将何以佐天下子孙孝养其亲?今闻吏禀当受鬻者,或以陈粟,岂称养老之意哉!具为令。""年八十已上,赐米人月一石,肉二十斤,酒五斗。其九十已上,又赐帛人二匹,絮三斤。赐物及当禀鬻米者,长吏阅视,丞若尉致。不满九十,啬夫、令史致。二千石遣都吏循行,不称者督之……"①

武帝时期,"元狩元年,诏曰:'朕哀夫老眊孤寡鳏独或匮于衣食,甚怜愍焉。其遣谒者巡行天下,存问致赐。有冤失职,使者以闻。'遣谒者赐年九十已上及鳏寡孤独,帛人二匹,絮三斤;八十已上,米人三石……"②

光武帝时期,曾下诏曰:"命郡国有谷者,给禀高年、鳏、寡、孤、独及笃癃、无家属贫不能自存者,如《律》";"戊辰,赐天下男子爵,人二级;鳏、寡、孤、独、笃癃、贫不能自存者粟,人六斛。"③

从上述两汉史书的记载内容来看,汉代政府颁布了许多关于老年社会救助的法令。这些法令不仅仅限于某地遭遇灾荒或新皇帝即位等重大事件时才颁布,而是定期向没有生活能力、难以维持其基本生存的鳏、寡、孤、独、贫以及高龄老人,提供粮食、布帛和酒肉等全方位的物质生活救助,并要求地方官吏严格督查和落实。

(二) 唐代

高祖武德二年,政府颁布法令规定:"百姓年五十者,皆免课役。"④

太宗贞观三年诏曰:"其孝义之家,赐粟五石,高年八十以上,赐粟二石,九

---

① 《汉书·文帝纪》。
② 《汉书·武帝纪》。
③ 《后汉书·光武帝纪》。
④ 转引自盛会莲:《试析唐五代时期政府的养老政策》,载《浙江师范大学学报(社会科学版)》2012年第1期,第39页。

十以上三石,百岁加绢二疋。"①

《新唐书·食货志一》记载:"授田之制……老及笃疾、废疾者,人四十亩……""若老及男废疾、笃疾……不课。"

武则天年间,政府在都城长安和洛阳设立"悲田养病坊",这是专门用于收留穷困、残疾、流浪者和老人的社会救助机构,其目的在于"矜孤恤穷,敬老养病"。

同时,为保障"年老废疾者"真正实现老有所养,唐代实行侍丁制度,即家有八十岁以上或者严重疾病的老人,可以免除一人的劳役以便专门服侍。玄宗天宝年间又规定,对于条件特别困难的家庭,如果家有七十五岁以上的男性老人或者七十岁以上的女性老人,可以将一个成年男子充作侍丁专门照顾老人。

从上述法令和制度来看,唐代也很注重给予老年人切实的物质救助和体恤。唐代政府授田四十亩给老年人、免除其赋役负担,为维持老年人的基本生活提供了重要的物质保障;设置家庭成员专门照顾年老废疾者的侍丁制度及专门的医疗救助和养老机构,体现了政府养老恤老的用心。

(三) 宋代

宋代在老年人社会救助方面的许多举措所体现的政府保障责任意识,令人赞叹不已。

具体而言,宋代的老年人社会救助制度主要由两个系统组成,一是北宋神宗熙宁十年(公元1077年)颁布的"惠养乞丐法":每年农历十月入冬后,各州县政府"差官检视内外老病贫乏不能自存者",每人每日发放米和豆各一升、钱十文。二是哲宗元符元年(公元1098年)颁布的"居养法":各州设立"居养院","鳏寡孤独贫乏不能自存者"享有进入"居养院"养老的权利,政府每月发放米豆,还给年老疾病者以医药救治。总体上说,"惠养乞丐法"是指由政府定期向老弱贫病者发放粮食和金钱,"居养法"则是指由政府设置专门的救助机构收留老弱贫病者。②

宋代政府设置的老年人救助机构,包括综合性机构与专门性机构。

(1) "福田院"和"居养院"等是综合性的救助机构,主要功能是接济收容"老疾孤穷丐者"。北宋在汴梁设有四个"福田院",神宗年间"京师雪寒",皇帝诏令

---

① (宋)宋敏求编:《唐大诏令集》卷八十《赐孝义高年粟帛诏》,中华书局2008年版,第460页。
② 参见吴钩:《宋:现代的拂晓时辰》,广西师范大学出版社2015年版,第182—183页。

"老幼贫疾无依(而)丐者,听于四福田院额补给钱收养,至春稍暖则止"。徽宗年间,宰相蔡京又下令在各州县设置"居养院","道路遇寒僵仆之人及无衣丐者,许送近便居养院,以钱米救助"。

(2)"安济坊""施药局"和"漏泽园"等是专门性的救助机构。"安济坊"和"施药局"的主要功能是为老弱贫病者提供医疗救助。北宋崇宁年间,政府"置安济坊养民之贫病者,仍令诸郡县并置"。南宋时,各州府设置"施药局","民有疾病,依方修制丸散咀,来者诊视,详其病源,给药医治,朝家(朝廷)拨钱一十万贯下局……或民以病状投局,则畀之药,必奏更生之效"。"漏泽园"相当于现代的公共墓地。北宋真宗年间,政府于"京城近郊佛寺买地,以瘗(埋葬)死之无主者"。徽宗时,又在全国各州县推广此制,曰"漏泽园"。南宋时期,"漏泽园"仍是"岁以为常"。

"惠养乞丐法"和"居养法"这两种老年人救助制度都是固定的,通常从农历十一月初开始,到次年二月底遣散或者结束救助。而"福田院""居养院""安济坊""施药局"和"漏泽园"等,也都是制度化的老年人救助机构。北宋徽宗认为:"鳏寡孤独有院以居养,疾病者有坊以安济,死者有园以葬,王道之本也。"

从上述分析可以看出,宋代政府推行的老年人社会救助,基本上涵盖了穷苦、病残、老弱等社会特殊群体,覆盖了老年人的吃穿、医疗、养老和丧葬等各个方面。制度和机构的设立宗旨与具体实施效果可能会有较大的落差,但是一千年前的宋代政府能够建成如此全面的老年人社会救助体系,让我们后人心生敬意。

三、中国现代老年人社会救助制度

中国现代的老年人社会保障制度设计与长期以来的城乡二元结构紧密联系,城市和农村在老年人社会救助制度上也不尽相同。由于农民有土地保障,城市在老年人社会救助方面一直处于主导地位。

(一) 城市

新中国成立之初,随着计划经济体制的施行,国家在城市建立了一整套的单位老年人救助制度,老年人社会救助仅仅发挥辅助作用。在1953年召开的第三次全国社会救济工作会议上,内务部(现民政部)公布了城市社会救助的标准,以户为单位,按人口递增,大城市每户每月5到12元,中小城市每户每月3到9元。城市社会救助的对象,主要包括孤老病残人员和特殊人员。城市社会救助的方式,主要包括定期救助和临时救助两种。孤老病残人员,是指无生活来源、无劳动能力并且无法维持基本生活,需要国家和集体给予定期救助的居民家庭。同时,国家和集体还对一些特殊人员进行定期救助。

中共十一届三中全会以后,中国的社会主义现代化建设事业进入新的发展时期,城市老年人社会救助工作也得到快速恢复。在1979年11月召开的全国城市社会救济福利工作会议上,民政部明确规定,城市社会救助的对象主要是无依无靠、无生活来源的孤老残幼和无固定职业、无固定收入且生活有困难的居民。20世纪80年代初,民政部门开始根据各地的经济发展和物价情况,不断适时调整城市社会定期救助的标准。但是,这一时期城市老年社会救助的经费投入缺乏必要的制度保障,救助对象、标准和程序仍然有待进一步的明确和完善。

经过多年的实践探索,城市老年人最低生活保障制度成为中国城市老年人社会救助制度的重要创新,体现了政府承担切实保障老年人安度晚年的服务职能,为中国探索建立新型的老年社会救助制度奠定了坚实的基础。1993年6月,上海市民政局和财政局等部门联合下发《关于本市城镇居民最低生活保障线的通知》,开始首次实践城市老年人最低生活保障制度。1994年5月,第十次全国民政工作会议明确表示,要把对城市社会救济对象逐步实行按当地最低生活保障线标准进行救济,列入民政工作今后五年乃至20世纪末的发展目标。1997年9月,国务院下发《关于在全国建立城市居民最低生活保障制度的通知》,明确规定了城市老年人最低生活保障制度的救助对象、原则、标准、资金来源和申请程序等具体问题。1999年10月,国务院正式施行《城市居民最低生活保障条例》,标志着中国城市老年人最低生活保障制度进入法制化轨道。2001年11月,国务院办公厅下发《关于进一步加强城市居民最低生活保障工作的通知》,明确要求尽快使符合条件的城市贫困人口都能享受最低生活保障,从保障对象、标准调整、申请和审核程序及资金管理等方面,大力推进并规范落实城市老年人最低生活保障工作。2004年4月,民政部下发《关于进一步加强和规范城市居民最低生活保障工作的通知》,要求切实帮助城市的老弱贫病特殊人群解决实际困难。

根据《城市居民最低生活保障条例》,具体分析如下:

1. 资金来源

城市居民最低生活保障的资金,由地方人民政府列入财政预算,纳入社会救济专项资金支出项目,专项管理,专款专用。国家鼓励社会组织和个人为城市居民最低生活保障提供捐赠、资助,所提供的捐赠、资助全部纳入当地城市居民最低生活保障资金。

2. 具体标准

城市居民最低生活保障的标准,又称为"城市居民最低生活保障线",是国家为救济社会成员中收入难以维持其基本生活需求的人口而制定的一种社会救济标准,是城市居民最低生活保障制度中最基本的内容。

城市居民最低生活保障标准,具有以下几个特点:一是科学性。保障标准是由政府有关部门按照一定程序,经过广泛调查研究和严密方法测定的,具有一定的科学性。二是统一性。由于一个行政区域(市、县或区)只有一个保障标准,它适用于本区域内的全体居民,无论其就业与否、身份背景如何,在这个保障标准面前都一视同仁。三是权威性。最低生活保障标准是由政府组织制定和调整,并通过文件或法令形式向社会公布的一项政策规定,具有法规的效力和权威性。城市居民最低生活保障的标准,按照当地维持城市居民基本生活所必需的衣、食、住费用,并适当考虑水电燃煤(燃气)费用以及未成年人的义务教育费用确定。制定标准的参考依据主要包括:(1)维持居民的最低生活需求所需要的物品的种类和数量;(2)生活必需品所需要的费用;(3)市场综合物价指数,尤其是生活必需品的价格指数;(4)居民的平均实际收入和消费水平;(5)经济发展状况和财政收入状况;(6)其他社会保障标准。

3. 标准的制定、批准、公布和调整程序

直辖市、设区的市的城市居民最低生活保障标准,由市人民政府民政部门会同财政、统计、物价等部门制定,报本级人民政府批准并公布执行;县(县级市)的城市居民最低生活保障标准,由县(县级市)人民政府民政部门会同财政、统计、物价等部门制定,报本级人民政府批准并报上一级人民政府备案后公布执行。城市居民最低生活保障标准需要提高时,依照前述规定重新核定。

4. 待遇

县级人民政府民政部门经审查,对符合条件的家庭,应当区分下列不同情况批准其享受城市居民最低生活保障待遇:(1)对无生活来源、无劳动能力又无法定赡养人、扶养人或者抚养人的城市居民,批准其按照当地城市居民最低生活保障标准全额享受。(2)对尚有一定收入的城市居民,批准其按照家庭人均收入低于当地城市居民最低生活保障标准的差额享受。

5. 申请、调查和审核程序

由户主向户籍所在地的街道办事处或者镇人民政府提出书面申请,并出具有关证明材料,填写城市居民最低生活保障待遇审批表。

申请人所在地的街道办事处或者镇人民政府进行初审,并将有关材料和初审意见报送县级人民政府民政部门审批。居委会受街道办事处或镇人民政府的委托,在接到城市居民最低生活保障待遇申请书后,首先要查看申请人填写的表格内容是否清楚,有关的材料是否齐全,是否具备申请保障金的资格等。居委会还要根据申请人所填写的内容及有关情况进行初步审查,可以通过入户调查、邻里访问以及信函索证等方式对申请人的家庭经济状况和实际生活水平进行调查核实。申请人及有关单位、组织或者个人应当接受调查,如实提供有关情况。居委会对认为符合享受城市居民最低生活保障的,在申请人的申请表上签署意见,并将申请表和有关证明材料上报街道办事处或镇人民政府再作进一步的调查和审核;对不符合享受城市居民最低生活保障的,应给予耐心的解释,并建议申请人退回申请。

6. 异议申诉程序

申请人如不同意居委会意见,可以直接向街道办事处或镇人民政府提出申请。街道办事处和镇人民政府按规定严格核实申请享受最低生活保障家庭的收入情况和困难程度,并取得有关证明材料后,签署审核意见,对符合条件的报送所在县(市、区)民政局审批;对不符合条件的,退回其申请并说明理由。街道办事处或镇人民政府一般应在收到申请之日起二十天内,签署审核意见。

7. 变更手续

为了使真正困难的群众得到最低生活保障,城市居民最低生活保障制度实行动态管理。县(区、市)民政局、街道办事处、镇政府或居委会要定期对领取保障金家庭的收入变动情况和实际生活水平进行调查和审核。

贫困家庭领取最低生活保障金额是根据保障标准与家庭收入发生变化时,其享受的最低生活保障金而进行相应调整。因此,领取保障金的困难居民,当家庭成员、收入等情况发生变化时,应主动到申领机关办理调整或停发城镇居民最低生活保障金手续。领取保障金的家庭应当如实反映其收入的变化,接受街道办事处、镇政府或居委会的核查。停发对象须填写城镇居民最低生活保障金停发表,通过居委会交户口所在地街道办事处或镇人民政府,并退回领取证;需要调整保障金额的保障对象应重新填写申请表,再次申报审批。

保障对象的户籍因迁移或行政区域变更发生变动的,应及时到迁出和迁入地申领机关办理最低生活保障的有关变更手续。所谓变更手续,即原保障对象到新址后不需要重新办理申请报批等烦琐手续而通过变更即可。一般转移范围在本县(市、区)范围的,由街道办事处或镇人民政府办理转移手续,并报县(市、区)民政局备案,跨区、县的,由区、县民政局办理转移手续。同时,保障对象还要凭迁出地的证明到迁入地办理有关手续。

经过十几年的快速发展和逐渐完善,截至2015年底,全国有城市低保对象957.4万户、1701.1万人。全年各级财政共支出城市低保资金719.3亿元。2015年全国城市低保平均标准451.1元/人·月,比上年增长9.5%;全国城市低保月人均补助水平316.6元,比上年增长10.9%。① 从数据分析可知,中国城市老年人最低生活保障制度取得了重大进步和成就,为解决城市老弱贫病人群的实际困难、保障城市老年人维持其基本的生活需求、完善城市老年人生活社会救助制度提供了重要的支持和经验借鉴。

(二)农村

农村的老年人社会救助制度,包括五保制度和最低生活保障制度。

1. 五保制度

1956年6月,第一届全国人大第三次会议通过的《高级农村生产合作社示范章程》规定:"农业生产合作社对于缺乏劳动力或者完全丧失劳动力、生活没有依靠的老、弱、孤、寡、残疾的社员,在生产和生活上给以适当的安排和照顾,保证他们的吃、穿和柴火的供应,保证年幼的受到教育和年老的死后安葬,使他们生养死葬都有依靠。"因此,对缺乏劳动能力且无依无靠的农村孤寡老人、残疾人和孤儿,由集体实行保吃、保穿、保烧(燃料)、保教(教育)和保葬五个方面,即五保供养制度,其中享受五保待遇的农户被称为"五保户"。五保制度随即在各地普遍建立起来,成为农村老年人社会救助的一项重要制度,对保障农村老弱贫病人员的基本生活发挥了重要作用。

改革开放以来,中国特别是农村地区的贫困问题引起国内外的普遍关注。为了适应十一届三中全会以后农村实施的家庭联产承包责任制,政府相关部门及时探索和改革农村的老年人社会救济制度。第一,以乡镇为单位对五保供养

---

① 参见《2015年社会服务发展统计公报》,http://www.mca.gov.cn/article/sj/tjgb/201607/20160700001136.shtml,2017年1月15日访问。

经费进行统筹,并大力发展农村敬老院、实行集体供养,政府给予一定补助;第二,加大对农村老年人社会救济的资金投入,特别是加强对五保对象的救济工作。

1994年1月,国务院颁布了《农村五保供养工作条例》,这是中国第一个保障农村"五保户"基本生活水平的法规,标志着中国农村五保供养工作进入法制化阶段。2006年3月,国务院颁布了新修订的《农村五保供养工作条例》。该条例明确规定了农村五保供养待遇的申请和审核程序,以及农村五保疾病治疗供养制度必须与农村合作医疗和医疗救助的相互衔接配合;根据当地平均生活水平的提高适时调整供养标准,建立起供养标准的自然增长机制,为五保供养对象共享国家改革发展成果提供了制度保障;将五保供养经费纳入公共财政保障范围,明确五保供养资金由地方人民政府安排财政预算,并由中央财政对经济困难地区给予补助;还注重要求发挥农村集体组织保障和土地保障的辅助作用,可以从农村集体组织经营收入和家庭土地承包收入中安排资金,用于补助和改善农村五保供养对象的基本生活;同时,还规定了机构集中供养和在家分散供养的多种供养主体和供养方式。这意味着中国农村的五保供养制度,由过去村镇统筹的村民互助自养体制转变为由政府公共财政负担的财政供养体制,由集体内部互助为主转变为政府提供救助为主。

根据《农村五保供养工作条例》,具体分析如下:

(1) 概念和对象

农村五保供养,是指在吃、穿、住、医、葬方面给予村民的生活照顾和物质帮助。五保供养对象,是指农村中无劳动能力、无生活来源又无法定赡养、抚养、扶养义务人的老年人、残疾人或者未满16周岁的村民,或者其法定赡养、抚养、扶养义务人无赡养、抚养、扶养能力的老年人、残疾人或者未满16周岁的村民。

(2) 内容

农村五保供养的内容,是指为其供给粮油、副食品和生活用燃料,供给服装、被褥等生活用品和零用钱,提供符合基本居住条件的住房,提供疾病治疗,对生活不能自理的给予照料,妥善办理丧葬事宜,对五保供养对象中的未成年人还应保障他们依法接受义务教育所需的费用。

(3) 资金来源

农村五保供养的资金,主要来源于地方财政预算、农村集体经营收入、中央财政补助和供养机构的农副业生产。

农村五保供养资金,在地方人民政府财政预算中安排。有农村集体经营等收入的地方,可以从农村集体经营等收入中安排资金,用于补助和改善农村五保供养对象的生活。农村五保供养对象将承包土地交由他人代耕的,其收益归该农村五保供养对象所有。具体办法由省、自治区、直辖市人民政府规定。中央财政对财政困难地区的农村五保供养,在资金上给予适当补助。农村五保供养服务机构可以开展以改善农村五保供养对象生活条件为目的的农副业生产,补贴五保供养费用。

(4) 标准的制定和调整程序

农村五保供养标准,可以由省、自治区、直辖市人民政府制定,在本行政区域内公布执行,也可以由设区的市级或者县级人民政府制定,报所在的省、自治区、直辖市人民政府备案后公布执行。农村五保供养标准不得低于当地村民的平均生活水平,并根据当地村民平均生活水平的提高适时调整。

(5) 申请和审核程序

享受农村五保供养待遇,由村民本人向村民委员会提出申请。因年幼或者智力残疾无法表达意愿的,由村民小组或者其他村民代为提出申请。

经村民委员会民主评议后在本村范围内公告,无重大异议的,由村民委员会将评议意见和有关材料报送乡、民族乡、镇人民政府审核。乡、民族乡、镇人民政府应当自收到评议意见之日起 20 日内提出审核意见,并将审核意见和有关材料报送县级人民政府民政部门审批。县级人民政府民政部门应当自收到审核意见和有关材料之日起 20 日内作出审批决定。对批准给予农村五保供养待遇的,发给农村五保供养证书;对不符合条件不予批准的,应当书面说明理由。乡、民族乡、镇人民政府应当对申请人的家庭状况和经济条件进行调查核实,必要时,县级人民政府民政部门可以进行复核。申请人、有关组织或者个人应当配合、接受调查,如实提供有关情况。

(6) 供养方式和机构

农村五保供养的方式,包括集中供养和分散供养两种方式。农村五保供养对象可以在当地的农村五保供养服务机构集中供养,也可以在家分散供养。农村五保供养对象可以自行选择供养形式。集中供养的农村五保供养对象,由农村五保供养服务机构提供供养服务;分散供养的农村五保供养对象,可以由村民委员会提供照料,也可以由农村五保供养服务机构提供有关供养服务。

自《农村五保供养工作条例》修订以来,农村的五保供养水平不断提升。截至2015年底,全国农村供养五保特困人员516.7万人,比上年下降2.3%。全年各级财政共支出农村五保特困人员供养资金210.0亿元,比上年增长10.6%。其中,集中供养162.3万人,年平均供养标准为6025.7元/人,比上年增长12.2%;分散供养354.4万人,年平均供养标准为4490.1元/人,比上年增长12.1%。①《农村五保供养工作条例》的修订施行,为开展农村五保供养工作提供了新的法律依据和指导方向,对完善农村老年人社会救助制度、切实保障农村老年人的基本生活,具有非常重要的积极影响和价值。

2. 最低生活保障制度

随着社会经济的高速发展,城乡收入和贫富差距越来越大,严重影响了农村社会的和谐与稳定。因此,在原有的农村五保制度之外,中国政府开始探索建立农村老年人最低生活保障制度。农村老年人最低生活保障制度,是指为保障农村老年人的基本生活水平,根据当地经济水平和实际情况,科学合理地确定最低生活保障标准,对低于该生活标准的老年人给予差额补贴的社会救助制度。在制度探索的初期,政府对农村的孤老病残人员采取定期救济和临时救济相结合的办法,长期困难的实行定期救济,暂时困难的实行临时救济。定期救济制度,成为中国农村老年人最低生活保障制度的基础。

1994年,国务院召开的第十次全国民政会议提出,"到20世纪末,在农村初步建立起与经济发展水平相适应的层次不同、标准有别的社会保障制度"。1995年,中国出台了第一个有关农村老年人最低生活保障制度的施行办法,即《武鸣县农村最低生活保障线救济暂行办法》。该办法规定,保障对象为具有该县农村户口的孤老、孤残、孤幼或因病、因灾等特殊情况造成家庭收入达不到最低生活保障线标准的村民,保障标准为每人每月40元,五保对象为65元。② 从分析来看,该办法已经包含了农村老年最低生活保障的对象、标准、程序和资金来源与管理等内容要点。

1996年1月,全国民政工作会议首次明确提出要改革农村老年人社会救助制度,积极探索建立农村老年人最低生活保障制度,并确定山东烟台市、河北平泉市、四川彭州市和甘肃永昌县为经济发达、中等发达和欠发达三种不同类型的农村社会保障体系建设试点县市。1996年12月,民政部印发了《关于加快农

---

① 参见《2015年社会服务发展统计公报》,http://www.mca.gov.cn/article/sj/tjgb/201607/20160700001136.shtml,2017年1月15日访问。

② 参见多吉才让:《中国最低生活保障制度研究与实践》,人民出版社2001年版,第228页。

村社会保障体系建设的意见》，把建立农村老年人最低生活保障制度作为农村社会保障体系建设的重点，在全国进行试点工作，要求"即使标准低一些，也要把这项制度建立起来"。

2007年7月，国务院下发《关于在全国建立农村最低生活保障制度的通知》，标志着农村老年最低生活保障制度的正式建立，对农村低保的目标、救助对象、保障标准和资金落实等内容作出了明确规定，要求在年内全面建立农村低保制度并保证低保金按时足额发放到户。

根据《关于在全国建立农村最低生活保障制度的通知》，具体分析如下：

(1) 目标

建立农村最低生活保障制度的目标，是通过在全国范围建立农村最低生活保障制度，将符合条件的农村贫困人口全部纳入保障范围，稳定、持久、有效地解决全国农村贫困人口的温饱问题。

(2) 对象

农村最低生活保障的对象，是家庭年人均纯收入低于当地最低生活保障标准的农村居民，主要是因病残、年老体弱、丧失劳动能力以及生存条件恶劣等原因造成生活常年困难的农村居民。

(3) 资金来源

农村最低生活保障制度的资金来源于地方财政和中央困难补贴，以地方筹集为主，由地方各级人民政府根据保障对象人数等提出资金需求，经同级财政部门审核后列入预算，中央财政对困难地区给予适当补助，并实行地方人民政府负责制，进行属地管理。

(4) 标准的制定和调整程序

农村最低生活保障的标准，由县级以上地方人民政府按照能够维持当地农村居民全年基本生活所必需的吃饭、穿衣、用水、用电等费用确定，并报上一级地方人民政府备案后公布执行，并且要随着当地生活必需品价格变化和人民生活水平提高适时进行调整。各地政府确定农村最低生活保障的标准，主要从以下几方面考虑：一是维持当地农村居民基本生活所必需的吃饭、穿衣、用水、用电等费用；二是当地经济发展水平和财力状况；三是当地物价水平。目前，除了少数东部发达地区，一般地方都参照国家每年公布的贫困标准来制定。

(5) 申请、调查审核和动态管理程序

各地在实施农村最低生活保障制度的过程中，普遍对最低生活保障对象的申请、审批程序作了具体规定,并遵循公开、公正、透明的原则。申请农村最低生活保障的基本程序是,由户主向乡(镇)政府或者村民委员会提出申请;村民委员会开展调查、组织民主评议提出初步意见,经乡(镇)政府审核,由县级政府民政部门审批。

乡(镇)政府和县级政府民政部门对申请人的家庭经济状况进行核查,了解其家庭收入、财产、劳动力状况和实际生活水平,结合村民民主评议意见,提出审核、审批意见。在申请和接受审核的过程中,要求申请人如实提供关于本人及家庭的收入情况等信息,并积极配合有关的审核审批部门按规定进行的调查或评议,有关部门也应及时反馈审核审批结果,对不予批准的应当说明原因。对没有异议的,要按程序及时落实申请人的最低生活保障待遇;对有异议的,要进行调查核实,认真处理。

乡(镇)人民政府和县级人民政府民政部门应采取多种形式,定期或不定期调查了解农村困难群众的生活状况,及时将符合条件的困难群众纳入保障范围。同时,根据其家庭经济状况的变化,及时按程序办理停发、减发或增发最低生活保障金的手续。

(6)保障对象收入的计算方式

核定最低生活保障申请人家庭的收入等情况,是审核审批最低生活保障对象的一个重要程序。目前各地根据本地实际,对于核定最低生活保障申请人的收入等情况采取了因地制宜的方法,主要可以分为两种类型:一类是个别的东部经济发达地区,由于已经实现了城乡最低生活保障一体化运行,城市化水平高,工作基础较好,可以做到在较准确地核定最低生活保障申请人家庭收入的基础上,原则上按照申请人家庭年人均纯收入与保障标准的差额发放最低生活保障金;另一类是在广大的中西部,基于农村居民收入渠道比较多,生产经营活动形式多样,家庭收入难以准确核算,但困难家庭的情况左邻右舍都清楚等实际情况,通常是在初步核查申请人家庭收入的基础上,更多地依靠民主评议等办法来确定最低生活保障对象,并采取按照最低生活保障对象家庭的困难程度和类别,分档发放最低生活保障金,这样做比较适合农村的特点,同时也较为简便易行。

经过改革开放以来的快速发展,中国的经济实力明显增强,农村最低生活保障投入持续增加。截至 2015 年底,全国有农村最低生活保障对象 2846.2 万户、4903.6 万人。全年各级财政共支出农村最低生活保障资金 931.5 亿元。

2015年全国农村最低生活保障平均标准3177.6元/人·年,比上年增长14.4%;全国农村最低生活保障年人均补助水平1766.5元,比上年增长13.8%。① 因此,在农村特困群众定期生活救助制度的基础上,农村最低生活保障制度的建立,是经济发展的必然要求和社会进步的重要标志,也是农村老年人避免受到风险侵害、切实保障其安度晚年的重要举措。

(三)最新发展

2012年9月,国务院出台了《关于进一步加强和改进最低生活保障工作的意见》,分别从完善最低生活保障对象认定条件、规范最低生活保障审核审批程序、建立救助申请家庭经济状况核对机制、加强最低生活保障对象动态管理、健全最低生活保障工作监管机制、建立健全投诉举报核查制度、加强最低生活保障与其他社会救助制度的有效衔接七个方面,对规范和改进城乡最低生活保障制度进行了明确规定。2013年12月,财政部和民政部联合印发了《城乡医疗救助基金管理办法》,将城市和农村医疗救助基金整合为统一的城乡医疗救助基金,纳入社会保障基金财政专户,实行分账核算,专项管理,专款专用。建立城乡医疗救助基金专账,用于办理基金的筹集、核拨、支付等业务,积极推进重特大疾病医疗救助试点。2014年5月,国务院颁布《社会救助暂行办法》,分别对特困人员供养、受灾人员救助、医疗救助、教育救助、住房救助、就业救助和临时救助等方面进行了统一规范,进一步加强了最低生活保障制度的城乡统筹。2014年10月,国务院印发了《关于全面建立临时救助制度的通知》,从对象范围、申请受理、审核审批、救助方式和救助标准等方面作了具体规定,为遭遇突发性、紧迫性、临时性基本生活困难的群众提供应急性、过渡性的救助。

综上所述,分析中国现代老年社会救助制度的发展过程和最新成果可知,中国政府在不断突破原有的城乡二元体制,大力推动城乡老年人社会救助制度的统筹规范和共同发展。同时,老年人社会救助制度的保障对象、救助内容和范围在不断扩大和完善,将为加强中国老年人社会救助、保障老年人的基本生活、促进社会公平正义及维护社会和谐稳定,产生非常重要的积极作用。

---

① 参见《2015年社会服务发展统计公报》,http://www.mca.gov.cn/article/sj/tjgb/201607/20160700001136.shtml,2017年1月15日访问。

第三节 中国老年人社会保险制度

一、基本概念

老年人社会保险制度作为老年人社会保障制度的主体与核心,包括养老保险和医疗保险两方面。老年人社会保险制度的完善程度,反映着一个国家老年人社会保障的发展水平。

(一) 养老保险制度

社会养老保险,是指国家和社会根据法定的标准和方式,对达到一定年龄的老年人或者退休的劳动者,由社会保险机构或其他指定机构给付养老金的保险制度。社会养老保险制度的目标在于保障老年人的基本生活,使老年人实现"老有所养",是老年社会保障制度的中等层次。经过多年的探索,中国的社会养老保险制度已形成了城乡有别、机关企事业单位不同的模式,主要包括城市社会养老保险和农村社会养老保险两部分内容。

社会养老保险制度不同于商业保险,主要具有以下三个特点:

第一,法定性和非营利性。社会养老保险制度是国家立法强制实施的重要社会保障制度,确保老年人的基本生活,不以营利为目的。

第二,权利义务的非对应性。社会养老保险制度的法定性和非营利性,决定了社会成员享有社会保险待遇的权利,与其个人缴纳保险费的多少并非严格的对应关系。

第三,保障水平的基本性。社会养老保险的保障程度,需要考虑社会平均消费水平、物价上涨水平和国家财政负担水平,以保障老年人的基本生活水平为出发点。

(二) 医疗保险制度

医疗保险,是指国家和社会根据法律和政策的规定,向老年人提供患病时的基本医疗费用资助的保障制度。老年人社会医疗保险制度是中国老年人社会保障制度体系的重要内容,亦属于中等层次,主要包括城市老年人医疗保险和农村老年人医疗保险两部分内容。

作为老年人社会保险制度组成部分的养老保险和医疗保险,与中国老年人社会保障体系紧密联系。老年人社会保险制度覆盖范围越广,保障水平越高,越能保证老年社会保障制度的可持续良好运行。

二、养老保险制度

(一) 城镇养老保险制度

1. 城镇养老保险制度的建立和发展

新中国成立之初,政务院(现国务院,下文不再说明)于1952年颁布《劳动保险条例》,对城镇国营企业职工养老保险制度作出了具体规定。1955年,国务院发布《关于国家机关工作人员退休处理暂行办法》,明确规定了机关和事业单位工作人员的养老保险制度。1969年,城镇企业养老保险所需的费用,停止由工会组织负责管理和筹集,改为企业自行负担,由营业外项目支出,社会养老保险转变为企业养老。

1978年,国务院颁布《国务院关于安置老弱病残干部的暂行办法》和《国务院关于工人退休、退职的暂行办法》,对城镇国有企业和机关事业单位的养老保险制度进行了统一规定,为解决城镇养老问题发挥了重要的积极作用,但没有恢复原来的城镇养老保险基金统筹制度。改革开放以来,城镇养老保险制度无法适应企业大力改革和快速发展的需要。养老保险费用由企业自行负担,企业职工养老负担沉重,在激烈的市场竞争中处于明显不利地位。养老保险制度仅适用于国有企业(城镇县级以上集体企业参照执行),非国有企业职工不在城镇养老保险范围之内。因此,从1984年起,各地开始逐步对城镇企业职工养老保险制度进行改革,探索企业养老保险费用社会统筹。

1991年,国务院颁布《关于企业职工养老保险制度改革的决定》,确定了城镇企业养老保险费用实行社会统筹,费用由国家、企业和职工个人三方按照一定比例分别负担,并提出建立基本养老保险、补充养老保险和个人储蓄性养老保险相结合的多层次企业养老保险体系。1995年,国务院发布《关于深化企业职工养老保险制度改革的通知》,明确规定社会统筹和个人账户相结合是中国城镇企业职工基本养老保险制度改革的方向,并允许各地结合自身实际情况进行试点运行。1997年,国务院发布《关于建立统一的企业职工基本养老保险制度的决定》,要求1998年底前在全国范围内实行统一的养老保险制度,统一规范企业和职工个人的缴费比例、统一个人账户的计入比例、统一养老金的计算和发放办法,建立企业养老金正常调整机制,以使企业离退休职工真正共享经济社会的发展改革成果。统一的城镇企业职工基本养老保险制度的正式确立,标志着中国新型养老保险制度基本形成,是构建全面综合的老年人社会保障制度取得的重要成果。

2005年12月,国务院发布《关于完善企业职工基本养老保险制度的决定》,标志着中国城镇企业职工基本养老保险制度基本确立。

2. 城镇养老保险制度的具体内容

城镇社会养老保险制度主要包括城镇职工、城镇居民和机关事业单位工作人员三种养老保险模式。

(1) 城镇职工养老保险制度

目前,城镇职工养老保险制度,包括基本养老保险、企业年金(即企业补充养老保险)和个人储蓄型养老保险三个层次。

基本养老保险,是由政府主导并负责管理的城镇企业职工养老保险制度的第一层次和核心部分,保障最大多数国民的基本养老,满足老年人的基本生活需要,是整个社会的稳定器。

根据国务院《关于完善企业职工基本养老保险制度的决定》,城镇职工基本养老保险制度实行社会统筹与个人账户相结合的模式。

① 覆盖范围、缴费比例及账户

基本养老保险的覆盖范围,包括城镇各类企业(包括非公有制企业)职工、个体工商户和灵活就业人员。保险费由用人单位和职工个人共同承担,用人单位缴费比例一般不超过工资总额的20%,职工个人缴费比例为本人缴费工资的8%。城镇个体工商户和灵活就业人员参加基本养老保险的缴费基数为当地上年度在岗职工平均工资,缴费比例为20%,其中8%记入个人账户,退休后按企业职工基本养老金计发办法计发基本养老金。单位缴费全部纳入社会统筹账户,不再纳入个人账户。职工个人缴费全部纳入个人账户,为职工个人所有。

② 养老金的组成和发放

基本养老金由基础养老金和个人账户两部分组成。职工达到法定退休年龄且个人缴费年限累计满15年发给基础养老金,基础养老金月标准以退休时当地上年度在岗职工月平均工资和本人指数化月平均缴费工资的平均值为基数,缴费每满1年发给1%。个人账户养老金月标准为个人账户储存额除以计发月数,计发月数根据职工退休时城镇人口平均预期寿命、本人退休年龄、利息等因素确定。该决定实施后到达退休年龄但缴费年限累计不满15年的人员,不发给基础养老金。个人账户储存额一次性支付给本人,终止基本养老保险关系。

截至2015年末，全国参加城镇职工基本养老保险人数为35361万人，比上年末增加1237万人。其中，参保职工26219万人，参保离退休人员9142万人，分别比上年末增加688万人和549万人。①

企业年金，是一种以政府政策为导向、以企业和职工参与为主、由商业保险机构运营的养老计划，属于城镇企业职工养老保险制度的第二层次。这种模式是在自愿参加的原则下，由企业退休金计划提供养老金，其实质是以延期支付方式存在的职工劳动报酬的一部分或者是职工分享企业利润的一部分。对企业来说，作为对职工的一项福利，企业年金可以增强企业薪酬方案对优秀人才的吸引力。对企业职工来说，企业年金账户可在规定限额内进行税前扣除，并和企业同时享受延迟纳税的优惠待遇。因此，企业年金制度，对于完善中国城镇企业职工社会养老制度、建立适应市场机制的老年人社会保障体系具有重要意义。截至2015年末，全国有7.55万户企业建立了企业年金，比上年增长3.0%。参加职工人数为2316万人，比上年增长1.0%。②

个人储蓄性养老保险，是城镇企业职工多层次养老保险体系的组成部分，是由职工自愿参加、自愿选择经办机构的一种补充保险形式。由社会保险机构经办的企业职工个人储蓄性养老保险，由社会保险主管部门制定具体办法，职工个人根据自己的工资收入情况，按规定缴纳个人储蓄性养老保险费，记入当地社会保险机构在有关银行开设的养老保险个人账户，并应按不低于或高于同期城乡居民储蓄存款利率计息，以提倡和鼓励职工个人参加储蓄性养老保险，所得利息记入个人账户，本息一并归职工个人所有。职工达到法定退休年龄经批准退休后，凭个人账户将储蓄性养老保险金一次总付或分次支付给本人。职工跨地区流动，个人账户的储蓄性养老保险金应随之转移。职工未到退休年龄而死亡，记入个人账户的储蓄性养老保险金应由其指定的人或法定继承人继承。实行职工个人储蓄性养老保险，目的在于多渠道筹集养老保险基金，减轻国家和企业的负担，对于企业职工规避老年风险、提高其生活水平具有重要的保障价值。

---

① 参见《2015年度人力资源和社会保障事业发展统计公报》，http://www.mohrss.gov.cn/SYrlzyhshbzb/dongtaixinwen/buneiyaowen/201605/t20160530_240967.html，2017年1月17日访问。

② 同上。

(2) 城镇居民养老保险制度

城镇居民养老保险,是覆盖城镇户籍非从业人员的养老保险制度。2011年6月,国务院发布《关于开展城镇居民社会养老保险试点的指导意见》,实行社会统筹和个人账户相结合的模式,与家庭养老、社会救助、社会福利等其他社会保障政策相配套,保障城镇居民老年人的基本生活。

① 覆盖范围

年满16周岁(不含在校学生)、不符合职工基本养老保险参保条件的城镇非从业居民,可以在户籍地自愿参加城镇居民养老保险。

② 资金来源

城镇居民养老保险的资金,主要由个人缴费和政府补贴构成。

1) 个人缴费。参加城镇居民养老保险的城镇居民应当按规定缴纳养老保险费。缴费标准目前设为每年100元到1000元10个档次,地方人民政府可以根据实际情况增设缴费档次。参保人自主选择档次缴费,多缴多得。国家依据经济发展和城镇居民人均可支配收入增长等情况,适时调整缴费档次。

2) 政府补贴。政府对符合待遇领取条件的参保人,全额支付城镇居民养老保险基础养老金。其中,中央财政对中西部地区按中央确定的基础养老金标准给予全额补助,对东部地区给予50%的补助。地方人民政府应对参保人员缴费给予补贴,补贴标准不低于每人每年30元;对选择较高档次标准缴费的,可给予适当鼓励,具体标准和办法由省(区、市)人民政府确定。对城镇重度残疾人等缴费困难群体,地方人民政府为其代缴部分或全部最低标准的养老保险费。

③ 专门账户

国家为每个参加城镇居民养老保险的人员建立终身记录的养老保险个人账户。个人缴费、地方人民政府对参保人的缴费补贴及其他来源的缴费资助,全部记入个人账户。个人账户储存额目前每年参考中国人民银行公布的金融机构人民币一年期存款利率计息。

④ 待遇的确定和调整

养老金待遇由基础养老金和个人账户养老金构成,支付终身。中央确定的基础养老金标准为每人每月55元。地方人民政府可以根据实际情况提高基础养老金标准,对于长期缴费的城镇居民,可适当加发基础养老金,提高和加发部分的资金由地方人民政府支出。个人账户养老金的月计发标准为个人账户储存额除以139(与现行职工基本养老保险及新农保个人账户养老金计发系数相同)。参保人员死亡,个人账户中的资金余额,除政府补贴外,可以依法继承。政府补贴余额用于继续支付其他参保人的养老金。国家根据经济发展和物价变动等情况,适时调整全国城镇居民养老保险基础养老金的最低标准。

⑤ 领取条件

参加城镇居民养老保险的城镇居民年满60周岁,可按月领取养老金。城镇居民养老保险制度实施时,已年满60周岁、未享受职工基本养老保险待遇以及国家规定的其他养老待遇的,不用缴费,可按月领取基础养老金。距领取年龄不足15年的,应按年缴费,也允许补缴,累计缴费不超过15年;距领取年龄超过15年的,应按年缴费,累计缴费不少于15年。

(3) 机关事业单位工作人员养老保险制度

1955年,国务院发布《关于国家机关工作人员退休处理暂行办法》,明确规定了机关事业单位工作人员的社会养老保险制度。后来,机关事业单位养老保险制度经过多次调整,但基本制度特征没有根本性变化。除了具有经营性质的事业单位实行企业职工基本养老保险制度之外,国家机关和大部分事业单位仍然沿袭不变。

① 资金来源

机关事业单位养老保险制度采取现收现付,资金全部来源于政府财政拨款,根据实际支出从财政列支,个人不需要缴纳养老保险费。这一特征,使得机关事业单位养老保险制度明显区别于城镇职工社会养老保险制度。

② 待遇和计发方式

机关事业单位工作人员养老金的月标准,以退休前个人最后一个月的工资为依据,基础工资和工龄工资全额发给,职务工资和级别工资根据工作年限按照一定比例发给。机关事业单位工作人员的养老金调整与在职人员工资同步,调整幅度一般与在职人员相当。

总体来说,机关事业单位工作人员的养老金水平普遍高于企业职工和城镇居民。机关事业单位养老保险制度采取的单位行政管理体制,也明显不同于企业职工养老保险制度的社会化管理体制。

值得注意的是,2015年1月,国务院发布《国务院关于机关事业单位工作人员养老保险制度改革的决定》,探索改革现行机关事业单位工作人员退休保障制度,逐步建立独立于机关事业单位、资金来源多渠道、保障方式多层次、管理服务社会化的养老保险体系。2015年3月,《人力资源社会保障部 财政部关于贯彻落实〈国务院关于机关事业单位工作人员养老保险制度改革的决定〉的通知》对机关事业单位养老保险制度的覆盖范围、单位和个人缴费基数与比例、个人账户记账利率、养老金计发方式等问题作出了具体规定，主要参考借鉴了城镇职工基本养老保险制度，大力推动机关事业单位工作人员养老保险的社会化改革，反映出中国政府建立统一适用于国家机关事业单位的工作人员和企业职工的城镇职工养老保险制度的重要尝试和探索。

（二）农村养老保险制度

随着农村城镇化、农业现代化的快速发展，以及土地保障功能的弱化和人口老龄化速度的加快，探索建立农村老年人社会保险制度，对于切实保障农村老年人安享晚年具有重要意义。

1992年1月，民政部发布《县级农村社会养老保险基本方案（试行）》，开始进行农村养老保险制度改革。该方案实行政府组织引导和农民自愿参加相结合的模式，覆盖范围包括具有农村户口的全部人员（包括乡镇企业职工），资金来源以个人缴费为主、集体补贴为辅。个人缴费部分和集体补助全部纳入个人账户，个人账户资金所有权属于参保人，账户积累的本金、利息和投资收益全部用于本人养老。1999年底，全国共有31个省、自治区和直辖市的76%的乡镇开展农村社会养老保险工作，参保人口8000万。2009年9月，国务院下发《关于开展新型农村社会养老保险试点的指导意见》，探索建立个人缴费、集体补助和政府补贴相结合，社会统筹和个人账户相结合，与家庭养老和土地保障等其他社会保障措施相配套的新型农村社会养老保险（即"新农保"）制度。

根据《关于开展新型农村社会养老保险试点的指导意见》，具体分析如下：

1. 覆盖范围

年满16周岁（不含在校学生）、未参加城镇职工基本养老保险的农村居民，可以在户籍地自愿参加新农保。

2. 资金来源

新农保基金由个人缴费、集体补助和政府补贴构成。

（1）个人缴费。参加新农保的农村居民应当按规定缴纳养老保险费。缴费标准目前设为每年100元到500元5个档次，地方可以根据实际情况增设缴费档次。参保人自主选择档次缴费，多缴多得。国家依农村居民人均纯收入增长等情况适时调整缴费档次。

（2）集体补助。有条件的村集体应当对参保人缴费给予补助，补助标准由村民委员会召开村民会议民主确定。鼓励其他经济组织、社会公益组织、个人为参保人缴费提供资助。

（3）政府补贴。政府对符合领取条件的参保人全额支付新农保基础养老金,其中中央财政对中西部地区按中央确定的基础养老金标准给予全额补助,对东部地区给予50%的补助。地方政府应当对参保人缴费给予补贴,补贴标准不低于每人每年30元;对选择较高档次标准缴费的,可给予适当鼓励,具体标准和办法由省（区、市）人民政府确定。对农村重度残疾人等缴费困难群体,地方政府为其代缴部分或全部最低标准的养老保险费。

3. 专门账户

每个新农保的参保人都有终身记录的养老保险个人账户。个人缴费,集体补助及其他经济组织、社会公益组织、个人对参保人缴费的资助,以及地方政府对参保人的缴费补贴,全部记入个人账户。个人账户储存额目前每年参考中国人民银行公布的金融机构人民币一年期存款利率计息。

4. 待遇的确定和调整

养老金待遇由基础养老金和个人账户养老金组成,支付终身。中央政府确定的基础养老金标准为每人每月55元。地方政府可以根据实际情况提高基础养老金标准,对于长期缴费的农村居民,可适当加发基础养老金,提高和加发部分的资金由地方政府支出。个人账户养老金的月计发标准为个人账户全部储存额除以139（与现行城镇职工基本养老保险个人账户养老金计发系数相同）。参保人死亡,个人账户中的资金余额,除政府补贴外,可以依法继承;政府补贴余额用于继续支付其他参保人的养老金。国家根据经济发展和物价变动等情况,适时调整全国新农保基础养老金的最低标准。

5. 领取条件

年满60周岁、未享受城镇职工基本养老保险待遇的农村有户籍的老年人,可以按月领取养老金。新农保制度实施时,已年满60周岁、未享受城镇职工基本养老保险待遇的,不用缴费,可以按月领取基础养老金,但其符合参保条件的子女应当参保缴费;距领取年龄不足15年的,应按年缴费,也允许补缴,累计缴费不超过15年;距领取年龄超过15年的,应按年缴费,累计缴费不少于15年。

6. 基金管理和监督

建立健全新农保基金财务会计制度,新农保基金纳入社会保障基金财政专户,实行收支两条线管理,单独记账、核算,按有关规定实现保值增值。试点阶段,新农保基金暂实行县级管理,随着试点扩大和推开,逐步提高管理层次;有条件的地方也可直接实行省级管理。各级人力资源社会保障部门切实履行新农保基金的监管职责,制定完善新农保各项业务管理规章制度,规范业务程序,建立健全内控制度和基金稽核制度,对基金的筹集、上解、划拨、发放进行监控和定期检查,并定期披露新农保基金筹集和支付信息,做到公开透明,加强社会监督。财政、监察、审计部门按各自职责实施监督,严禁挤占挪用,确保基金安全。试点地区新农保经办机构和村民委员会每年在行政村范围内对村内参保人缴费和待遇领取资格进行公示,接受群众监督。

7. 与其他相关制度的衔接

原来已开展以个人缴费为主、完全个人账户农村社会养老保险(以下称"老农保")的地区,应在妥善处理老农保基金债权问题的基础上,做好与新农保制度的衔接。在新农保试点地区,凡已参加了老农保、年满60周岁且已领取老农保养老金的参保人,可直接享受新农保基础养老金;对已参加老农保、未满60周岁且没有领取养老金的参保人,应将老农保个人账户资金并入新农保个人账户,按新农保的缴费标准继续缴费,待符合规定条件时享受相应待遇。

关于与城镇职工基本养老保险等其他养老保险制度的衔接办法,2014年2月,人社部和财政部联合下发《城乡养老保险制度衔接暂行办法》,对于办理城镇职工基本养老保险制度与城镇、农村居民基本养老保险两种制度的具体衔接手续作出了明确规定,有利于促进劳动力的合理流动、保障广大城乡参保人员的合法权益,对于健全和完善城乡统筹的社会保障具有重要意义。

三、医疗保险制度

医疗保险制度的建立与发展,对于保障老年人的基本医疗需求、提高老年人的身体健康水平,更好地应对老龄化问题具有重大意义。中国一直高度重视医疗保障制度的建设,新中国成立之初就在城镇建立了与当时计划经济体制相适应的公费、劳保医疗制度,在农村推广合作医疗制度。随着经济社会的快速发展,中国逐步在城镇建立了职工基本医疗保险和居民基本医疗保险制度,在农村建立了新型农村合作医疗制度,形成了多层次的城乡老年医疗保险体系。

(一)城镇医疗保险制度

1. 城镇医疗保险制度的发展过程

(1)国家机关、事业单位公费医疗制度

新中国成立之初,政务院于1952年下发《关于全国各级人民政府、党派、团体及所属事业单位的国家工作人员实行公费医疗预防的指示》,正式建立对包括国家机关、事业单位工作人员、革命残疾军人和大专院校学生等在内的公费医疗制度。公费医疗经费,由中央和地方政府财政预算拨付。各级政府设立公费医疗管理委员会,负责协调医疗服务单位和就医单位,并且审核监督公费医疗经费的使用。享受公费医疗的人员在指定社会医疗机构就诊,符合规定的医疗费用按照一定比例在公费医疗经费中报销。

（2）企业劳保医疗制度

1952年2月,政务院颁布《劳动保险条例》,初步建立城镇企业职工医疗制度。1953年1月,劳动部公布《劳动保险条例实施细则修正草案》,规定了实施《劳动保险条例》的具体细则。企业劳保医疗制度,适用于全民所有制的工厂、铁路、邮电、航运、矿场及基建等产业和部门的职工及其供养的直系亲属,城镇集体所有制企业参照执行。劳保医疗经费在企业成本项目中列支,按照企业职工工资总额一定比例提取,由企业自行筹集和管理。享受劳保医疗的职工在企业自办或指定的社会医疗机构就诊,可以享受近乎免费的医疗待遇,其供养的直系亲属亦可享受半免费医疗待遇。

国家机关、事业单位和企业实行的公费劳保医疗制度,是与当时计划经济体制相适应的城镇职工医疗保险制度,对保障当时的职工身体健康、促进经济发展和社会稳定发挥了重要作用。但是,随着社会主义市场经济体制的确立和国有企业的改革,公费医疗浪费严重、财政负担沉重,单位拖欠职工医疗费,难以保障职工基本医疗需求,加之单位分散管理、效率低下,公费、劳保医疗制度难以继续施行,职工医疗保险制度改革迫在眉睫。

（3）城镇职工基本医疗保险制度

经过多年的城镇医疗制度改革试点,国务院于1998年12月发布《关于建立城镇职工基本医疗保险制度的决定》,明确规定在全国范围内建立统一的覆盖城镇全体职工、社会统筹和个人账户相结合的城镇职工基本医疗保险制度。

城镇职工基本医疗保险制度,是指通过用人单位和个人缴费建立医疗保险基金,参保人员患病就诊发生医疗费用后,医疗保险经办机构给予一定的经济补偿,以避免或减轻劳动者因患病、治疗等所承受经济风险的社会医疗保险制度。

根据《关于建立城镇职工基本医疗保险制度的决定》,城镇职工基本医疗保险制度具体内容分析如下：

① 基本原则

基本医疗保险制度的基本原则是，医疗保险的水平要与社会主义初级阶段生产力发展水平相适应；城镇所有用人单位及其职工都要参加基本医疗保险，实行属地管理；基本医疗保险费由用人单位和职工双方共同负担；基本医疗保险基金实行社会统筹和个人账户相结合。

② 覆盖范围和缴费办法

基本医疗保险制度的覆盖范围为城镇所有用人单位，包括企业（国有企业、集体企业、外商投资企业、私营企业等）、机关、事业单位、社会团体、民办非企业单位及其职工，都要参加基本医疗保险。乡镇企业及其职工、城镇个体经济组织业主及其从业人员是否参加基本医疗保险，由各省、自治区、直辖市人民政府决定。

基本医疗保险费由用人单位和职工共同缴纳。用人单位缴费率应控制在职工工资总额的 6% 左右，职工缴费率一般为本人工资收入的 2%。随着经济发展，用人单位和职工缴费率可作相应调整。

③ 经费统筹

基本医疗保险制度的经费，原则上以地市为统筹单位，也可以县为统筹单位，北京、天津、上海 3 个直辖市原则上在全市范围内实行统筹。所有用人单位及其职工都要按照属地管理原则参加所在统筹地区的基本医疗保险，执行统一政策，实行基本医疗保险基金的统一筹集、使用和管理。铁路、电力、远洋运输等跨地区、生产流动性较大的企业及其职工，可以相对集中的方式异地参加统筹地区的基本医疗保险。

④ 保险基金及其支付

基本医疗保险基金，由统筹基金和个人账户构成。职工个人缴纳本人工资收入的 2% 和单位缴费的 30% 左右计入个人账户，其余单位缴费部分纳入统筹基金。基本医疗保险基金纳入财政专户管理，专款专用，不得挤占挪用。

统筹基金和个人账户要划定各自的支付范围，分别核算，不得互相挤占。统筹基金主要支付住院和门诊大病医疗费用，由社会保险经办机构通过"三条线"进行统筹控制使用，即起付线（起付标准）、共付线（支付比例）和封顶线（支付限额）。起付标准，原则上控制在当地职工年平均工资的 10% 左右。支付限额，原则上控制在当地职工年平均工资的 4 倍左右。在起付标准和支付限额之间的医疗费用，由统筹基金中支付 80% 左右，个人支付 20% 左右。

起付标准以下的医疗费用,从个人账户中支付或由个人自付。起付标准以上、最高支付限额以下超过最高支付限额的医疗费用,可以通过商业医疗保险等途径解决。统筹基金的具体起付标准、最高支付限额以及在起付标准以上和最高支付限额以下医疗费用的个人负担比例,由统筹地区根据以收定支、收支平衡的原则确定。

⑤ 保险基金的管理和监督

社会保险经办机构负责基本医疗保险基金的筹集、管理和支付,并要建立健全预决算制度、财务会计制度和内部审计制度。社会保险经办机构的事业经费不得从基金中提取,由各级财政预算解决。基本医疗保险基金的银行计息办法是:当年筹集的部分,按活期存款利率计息;上年结转的基金本息,按 3 个月期整存整取银行存款利率计息;存入社会保障财政专户的沉淀资金,比照 3 年期零存整取储蓄存款利率计息,并不低于该档次利率水平。个人账户的本金和利息归个人所有,可以结转使用和继承。

各级劳动保障和财政部门对基本医疗保险基金进行监督,审计部门定期对社会保险经办机构的基金收支情况和管理情况进行审计,由统筹地区设立的政府有关部门代表、用人单位代表、医疗机构代表、工会代表和有关专家参加的医疗保险基金监督组织,加强对基本医疗保险基金的社会监督。

⑥ 医疗服务管理

1) 医疗服务项目管理:劳动保障部(已与人事部合并为人力资源和社会保障部)会同卫生部(卫生部的职责、人口计生委的计划生育管理和服务职责已整合组建为国家卫生和计划生育委员会)、财政部等有关部门制定基本医疗服务的范围、标准和医药费用结算办法,制定国家基本医疗保险药品目录、诊疗项目、医疗服务设施标准及相应的管理办法。各省、自治区、直辖市劳动保障行政管理部门根据国家规定,会同有关部门制定本地区相应的实施标准和办法。

2) 就医管理:基本医疗保险,实行定点医疗机构(包括中医医院)和定点药店管理。劳动保障部会同卫生部、财政部等有关部门制定定点医疗机构和定点药店的资格审定办法。社会保险经办机构根据中西医并举,基层、专科和综合医疗机构兼顾,方便职工就医的原则,负责确定定点医疗机构和定点药店,并同定点医疗机构和定点药店签订合同,明确各自的责任、权利和义务。

3) 结算管理:基本医疗保险基金支付的费用,由社会保险经办机构与定点医疗机构直接结算。多数地区按照住院或门诊次数或医疗、药品项目办理结算,还有部分地区实施按病种结算。

经过近二十年的发展,城镇职工基本医疗保险制度已经在全国所有城市普遍建立。在此期间,有关政府部门发布了多项重要的政策文件,推动了城镇职工基本医疗保险制度的良好运行与改革完善。例如,劳动与社会保障部(后改为人力资源与社会保障部)先后下发《城镇职工基本医疗保险用药范围管理暂行办法》《关于印发城镇职工基本医疗保险业务管理规定的通知》《关于加强城镇职工基本医疗保险个人账户管理的通知》《关于城镇灵活就业人员参加基本医疗保险的指导意见》《关于进一步加强基本医疗保险基金管理的指导意见》《关于印发国家基本医疗保险、工伤保险和生育保险药品目录的通知》《关于基本医疗保险异地就医结算服务工作的意见》《关于进一步推进医疗保险付费方式改革的意见》《关于开展基本医疗保险付费总额控制的意见》等。

(4) 城镇居民基本医疗保险制度

像原有城镇机关、事业单位和企业职工适用的公费、劳保医疗制度一样,城镇其他居民原来享有的企业职工家属半免费医疗制度、大学生公费医疗制度和职工子女医疗统筹办法亦不能适应社会主义市场经济体制的发展要求,难以发挥其对城镇非从业居民的基本医疗保障作用。为了实现2020年基本建立覆盖城乡居民的社会保障体系目标,国务院于2007年7月发布《关于开展城镇居民基本医疗保险试点的指导意见》,开始探索建立城镇居民基本医疗保险制度。

城镇居民基本医疗保险制度采取以居民个人(家庭)缴费为主、政府适度补助为辅的筹资方式,按照缴费标准和待遇水平相一致原则,以大病统筹为主,为城镇居民提供医疗需求的医疗保险制度。城镇居民基本医疗保险制度是由政府组织实施的,具有强制性,是社会医疗保险的组成部分。

根据《关于开展城镇居民基本医疗保险试点的指导意见》,城镇居民基本医疗保险制度具体分析如下:

① 参保范围

不属于城镇职工基本医疗保险制度覆盖范围的中小学阶段的学生(包括职业高中、中专、技校学生)、少年、儿童和其他非从业城镇居民都可自愿参加城镇居民基本医疗保险。

② 筹资水平

试点城市应根据当地的经济发展水平,以及成年人和未成年人等不同人群的基本医疗消费需求,并考虑当地居民家庭和财政的负担能力,恰当确定筹资水平,探索建立筹资水平、缴费年限和待遇水平相挂钩的机制。

③ 缴费和补助

城镇居民基本医疗保险以家庭缴费为主,政府给予适当补助。参保居民按规定缴纳基本医疗保险费,享受相应的医疗保险待遇,有条件的用人单位可以对职工家属参保缴费给予补助。国家对个人缴费和单位补助资金制定税收鼓励政策。

财政补助的具体方案由财政部门与劳动保障、民政等部门研究确定,补助经费纳入各级政府的财政预算。

④ 费用支付和使用

城镇居民基本医疗保险基金,重点用于参保居民的住院和门诊大病医疗支出,有条件的地区可以逐步试行门诊医疗费用统筹。

城镇居民基本医疗保险基金的使用,要坚持以收定支、收支平衡、略有结余的原则,通过"三条线"即起付线(起付标准)、共付线(支付比例)和封顶线(支付限额)进行统筹控制使用。探索适合困难城镇非从业居民经济承受能力的医疗服务和费用支付办法,减轻其医疗费用负担。鼓励地方通过补充医疗保险、商业健康保险、医疗救助和社会慈善捐助等方式,解决城镇居民基本医疗保险基金支付范围外的医疗费用。

⑤ 报销范围

城镇居民基本医疗保险的参保人员,在定点医疗机构、定点零售药店发生的下列项目费用纳入城镇居民基本医疗保险基金报销范围:住院治疗的医疗费用;急诊留观并转入住院治疗前7日内的医疗费用;符合城镇居民门诊特殊病种规定的医疗费用;符合规定的其他费用。

⑥ 医疗保险管理和服务

1) 组织管理。对城镇居民基本医疗保险的管理,原则上参照城镇职工基本医疗保险的有关规定执行。探索建立健全由政府机构、参保居民、社会团体、医药服务机构等方面代表参加的医疗保险社会监督组织,加强对城镇居民基本医疗保险管理、服务、运行的监督。建立医疗保险专业技术标准组织和专家咨询组织,完善医疗保险服务管理专业技术标准和业务规范,切实加强医疗保险管理服务机构和队伍建设。建立健全管理制度,完善运行机制,加强医疗保险信息系统建设。

2) 基金管理。将城镇居民基本医疗保险基金纳入社会保障基金财政专户统一管理,单独列账。试点城市按照社会保险基金管理等有关规定,严格执行财务制度,加强对基本医疗保险基金的管理和监督,探索建立健全基金的风险防范和调剂机制,确保基金安全。

3)服务管理。对城镇居民基本医疗保险的医疗服务管理,原则上参照城镇职工基本医疗保险的有关规定执行,综合考虑参保居民的基本医疗需求和基本医疗保险基金的承受能力等因素,合理确定医疗服务的范围。规范对定点医疗机构和定点零售药店的管理,明确医疗保险经办机构和定点的医疗机构、零售药店的权利和义务。简化审批手续,方便居民参保和报销医疗费用。明确医疗费用结算办法,按规定与医疗机构及时结算。加强对医疗费用支出的管理,探索建立医疗保险管理服务的奖惩机制。积极推行医疗费用按病种付费、按总额预付等结算方式。整合、提升、拓宽城市社区服务组织的功能,加强社区服务平台建设,做好基本医疗保险管理服务工作。大力发展社区卫生服务,将符合条件的社区卫生服务机构纳入医疗保险定点范围。对参保居民到社区卫生服务机构就医发生的医疗费用,要适当提高医疗保险基金的支付比例。

截至 2015 年末,全国参加城镇基本医疗保险人数为 66582 万人,比上年末增加 6835 万人。其中,参加职工基本医疗保险人数 28893 万人,比上年末增加 597 万人;参加城镇居民基本医疗保险人数为 37689 万人,比上年末增加 6238 万人。在职工基本医疗保险参保人数中,参保职工 21362 万人,参保退休人员 7531 万人,分别比上年末增加 321 万人和 276 万人。[①]

(二)农村医疗保险制度

1955 年,山西省高平县采取社员群众支付保健费和生产合作社补助公益金相结合的办法,在农业合作社保健站中建立合作医疗,标志着农村合作医疗保险制度开始建立。1968 年 12 月,《人民日报》发表了毛泽东主席关于推广湖北省长乐县乐园公社兴办合作医疗经验的批示,掀起了农村合作医疗的高潮。1976 年,全国约 90% 的农村生产大队(即现在的行政村)实行合作医疗。合作医疗制度成为农村医疗保障制度的核心,并且以成本低、效益高的特点解决了农村的基本医疗卫生问题,保障了农民的身体健康。20 世纪 80 年代以后,随着农村家庭联产承包责任制的推行和人民公社的逐渐解体,农村合作医疗制度覆

---

① 参见《2015 年度人力资源和社会保障事业发展统计公报》,http://www.mohrss.gov.cn/SYrlzyhshbzb/dongtaixinwen/buneiyaowen/201605/t20160530_240967.html,2017 年 1 月 17 日访问。

盖率锐减到5%左右,农民面临日益加大的疾病健康风险和经济风险。随着90年代农村经济水平的发展,合作医疗制度在国家和地方各级政府的努力下得到一定程度的恢复,但覆盖率仍然只有10%左右。由于缺乏有效的医疗健康保障制度,90%左右的农民自费医疗,因病致贫、因病返贫逐渐成为农村突出的社会问题。政府致力于恢复农村合作医疗的努力,并没有收到预期的效果。

为了满足农民的基本医疗需求,切实提高农民的健康水平,2002年10月,《中共中央、国务院关于进一步加强农村卫生工作的决定》,明确提出各级政府要积极引导农民建立以大病统筹为主的新型农村合作医疗制度,到2010年在全国农村基本建立起新型农村合作医疗制度。2003年1月,卫生部、财政部和农业部联合下发《关于建立新型农村合作医疗制度的意见》,明确了建立农村合作医疗制度的目标原则、组织管理、资金筹集和医疗服务管理等具体内容。2006年1月,卫生部、民政部、财政部和国家发改委等七部委联合下发《关于加快推进新型农村合作医疗试点工作的通知》,明确提出要加大力度和进度,积极推进新型农村合作医疗试点工作,对逐步完善和调整新型农村合作医疗制度的相关政策作出了具体规定。

1. 目标和原则

新型农村合作医疗制度,是由政府组织、引导、支持,农民自愿参加,个人、集体和政府多方筹资,以大病统筹为主的农民医疗互助共济制度。从2003年起,各省、自治区、直辖市先行试点。到2010年,实现在全国建立基本覆盖农村居民的新型农村合作医疗制度的目标,减轻农民因疾病带来的经济负担,提高农民健康水平。

新型农村合作医疗制度遵循的主要原则是:(1)自愿参加,多方筹资。农民以家庭为单位自愿参加新型农村合作医疗,遵守有关规章制度,按时足额缴纳合作医疗经费;乡(镇)、村集体要给予资金扶持;中央和地方各级财政每年要安排一定专项资金予以支持。(2)以收定支,保障适度。新型农村合作医疗制度要坚持以收定支、收支平衡的原则,既保证这项制度持续有效运行,又使农民能够享有最基本的医疗服务。(3)先行试点,逐步推广。建立新型农村合作医疗制度必须从实际出发,通过试点总结经验,不断完善,稳步发展。要随着农村社会经济的发展和农民收入的增加,逐步提高新型农村合作医疗制度的社会化程度和抗风险能力。

2. 组织管理

省、地级人民政府成立由卫生、财政、农业、民政、审计、扶贫等部门组成的农村合作医疗协调小组。各级卫生行政部门内部设立专门的农村合作医疗管理机构。县级人民政府成立农村合作医疗管理委员会，负责有关组织、协调、管理和指导工作。委员会下设经办机构，负责具体业务工作，根据需要在乡(镇)可设立派出机构(人员)或委托有关机构管理。

3. 筹资标准

新型农村合作医疗制度一般采取以县(市)为单位进行统筹，实行个人缴费、集体扶持和政府资助相结合的筹资机制。农民个人每年的缴费标准不应低于 10 元，地方财政每年资助不低于人均 10 元。从 2008 年起，中央财政对中西部地区参加新型农村合作医疗的农民补助提高到每人每年 40 元，地方财政补助也相应增加。

4. 保险待遇

参加新型农村合作医疗的农民的保险待遇主要分为两类：第一类是中西部省份主要采用的以住院费用补偿为主，兼顾门诊费用补偿的方式；第二类是东部省份主要采用的对住院费用和部分慢性病门诊费用给予补偿的方式。

农民持新型农村合作医疗证，可以到本县区域内任何一个定点医疗机构就医，县外就医需要办理转诊手续。大部分县市实行农民就诊结算时，在规定的药品目录和诊疗目录范围内，按照一定比例进行报销补偿。所需资金由定点医疗服务机构先行垫付，再与县级农村合作医疗经办机构统一结算，审核通过后由医疗保险基金代理银行直接转入定点医疗服务机构的银行账户。

5. 资金管理

农村合作医疗基金，是由农民自愿缴纳、集体扶持、政府资助的民办公助社会性资金，按照以收定支、收支平衡和公开、公平、公正的原则进行管理，必须专款专用，专户储存，不得挤占挪用。农村合作医疗经办机构定期向农村合作医疗管理委员会汇报农村合作医疗基金的收支、使用情况，采取张榜公布等措施，定期向社会公布农村合作医疗基金的具体收支、使用情况。各试点县还可成立由相关部门和参加合作医疗的农民代表共同组成的农村合作医疗监督委员会，定期检查、监督农村合作医疗基金使用和管理情况。

6. 配套措施

在新型农村合作医疗制度的推行过程中，加强建立和完善配套措施。第一,加强农村药品监督网络建设,促进农村药品供应网络建设,充分利用现有网络和人员,建立适合农村实际的药品供销体系和监督体系,规范药品供销渠道,加强质量监管,严厉打击非法药品经营活动。第二,加快推进农村卫生服务体系建设,加强农村医疗卫生基础设施建设,健全县、乡、村三级农村医疗卫生服务体系和网络。通过整合现有卫生资源,建立农村社区卫生服务机构,更好地承担农村疾病预防控制、基本医疗、健康教育等公共卫生工作。加强农村基层卫生技术人员培训,提高农村卫生人员的专业知识和技能,保证服务质量,提高服务效率,控制医疗费用。

第四节 中国老年人社会福利制度

一、基本概念

老年人社会福利,是指国家和社会根据法律和政策的规定,通过社会化的福利优待、津贴和服务,满足老年人的生活需要并改善其生活质量的保障制度。

老年人社会福利制度,是老年人社会保障制度的高级层次和有效补充,具有以下三个特点:

第一,责任主体的多元性,包括政府有关职能部门(主要是民政部门)和社会力量(主要是从事社会福利事业的社会团体)。

第二,保障对象的广泛性,包括符合一定条件的所有老人。

第三,提供内容的多样性,既包括一般意义上的物质保障,又包括满足个性化需求的社会服务。

二、具体内容

根据定义可知,老年人社会福利制度包括老年人优待、老年人津贴和养老服务三部分内容。全国各省市均根据自身的实际情况,制定了有关老年人社会福利制度的具体实施办法。下文将以最具典型性的北京市和上海市为主,兼顾其他省市的相关政策,具体介绍老年人社会福利制度。

(一)老年人优待

老年人优待,主要包括政务服务、卫生保健、交通出行、文体休闲、法律服务和商业服务优待等方面。

1. 以北京为例

2015年7月28日,北京市民政局、人社局和财政局等多部门联合发布《关于进一步加强北京市老年人优待工作的意见》,明确规定持有北京通—养老助残卡(未发放该卡前可持北京市老年人优待卡或北京市老年人优待证)的60周岁及以上的本市户籍老年人和常住外埠老年人,可按照该意见享受相应优待政策。①

(1) 政务服务优待

① 社会救助:对贫困、失能老年人应给予重点照顾,享受本市城乡居民最低生活保障待遇、农村"五保"老年人应纳入医疗救助范围,提高其救助报销比例和额度,未纳入城镇职工基本医疗保险或新型农村合作医疗、城镇居民基本医疗保险的,资助其参加城镇居民基本医疗保险或新型农村合作医疗。

② 住房保障:相关房管部门应明确设计及建设标准,在项目中安排一定比例的符合适老性标准的住房,并对本市户籍符合条件的老年人优先配租配售保障性住房,提高租金补贴标准;进行危旧房屋改造时,优先帮助符合条件的本市户籍老年人进行危房改造。残疾或失独老年人在其住房拆迁安置中,同等条件下可享受优先选择楼层的待遇。

③ 重要权益:有关部门在办理房屋权属关系变更、户口迁移等涉及老年人权益的重大事项时,应依法优先办理,并就老年人的真实意愿进行询问,严格审查代理人资格。对有特殊困难、行动不便的老年人提供上门服务。

④ 义务免除:免除农村70周岁及以上老年人兴办公益事业的筹资任务。

⑤ 养老基地:经农村集体经济组织全体成员或本村村民委员会同意,将未承包的集体所有的部分土地、山林、水面、滩涂等作为养老基地(纳入国家和地方湿地保护体系及其自然保护区的重要湿地除外),可由本村基层老年协会负责管理经营,所得收益用于本村基层老年协会开展各类为本村老年人提供服务的公益项目,本村基层老年协会须定期公示养老基地管理经营情况及收益使用台账,并接受审计。

⑥ 人力资源开发:重视老年人才资源的开发和利用,建立老年人才市场或中介机构,为老年人参与社会发展提供更多机会;引导老年人在教育、科研、咨询等领域再就业或从事维护社会治安、社区服务等社会公益活动,有关部门可

---

① 参见《关于进一步加强北京市老年人优待工作的意见》,http://zhengwu.beijing.gov.cn/gzdt/gggs/t1403027.htm,2017年2月18日访问。

在工作岗位和薪酬方面对老年人给予必要的倾斜照顾;充分发挥老年人在基层老年协会建设中的作用。

(2) 卫生保健优待

① 医疗通道:大、中型医疗机构通过完善挂号、诊疗系统管理,开设专用窗口或快速通道、提供导医服务等方式,对重病、失能老年人就医提供挂号(退换号)、就诊、转诊、综合诊疗、化验、检查、交费、取药等优先服务。

② 医疗模式:借鉴宣武医院与第一社会福利院合作远程医疗服务试点工作经验,加快推进以视频会诊、病理诊断、影像诊断、远程监护、远程门诊和远程查房等为主要内容的远程医疗服务模式。

③ 医疗预警:为本市户籍有需求的空巢老年人家庭免费安装紧急医疗救援呼叫器(一按灵)和烟感报警器(或液化气报警器、一氧化碳报警器),加大对空巢老年人的帮扶力度,完善空巢帮扶安全服务网,建立健全空巢老年人的安全预警服务系统。

④ 医疗关怀:逐步为失智老年人配备防走失手环;为失独老年人提供心理咨询、情绪辅导、定期寻访等精神关怀服务,研究建立覆盖计划生育特殊困难家庭的综合保险制度,保障独生子女家庭老年人利益。

(3) 交通出行优待

① 交通通道:车站等场所应设置老年人等候专座,并在醒目位置设置老年人优先标识,遇客流高峰期,视情况在身份验证、检票、安检及行李托运等处设置老年人专用进出通道。

② 交通设施:市域内有条件的公交车站的首末站,应设置老年人优先标志及无障碍等候专区,根据需要配备升降电梯、无障碍通道、无障碍洗手间等设施,方便老年人乘车。对于无人陪同、行动不便的老年人给予特别照顾。铁路部门应为列车配备无障碍车厢和座位,对有特殊需要的老年人订票和选座位提供便利服务;规划过街天桥、人行横道、地下通道、交通信号灯等交通设施建设时要兼顾适老性原则,为老年人出行创造便利条件;严格执行《无障碍环境建设条例》等建设标准,进行居住区公共服务设施无障碍改造工作,可结合老(旧)居住(小)区整治、棚户区改造、建筑抗震加固等专项工作统筹安排,重点推进居住区缘石坡道、轮椅坡道、人行通道,以及建筑公共出入口、公共走道、地面、楼梯扶手、电梯候梯厅及轿厢等设施和部位的无障碍改造,适当配备楼梯升降装置等辅助设备;已经建成的公厕,未配备无障碍设施的(如安全抓杆、轮椅可进入

使用的坐式便器专用厕位等),有计划地逐步改造实现全覆盖,新建公厕必须配套建设无障碍设施。

③ 交通需求:依托96106出租汽车召车热线,优先安排老年人叫车需求;加快推动无障碍出租汽车发展,为老年人和行动障碍人士提供个性化出行服务。

④ 交通优惠:65周岁及以上的本市户籍和常住外埠老年人持北京通—养老助残卡,免费乘坐市域内地面公交车,建立老年人乘车数据库。

⑤ 交通保险:完善老年人意外伤害保险制度,政府对本市户籍特殊困难老年人购买意外伤害保险予以资助;保险公司对其他参保老年人给予保险费、保险金额等方面的优惠。

(4) 文体休闲优待

① 休闲设备:增加公园、景区内服务老年人的设备,提高服务老年人设备的普及率。

② 休闲便利:旅游景区、博物馆、公共体育场馆等场所在有条件的情况下开设老年人售票窗口,在入口排队区宜安放老年人优先标识或设置老年人专用通道;市、区(县)财政支持的公共图书馆应开设老年读者阅览区域,并为老年人提供大字阅读设备、触屏读报系统等以及老年镜、放大镜等方便阅读的物品。

③ 休闲优惠:市、区(县)财政支持的公共体育场馆为老年人健身活动提供优惠服务,在淡季、老年节,对老年人活动实行优惠或免费提供场地,关注农村老年人体育需求,适当安排面向农村老年人的专题专场公益性体育服务;提倡影剧院、演出场馆不定期为老年人提供优惠票价,在淡季为老年文艺团体优惠提供演出场地;提倡非财政支持的旅游景区、图书馆、博物馆、体育场馆等文体设施为老年人提供免费、折扣、专场活动等优惠服务;老年教育资源要对城乡老年人公平开放,享受本市城乡居民最低生活保障待遇、农村"五保"老年人进入老年大学(学校)学习的,减免学杂费。

(5) 法律服务优待

① 诉讼优待:各级人民法院对侵犯老年人合法权益的案件,要依法优先立案受理、优先审判和执行,重视审理赡养、继承、房产纠纷等各类涉老案件,切实维护老年人合法权益,有条件的基层人民法院可以成立老年人维权法庭(或老年人维权合议庭);司法机关以开通电话和网络服务、上门服务等形式,为行动不便的高龄、失能、重病等老年人在报案、诉讼等方面提供便利;享受本市城乡居民最低生活保障待遇、农村"五保"以及其他生活困难的老年人因追索赡养

费、扶养费、养老金、退休金、抚恤金、医疗费、劳动报酬、人身伤害事故赔偿金等提起诉讼,交纳诉讼费确有困难的,可以申请司法救助,缓交、减交或者免交诉讼费。因情况紧急需要先予执行的,可依法裁定先予执行。

② 法律援助:各级法律援助中心要设立老年人法律援助绿色通道,简化老年人申请法律援助程序,做到当天受理、当天审批、优先指派;积极推动放宽老年人法律援助经济困难标准,将更多老年人纳入法律援助保障范围,并重点关注孤寡、残疾、高龄以及空巢老人的法律援助需求;符合法律援助经济困难标准的老年人因其合法权益受侵害申请法律援助的,不再审查法律援助事项范围,重点做好赡养、婚姻、继承、邻里关系及因人身伤害事故(交通事故、医疗事故、产品质量事故以及其他事故)请求赔偿等老年人常见法律问题的法律援助工作;健全完善市中心、区(县)中心、街道(乡镇)工作站、社区(村)联系点四级一体的法律援助机构服务体系,不断拓展老年人申请法律援助的渠道,发挥基层法律援助站点作用,方便老年人就近申请获得法律援助;充分发挥老年人法律援助律师团的作用,规范准入和退出机制,为经济困难老年人提供优质高效的法律援助服务;律师事务所、公证处、司法鉴定机构、基层法律服务所等法律服务机构,应优先为老年人提供费用减免法律咨询,有条件的法律服务机构应积极为经济困难的老年人提供其他免费或优惠服务;公证处为 80 周岁及以上老年人提供免费遗嘱公证业务,政府根据服务数量和质量给予其资金支持。

(6) 商业服务优待

① 消费服务:要根据老年人口规模和消费需求,合理布局商业网点,有条件的商场、超市设立老年用品专柜及老年人休息专座;有效利用北京通—养老助残卡数据信息,合理规划养老服务商发展,根据老年人需求,为其提供有针对性的精准服务;商业饮食服务网点、日常生活用品经销单位,以及水、电、暖气、燃气、通讯、电信、邮政等服务行业和网点,要根据行业特点和单位实际情况为老年人提供优先、便利、引导和优惠服务,增加社区、养老机构(包括养老照料中心)缴费网点,并在醒目位置设置优待标识;对行动不便的高龄、失能老年人应提供电话预约、免费上门等服务,满足老年人的特殊需求。

② 金融服务:金融机构应为老年人办理业务提供便捷服务,提供导银服务,对行动不便、重病的老年人提供上门服务或代办服务;鼓励金融机构为养老金客户开展减费让利;对办理转账、汇款业务或购买金融产品的老年人,金融机构应严格按流程办理业务,并对存在风险的问题作出详细说明,尽量了解老年人

交易的真实目的,进行善意提醒,并在各网点 ATM 机、储蓄柜台等醒目位置张贴相关风险提示,利用科技手段进行防诈骗宣传,尽到风险提示义务;健全推广北京市为老服务单位综合责任保险制度,在为老服务单位提供服务的区域内有老年人因意外情况导致伤亡时,保险公司将按照相应标准予以赔付,并保障伤亡者享受先行赔付服务,减少为老服务单位的经营风险,充分发挥商业保险经济补偿功能。

2. 以上海为例

2016 年 1 月 29 日,上海市人大常委会通过并发布了《上海市老年人权益保障条例》,对老年人优待的实施办法也作出了具体规定。①

(1) 政务服务优待

① 重要权益:房地产登记机构或者公安机关在办理老年人自有或者承租的住房转移、抵押、变更等房地产登记和更改户主、户口迁入等涉及老年人权益的重大事项时,应当核实老年人的真实意思表示;未经核实改变老年人的房屋产权、租赁关系或者更改户主、迁入户口的,老年人投诉后,经查证属实的,房地产登记机构、公安机关应当及时依法纠正;公安机关为老年人办理居民身份证时,对行动不便的老年人,应当提供上门采集指纹、拍照、送证等便利服务。

② 住房保障:住房城乡建设部门应当及时为符合条件的老年人家庭配租、配售廉租住房或者共有产权保障住房,并在选房、配房等方面给予帮助;对符合条件的无子女老年人家庭,应当优先配租廉租住房;区、县和乡、镇人民政府在实施农村危旧房屋改造时,应当优先帮助符合条件的老年人家庭进行改造。

③ 人力资源开发:加强老年人才资源开发,为老年人发挥专业知识技能创造条件;乡、镇人民政府和街道办事处应当培育和扶持基层老年协会等老年人组织,加强老年人组织规范化建设,推动老年人自我管理、自我教育、自我服务,促进老年人参与社会发展;为老年人在自愿和量力的情况下,依法参与各类社会活动创造条件、提供便利;制定法规、规章和公共政策涉及老年人权益重大问题的,应当听取老年人和老年人组织的意见。

④ 特别优待:卫生计生、民政、财政、人力资源社会保障、住房城乡建设等部门应当按照国家和本市有关规定,在生活保障、养老服务、医疗服务、住房保障、精神慰藉等方面,对符合条件的独生子女伤残死亡且未再生育或者收养子女的

---

① 参见《上海市老年人权益保障条例》,http://www.shmzj.gov.cn/gb/shmzj/node8/node15/node55/node231/node247/u1ai41833.html,2017 年 2 月 18 日访问。

老年人给予特别扶助。

（2）医疗服务优待

医疗机构应当通过完善挂号和诊疗系统、开设专用窗口或者快速通道、提供导医服务等方式，为老年人就医提供方便和优先服务；鼓励医疗机构减免老年人普通门诊挂号费和经济困难老年人的诊疗费；鼓励医疗机构和医务工作志愿者为老年人提供义诊服务。

（3）交通服务优待

公共交通运营单位应当为老年人乘坐公共交通工具提供便利服务，在公共交通场所和站点设置老年人优先标志，在有条件的地方设立老年人等候专区，对无人陪同、行动不便的老年人给予照顾；根据实际需要配置方便老年人出行的无障碍公共交通工具。

（4）商业服务优待

供水、供电、燃气、通信、邮政等单位应当为老年人提供优先和便利服务，并在服务网点或者场所设置明显的优待标志、标识；金融机构应当为老年人办理业务提供便利，设置老年人优先窗口，并提供引导服务；对办理转账、汇款等业务或者购买金融产品的老年人，应当提示相应风险；商业银行应当按照国家有关规定，减免养老金异地取现手续费。

（5）文体休闲优待

① 休闲体育：实行政府定价或者政府指导价管理的公园、旅游景点等游览参观点的门票价格应当对老年人实行优惠；鼓励实行市场调节价的游览参观点参照执行；博物馆、美术馆、科技馆、纪念馆、图书馆、文化馆、群艺馆、影剧院、体育场馆等公共文化体育设施，应当向老年人免费或者优惠开放，并提供便利服务；公共体育场馆应当设置适合老年人体育健身活动的设施，设立安全警示标志，并采取相应的安全防护措施；实行收费的体育健身项目，应当给予老年人价格优惠；区、县以及乡、镇人民政府和街道办事处应当根据本行政区域内老年人口的分布状况，按照方便老年人的原则，合理设置老年活动室等文体娱乐场所；绿化市容等部门应当加强公园绿地的建设和管理，为老年人提供户外交流、健身、娱乐等活动场所；社区文化活动中心、公共体育场馆等公共文化体育设施应当根据老年人的特殊需求，提供有针对性的公共文化体育服务。

② 文化教育：政府和文广影视、体育等部门以及居民委员会、村民委员会、老年人组织应当组织开展适合老年人的群众性文化、体育、旅游、娱乐活动，丰

富老年人的精神文化生活；政府应当加大对老年教育的投入，发展老年教育；教育部门应当将老年教育列入教育发展规划和终身教育体系，加强老年教育设施、师资力量、课程开发等方面建设，均衡配置各类老年学校和学习点，促进老年教育资源向城乡老年人公平开放；鼓励社会力量举办老年教育机构；教育部门以及有关机构、学校应当利用现代信息技术，发展老年远程教育，建设网络学习平台，开发网络学习资源，设置适合老年人学习的课程，为老年人接受终身教育创造条件。

（6）法律服务优待

老年人因其合法权益受到侵害提起诉讼，交纳诉讼费确有困难的，可以依法缓交、减交或者免交；人民法院应当在立案、庭审、执行等环节，为老年人提供便利和优先服务；对高龄、失能等行动不便的老年人，可以上门立案；老年人需要获得律师帮助，但无力支付律师费用的，可以依法获得法律援助。司法行政部门应当完善老年人法律援助服务网络，简化申请程序，为老年人就近申请和获得法律援助提供便利；鼓励律师事务所、公证机构、司法鉴定机构、基层法律服务所等法律服务机构为经济困难的老年人提供免费或者优惠服务。

3. 其他地区

除了北京市和上海市制定了具有代表性的老年人优待政策外，其他省市也有相应的具体规定。

（1）医疗服务优待

吉林省医疗机构对行动不便的就诊老年人，应当免费提供担架、推车和助步器。提倡医疗机构对老年人普通门诊挂号费和家庭病床出诊费以及对贫困老年人的医疗费用给予优惠或者减免。

河北省县级以上（含县级）政府举办的非营利性医院（门诊）对65周岁及以上老年人就医，普通门诊挂号费实行半价优惠。

江苏省享受最低生活保障的老年人和其他低收入家庭的老年人参加城镇居民基本医疗保险、新型农村合作医疗的，其个人缴费部分由政府给予补贴。

云南省参加新型农村合作医疗且符合救助条件的农村五保老年人等贫困老年人，民政、卫生等部门应当按照规定帮助其交纳个人应负担的全部或者部分资金，并对参加新型农村合作医疗的70周岁及以上老年人的医疗费用补偿给予适当照顾。

广西壮族自治区县级以上（含县级）政府设立的非营利性医疗机构对70周

岁及以上老年人免收普通门诊挂号费。

福建省农村五保老年人、城乡低保老年人和在乡重点优抚对象、革命"五老"人员中的老年人参加新型农村合作医疗，按规定由医疗救助基金交纳个人应负担的资金。

（2）文体休闲优待

天津市老年人参观博物馆、纪念馆、展览馆、文物点以及观看日场电影等购买门票一律半价，在公共图书馆办理图书借阅证实行半价。

黑龙江省70周岁及以上老年人免费在非机动车停车场存放自行车。60—69周岁的老年人在城区内乘坐公共汽车、联运汽车、电车半价；60周岁及以上的老年人进入电影院、文化宫、体育馆等文化娱乐场所看电影、文艺节目、体育比赛及参加健身娱乐活动可以半价；入当地老年大学学习，可减免学费；到理发店、浴池（含个体）理发、洗澡半价，在老人节期间免费。

河北省各体育场（馆）举办体育比赛、表演，老年人观看门票实行半价（不含国际比赛）。老年人在体育场参加健身活动，免缴场地费。

江苏省老年人持优待证、居民身份证或者当地人民政府规定的其他证件，免费进入政府举办的公园、公共文化设施；70周岁及以上老年人免费进入政府举办的旅游景点，免费乘坐城市公共交通工具，不满70周岁的老年人享受半价优惠。

吉林省老年人进入收费旅游景点，70周岁以下享受第一门票半价优惠。有条件的地方，可以为老年人观看电影、文艺演出、体育比赛提供优惠票价。同时，可以为有关组织和单位开展老年文艺活动优惠提供场地。享受城乡最低生活保障待遇的老年人进入老年学校学习，学费优惠。

湖北省老年人进入风景区和博物馆、美术馆、科技馆、展览馆、纪念馆、已开放的文物点、宗教活动场所，凡收取门票的对60—69周岁老年人实行半价优惠，对年满70周岁的实行免费。每年10月1日国际老人节和"九九"重阳敬老日老年人可以免费参观。各影（剧）院、体育场（馆）、文化馆、工人文化宫和俱乐部，放映电影或录像、举行体育比赛、表演节目（全运会和国际性比赛除外）等，在观众人数不超过容纳限度的条件下，白天对老年人实行半价优惠。

四川省各类服务行业根据行业特点对老年人给予优待和照顾。在营业场所优先为老年人服务；对行动不便的老年人，有条件的地方，可以实行电话预约、分片包干、上门服务等措施，满足老年人的特殊生活需求，免收或从优收取服务费。

甘肃省国有体育场(馆)、游泳池、影剧院周一到周五,老年人购半票入场。

云南省贫困老年人进入老年学校学习的,应当减免学费。公共体育场所、影剧院应当为老年人开展文体活动优惠提供场地,影剧院应当为老年人实行票价优惠。向公众开放的公园、园林、旅游景点、风景名胜区、博物馆、美术馆、科技馆、纪念馆、烈士纪念建筑物、名人故居、公共图书馆、文化馆(站、宫),老年人免购门票;属个体私营的,应当为老年人提供门票价格优惠。

福建省电影院、演出场馆、公共体育馆(设施)对老年人健身活动提供方便和优惠服务。在淡季、重阳节,对老年文艺、体育团体优惠或免费提供场地。公园、园林、旅游景点在重阳节当日免费向老年人开放。有条件的地方,要建设无障碍设施,设立老年人休息室、专用座椅等。贫困老年人进老年大学(学校)学习,实行学费减免。

(3) 法律服务优待

黑龙江省对老年人因其合法权益受到侵害,提起诉讼交纳诉讼费有困难的,可以缓交或减免。老年人为维护自身权益,需要获得律师帮助,但无力支付律师费,各级法律援助机构应及时给予缓助。

江苏省经济困难的老年人申请法律援助的,法律援助机构应当简化审批程序,优先提供法律援助。

(4) 其他优待

黑龙江省敬老院、老年公寓、托老所、老年活动室等为老年人服务单位安装电话、闭路电视,安装费给予30%的优惠照顾。

天津市对老年人居住的直管公产房屋实行优先登记维修和修缮。

辽宁省老年人进行婚姻登记只收工本费;安置回迁住房时经本人申请,可以不参加统一摇号,安置在住房的最底层(如最底一层不够可延至二层),但要参加该楼层摇号。

吉林省享受城乡居民最低生活保障待遇的老年人去世,火化费、殡仪车运费、骨灰寄存费按收费基本标准的50%收取殡葬服务费。县级以上人民政府建设行政部门应当将享受低保待遇无赡养人的老年人户,优先纳入廉租房保障范围。

江苏省对"五保"(三无)老年人、享受低保的老年人以及属于重点优抚对象的老年人死亡的,免除基本丧葬服务费。南京市从2010年起,由市老龄部门牵头分期分批为全市 70 周岁及以上老年人办理意外伤害保险,所需费用由各区县政府承担。

湖北省单独居住的老年人安装燃气、有线电视,持乡(镇)人民政府、街道办事处出具的证明,安装费给予 30% 的优惠照顾。城镇老年人死亡时,由有关单位或社会保险机构按规定给予丧葬补助;农村老年人死亡时,可由农村集体经济组织从所提取的公益金中给予适当的丧葬补助。

福建省 70 周岁及以上身边无子女的老年人,持街道、乡镇以上民政部门的证明,在申请安装闭路电视和管道煤气时,初装费实行优惠,并优先安装。建设住宅区和发展社区服务业,要统筹安排社区老年公寓、托老所、老年活动场所等设施建设,为老年人生活、休息、娱乐、健身提供方便。孤寡老人在其独有产权或承租住房拆迁安置中,同等条件下享受优先选择楼层的优待。贫困纯老年人户优先纳入廉租房保障范围。

云南省将贫困纯老年人户优先纳入廉租房保障范围;贫困老年人去世的,殡葬服务机构应当减免其丧葬殡仪服务费。

(二)老年人津贴

老年人津贴作为一种特殊的福利津贴,是指各级政府及其组成部门为了保障老年人享受到经济社会发展取得的成果,提高其物质文化生活水平,对符合一定年龄标准或其他特殊条件的老年人发放的非缴费型津贴。根据各省的实践情况,老年人津贴通常包括一般生活津贴和特殊津贴,适用于符合一定年龄标准且具有本地户籍的老年人。

根据统计数据可知,截至 2015 年底,全国享受高龄补贴的老年人为 2155.1 万人,享受护理补贴的老年人为 26.5 万人,享受养老服务补贴的老年人为 257.9 万人。[①]

1. 以北京为例

北京市民政局等部门发布的《关于进一步加强北京市老年人优待工作的意见》规定,享受老年人津贴仅适用于具有北京市户籍的老年人。

(1)高龄津贴:90 至 99 周岁的老年人,享受津贴为每人每月 100 元。100 周岁及以上的老年人,享受津贴为每人每月 200 元。

[①] 参见《2015 年社会服务发展统计公报》,http://www.mca.gov.cn/article/sj/tjgb/201607/20160700001136.shtml,2017 年 1 月 15 日访问。

(2) 养老津贴:对符合条件的低收入、失能、失独等特殊困难老年人给予居家养老服务津贴,根据需要进行家庭无障碍设施改造,配备轮椅、拐杖、助行器等老年人出行及生活辅助器具。例如,80周岁及以上的老年人享受每人每月100元的养老(助残)券。

(3) 丧葬津贴:具有本市户籍且未享受北京市丧葬补助费待遇的老年人去世后,享受丧葬津贴5000元。对去世老年人选择骨灰撒海的家庭实行免费,选择长青园骨灰林立体安葬方式的,给予相应津贴。

2. 以上海为例

上海市人大常委会制定的《上海市老年人权益保障条例》规定,建立与经济社会发展水平相适应的统一的老年综合津贴制度,对符合条件的老年人,按照不同年龄段提供涵盖高龄营养、交通出行等方面需求的津贴,逐步提高老年人的社会福利水平。

(1) 老年综合津贴:享受老年综合津贴,仅适用于具有本市户籍且年满65周岁的老年人。按照不同的年龄段,老年综合津贴共分为五档:65—69周岁,每人每月75元;70—79周岁,每人每月150元;80—89周岁,每人每月180元;90—99周岁,每人每月350元;100周岁及以上,每人每月600元。有关部门将为符合条件的老年人办理一张"上海市敬老卡"用于发放津贴,从符合条件的当月开始根据适用标准按月计算,发放采取按季度预拨的方式,于每年1月、4月、7月和10月分别发放。

(2) 养老服务津贴:一类是60周岁及以上低保、低收入且需要生活照料的本市户籍老人,经评估照料等级后的养老服务补贴标准为:轻度300元/月,中度400元/月,重度500元/月。另一类是80周岁及以上独居或纯老家庭中,本人月养老金低于全市城镇企业月平均养老金的本市户籍城镇老年人,经评估照料等级为轻度、中度、重度的,在本人承担50%居家养老服务费的前提下,可以申请获得上述额度50%的服务补贴,补贴标准为轻度150元/月、中度200元/月、重度250元/月。①

3. 其他地区

江苏省县级以上地方人民政府应当向80周岁及以上的老年人发放尊老金。80—89周岁老年人的尊老金,由设区的市、县(市、区)人民政府负担;百岁

---

① 参见《根据规定哪些老人可以享受居家养老服务补贴,服务补贴标准是什么?》,http://www.shmzj.gov.cn/gb/shmzj/node7/node27/node874/userobject7i13850.html,2017年2月19日访问。

老人的尊老金,由省人民政府负担,每人每月不低于300元。享受最低生活保障的70周岁及以上的老年人,每月增发不低于最低生活保障标准10%的保障金。

天津市没有固定收入的老年人享受津贴,60—69周岁老年人每月60元,70—79周岁老年人每月70元,80—99周岁老年人每月80元。

黑龙江省享受津贴的标准为,80—89周岁低收入老年人和90周岁及以上老年人每月100元。

辽宁省规定,90周岁及以上老年人享受高龄津贴每人每月50—100元。

宁夏回族自治区80周岁及以上的农村老年人和城市低收入家庭中无固定收入的老年人,按照80—89周岁、90—99周岁、100周岁及以上3个年龄段分别按每月当地低保标准、低保标准的130%和300元的标准发放。

陕西省享受老年津贴的标准为,80—89周岁的老年人每月50元,90—99周岁的老年人每月100元,百岁以上的老年人每月200元。

甘肃省对89周岁及其以下的城乡特别困难的老年人优先给予资金和物资的救助,对90—94周岁的老年人每年发放不低于300元的生活补贴,对95—99周岁的老年人每年发放不低于500元的生活补贴。

云南省享受老年津贴的标准为,80周岁及以上的老年人每月20元。

青海省享受老年津贴的标准为,80—89周岁的老年人每月40元,90—99周岁的老年人每月60元。

新疆维吾尔自治区享受老年津贴的标准为,80—89周岁的老年人每月50元,90—99周岁的老年人每月120元。

西藏自治区享受老年津贴的标准为,80—89周岁的老年人每年300元,90—99周岁的老年人每年500元。

(三) 养老服务

养老服务,通常包括社区养老服务和机构养老服务两部分。

1. 社区养老服务

近几年,相关民政部门以社区养老服务为依托,致力于构建社区老年人福利服务体系。社区养老服务的形式,主要包括三种:一是集中供养服务,即街道、村(居)委会和社区内其他组织和个人通过兴办养老院、老年人公寓等养老机构,雇用专职服务人员为入住的老年人提供集中供养服务。二是居家养老服务,即老年人居住在自己家里,由社区组织或个人根据老年人的具体需求上门为其提供生活服务,这是社区养老服务的最普遍和最主要的形式。三是日间集中供养服务,居于集中供养和居家养老两种形式之间,即养老机构专职人员负责居家老年人的日间照料,家庭成员负责老年人的夜间照料。

社区养老服务的内容,覆盖衣食起居、医疗保健、娱乐休闲等基本生活的各个方面。

① 生活照料。通过各种途径和形式,兴建社区老年人日常护理中心、养老照料中心和社区养老驿站等社区养老设施和场所,为社区老年人提供收养服务;由社区服务中心工作人员或其他社区志愿者,为老年人上门提供洗衣、做饭、购物等日常生活服务。

② 医疗服务。各社区服务中心普遍购置健身康复器材,组织开展老年人保健养生活动;社区卫生服务机构为老年人提供挂号、看病、取药的"三优先"服务,定期为老年人进行健康检查,开设老年门诊、家庭医疗咨询站等,常年为多病、伤残的老年人提供医疗健康服务。

③ 文娱服务。各社区服务中心通过举办老年学校、兴趣小组等,为老年人提供音乐、舞蹈、绘画和书法等方面的学习机会,开展多种形式的文体娱乐活动,使老年人安度晚年。

④ 维权服务。各社区服务中心通过开展道德舆论宣传活动、设立维权办公室或法律咨询室,帮助老年人具体落实"老有所养"、切实维护老年人的合法权益。

⑤ 社区参与。各社区服务中心鼓励和引导老年人加入志愿者队伍,参与社区公益活动,成立各种老年协会,积极开展沟通交流、互帮互助等活动,为社区的自治和发展贡献力量。

根据统计数据可知,截至 2015 年底,全国共有社区养老服务机构和设施 2.6 万个,比上年增长 36.8%,互助型的养老设施 6.2 万个,比上年增长 55%。[①] 下面以北京市和上海市的法规为例介绍:

(1) 北京市

北京市民政局等发布的《关于进一步加强北京市老年人优待工作的意见》对于社区养老服务作出了具体规定:社区卫生服务机构优先对辖区内 65 周岁及以上老年人免费建立健康档案;按照国家基本公共卫生服务规范的要求对辖

---

① 参见《2015 年社会服务发展统计公报》,http://www.mca.gov.cn/article/sj/tjgb/201607/20160700001136.shtml,2017 年 1 月 15 日访问。

区内 65 周岁及以上常住居民每年提供一次免费健康管理服务,包括生活方式和健康状况评估、体格检查、辅助检查和健康指导;结合本市社区家庭医生式服务的开展,社区卫生服务团队优先为辖区老年人开展签约式健康管理。对行动不便的老年人,提供上门健康指导服务;对于因亲属逝世形成精神障碍的老年人,居住地居(村)委会应协助监护人做好在专业机构内进行的精神干预支持工作。

2015 年 4 月 11 日,北京市民政局和北京市老龄工作委员会联合发布《关于依托养老照料中心开展社区居家养老服务的指导意见》,规定了养老照料中心提供老年人社区居家养老服务的具体内容。[①]

养老照料中心作为区域内为老服务综合平台,与区域内托老设施、各类专业服务机构和服务团队组成养老服务联合体,满足区域内老年人社区居家养老服务需求。

① 开展短期照料服务。养老照料中心在做好针对长期入住人员养老服务的同时,根据区域内的老年人日间或短期照料需求设置服务区域,创造性用好床位,主要为失能、高龄、独居和有需求的老年人提供日间照料、晚间托管、喘息服务和康复护理等服务。可尝试增设多样体验式服务(如入住、就餐、护理等),以消除老人和亲属对入住养老机构的陌生感。养老照料中心可以利用自身专业护理人员组织开展上门入户服务,也可积极引进老年看护家政专业护理机构,承接上门照护服务。

② 开展助餐服务。养老照料中心在满足收住人员就餐需求的基础上,在服务半径内向有助餐需求的老年人,提供就餐、送餐、助餐服务。有条件的养老照料中心可以针对区域内老年人营养膳食均衡和特殊需求提供服务。供餐能力不足或空间资源条件有限、安全隐患突出的养老照料中心可与有资质的餐饮企业合作,组织开展助餐服务。

③ 开展助洁服务。养老照料中心可引进专业助洁机构,也可配备家庭保洁、洗衣服务的有关设备和人员,根据老年人需求,提供家庭保洁和清洗衣服、床单、被罩、窗帘等服务。

④ 开展助浴服务。养老照料中心应配备适老公共洗浴设备,设置专人管理,尤其是为失能、高龄等老年人提供安全、专业、卫生的洗浴服务。对有上门

---

① 参见《关于依托养老照料中心开展社区居家养老服务的指导意见》,http://www.bjmzj.gov.cn/news/root/gfxwj_llgz/2015-04/113013.shtml,2017 年 2 月 19 日访问。

助浴需求的居家老年人,提供上门助浴、理发、洗头、剪指甲等服务。

⑤ 开展助医服务。养老照料中心要与周边医院、社区卫生服务中心、康复护理机构等建立有效紧密的合作关系。为养老照料中心内外老年人提供就医和转诊的绿色通道,建立巡诊、连续医疗和健康管理的特定机制,为居家病床和针对骨折、术后以及脑卒中等患者提供专业康复医学指导。养老照料中心的医护人员或合作医疗机构医护人员可设立为老年人提供用药提醒和清理过期药品服务,对有需求的老年人可提供陪同就诊、取药等服务。

⑥ 开展精神关怀服务。养老照料中心应定期组织专业社会组织,为老年人提供心理健康评估筛查、情绪管理指导和健康知识讲座,促进心理健康。为有需求的存在轻度心理问题的老年人提供专业心理疏导服务,必要时进行心理干预;在服务过程中主动辨识存在中度到重度心理问题的老年人,提醒家人尽早送老年人就医。定期组织开展适合老年人的文化、体育、手工、娱乐等活动,扩大老年人的社会参与,丰富老年人的精神文化生活。

⑦ 开展教育培训服务。养老照料中心要广泛传播养老服务的先进理念和实操技能,为老年人家属、家政服务人员、社区居民、志愿者进行生活照料和护理技能实训,为社区居民开展为老服务专业知识的传授和宣传,为老年人的护理、康复、照顾服务提供技术指导和支持。

⑧ 开展志愿服务。养老照料中心应实地走访,摸清老年人志愿服务需求项目,为志愿服务工作提供翔实可靠的依据。按照"志愿者组织(团队)+养老照料中心+社区、家庭"的项目实施模式,组织为老服务志愿者岗前培训和对接老人,并建立接力机制。要发挥社区低龄老年志愿者照顾高龄老人的作用,形成长期有效帮扶,发挥好社会资源作用。

⑨ 开展信息管理服务。市老龄办负责免费向养老照料中心提供养老服务管理信息系统,并借助管理信息系统,形成区域内老年人动态需求数据库。积极配合开展政府购买服务和养老服务需求评估工作,根据信息管理需要配备相应设备,搭建区域内养老服务信息管理平台,并做好日常维护工作。开展对服务半径内老年人服务需求动态评估和获取的机制,与居家老年人和家庭建立起相互信任的服务关系。开展服务项目成本核算与过程监管工作,为政府购买服务提供重要依据。

⑩ 拓展服务项目。养老照料中心可设立助行服务项目,为周边老旧小区楼房中上下楼困难的老年人提供服务,其相应装备器材,可由政府予以支持。养

老照料中心可提供辅助器具租赁等服务,有条件可设置居家智能养老和老年用品体验中心。

2016 年 5 月 18 日,北京市老龄工作委员会印发《关于开展社区养老服务驿站建设的意见的通知》,具体规定了社区养老服务驿站的服务内容。[①]

① 日间照料。利用驿站现有设施和资源,重点为社区内空巢或有需求的老年人提供日间托养,实施专业照护,针对有特殊服务需求的老年人开展短期全托,推介和转送需长期托养的老年人到附近的养老机构(含街道、乡镇养老照料中心)接受全托服务。

② 呼叫服务。响应老年人通过互联网、物联网等网络手段或电话、可视网络等电子设备终端提出的养老服务需求,整合、联系社会专业服务机构、服务资源和社区志愿者,为居家老年人提供专业化养老服务。

③ 助餐服务。依托专业餐饮服务机构或街道(乡镇)养老照料中心,为托养老年人和居家老年人开展助餐服务。具备条件的,可直接开展供餐服务。

④ 健康指导。具备条件的,可在驿站内同步设置社区护理站,配备相应医务人员,为老年人提供医疗卫生服务。不具备条件的,依托周边社区卫生服务机构开展健康服务,可与社区卫生服务机构家庭病床的设置与管理相结合,将驿站内从事护理等服务的人员纳入社区卫生家庭保健员和养老护理员培训范围。引入社会化专业机构,提供健康服务支持。

⑤ 文化娱乐。为居家社区老年人提供活动场所,搭建活动平台,开展老年人喜闻乐见的文化活动,丰富老年人精神文化生活。

⑥ 心理慰藉。通过开展以陪同聊天、情绪安抚为主要内容的关爱活动,满足老年人情感慰藉和心灵交流需求。

在此基础上,可以根据自身设施条件和周边资源供给情况,拓展开展康复护理、心理咨询、法律咨询等延伸性功能。提倡社会慈善组织、社工、社区志愿者和低龄健康老年人到社区养老服务驿站提供志愿服务、老年人互助服务。

(2) 上海市

上海市人大常委会制定的《上海市老年人权益保障条例》也对社区养老服务进行了具体规定。

---

① 参见《北京市老龄工作委员会印发〈关于开展社区养老服务驿站建设的意见〉的通知》,http://www.bjmzj.gov.cn/news/root/llgz/2016-05/118307.shtml,2017 年 2 月 19 日访问。

① 社区养老服务设施

新建居住区应当按照规划要求和建设标准,配套建设相应的养老服务设施;配套建设的养老服务设施,应当与住宅同步规划、同步建设、同步验收、同步交付使用;已建成居住区的养老服务设施未达到规划要求或者建设标准的,应当予以补充和完善。企业事业单位和社会组织可以通过整合或者改造企业厂房、商业设施和其他社会资源,建设符合标准的养老服务设施。

从事社区养老服务设施建设、运营的企业事业单位、社会组织或者个人应当遵守国家和本市有关养老服务设施建设标准、社区养老服务规范;符合规定条件的,享受相应的税费减免和建设补助、运营补贴等优惠政策。

社区养老服务设施使用水、电、燃气、电话,按照居民生活类价格标准收费;使用有线电视,按照本市有关规定享受付费优惠;需要缴纳的供电配套工程收费、燃气配套工程收费、有线电视配套工程收费,按照本市有关规定享受优惠。

② 社区养老服务内容

乡、镇人民政府、街道办事处和民政等部门应当依托养老机构、社区老年人托养机构以及其他社会专业机构,为失能老年人的家庭照顾者提供下列服务:1)临时或者短期的托养照顾;2)生活照料、生活护理等技能培训;3)辅助器具租赁;4)其他有助于提升其家庭照顾能力或者改善其生活质量的服务。区、县人民政府应当以社区卫生服务机构为平台,整合各类医疗卫生和社会资源,与社区老年人托养机构、养老机构开展合作,为居家、社区与机构养老的老年人提供基本医疗护理服务。

社区卫生服务机构应当按照国家和本市有关规定,开展老年人健康管理和常见病预防工作,为辖区内符合条件的老年人提供下列服务:1)建立健康档案、定期免费体检等基本公共卫生服务;2)健康指导、保健咨询、慢性病管理等家庭医生服务;3)为符合相关医疗指征的老年人提供上门诊视、设立家庭病床、居家护理等服务。

2. 机构养老服务

机构养老,是指老年人进入各类养老机构,其生活照料和护理均由养老机构负责提供的养老方式。随着中国老龄化社会程度的加快和家庭养老模式的弱化,机构养老已成为发挥重要作用的养老方式。

机构养老服务,具有以下特点:(1)养老服务由专门机构提供。与家庭养老和社区养老服务相比,机构养老的最大特点是由专门机构提供养老服务。目前,中国的养老服务机构主要包括老年社会福利院、敬老院、养老院、老年护理院、老年公寓和老年服务中心等。(2)养老服务由专业人员提供。为了最大限度满足老年人对养老服务的需求,养老服务机构均由具有较扎实的专业技能和较高的职业道德水平的专业人员提供高质量的养老服务。(3)养老服务必须缴纳一定的费用。老年人必须定期缴纳规定的费用,才能获得养老服务机构提供的食宿、护理和照料等生活服务。

机构养老服务的模式,主要包括公有公办、公有民办、民办公助和民有民办四种模式。[①] 前两种模式主要适用于无法在家庭中实现养老的老年人,民办公助模式主要适用于大部分缴费能力较低的老年人,民有民办模式主要满足具有中高等养老服务需求的老年人。

根据统计数据可知,截至2015年底,全国各类养老服务机构和设施11.6万个,比上年增长23.4%。其中,注册登记的养老服务机构2.8万个,社区养老服务机构和设施2.6万个,互助型养老设施6.2万个;各类养老床位672.7万张,比上年增长16.4%(每千名老年人拥有养老床位30.3张,比上年增长11.4%),其中社区留宿和日间照料床位298.1万张。[②]

北京市民政局等发布的《关于进一步加强北京市老年人优待工作的意见》规定,应推进"医养结合"养老服务模式,不断拓展养老机构的医疗康复服务功能,鼓励有条件的养老机构设置医疗机构,按相关规定申请医保定点资质,优化养老服务资源。鼓励有条件的医疗机构利用闲置资源开办养老机构,满足长期患病、术后照护、残障等老年人的康复护理、临终关怀等服务需求。加强养老机构与医疗机构间的合作,开辟绿色通道,实现养老床位与就医资源的有效对接。

2014年2月26日,上海市人大常委会通过并发布了《上海市养老机构条例》,该法第四章"养老机构服务规范"具体规定了养老机构的服务规范。

《上海市老年人权益保障条例》也规定,卫生计生等部门应当支持在养老机构内设置医疗机构,指导符合条件的养老机构设置老年护理床位。在养老机构内设置的医疗机构和老年护理床位,按照规定纳入医疗保险支付范围,并与医保联网结算。鼓励其他各类医疗机构为养老机构提供医疗支持。有条件的二

---

① 参见赵曼、吕国营:《城乡养老保障模式比较研究》,中国劳动社会保障出版社2010年版,第159页。

② 参见《2015年社会服务发展统计公报》,http://www.mca.gov.cn/article/sj/tjgb/201607/20160700001136.shtml,2017年1月15日访问。

级以上综合医疗机构应当开设老年病科;社区卫生服务机构、二级综合医疗机构应当根据需求和规划设置老年护理床位,设置临终关怀病区或者床位。

第五节 中国老年人社会优抚制度

一、基本概念

老年人社会优抚,是指国家和社会对具有特殊身份的军队离退休老干部,提供荣誉称号、养老津贴、医疗照顾、健康疗养、住房安置和安全保护等特别优待的保障制度。老年人社会优抚制度,是老年人社会保障制度的高级层次和有效补充,具有以下四个特点:

第一,优抚对象的特殊性。老年人社会优抚的保障对象,都是为中国革命事业和国家建设事业作出重大牺牲和贡献的特殊社会群体,由国家对他们给予特殊的褒扬和补偿。

第二,优抚标准的高层次。由于老年人社会优抚具有褒扬和补偿性质,故优抚标准高于一般的社会保障,保障对象能够优先享受国家和社会提供的各种优待、抚恤、服务和政策扶持。

第三,优抚资金的公共性。老年人社会优抚的资金主要由国家财政支出,优抚工作是政府的一项重要职能。

第四,优抚内容的综合性。老年人社会优抚不同于其他老年人社会保障制度,是针对具有某一特殊身份的人特别设立的,内容涉及老年人社会救助、社会保险和社会福利,包括优待、养老、医疗、住房和就业安置等多方面的综合性内容。

二、具体内容

根据定义可知,老年人社会优抚制度包括对军队离退休老干部提供荣誉称号、养老津贴、医疗照顾和住房安置等优待内容,主要分为政治待遇和生活待遇。

(1)军队离退休干部享受的政治待遇,主要包括:阅读文件、听报告、参加一些重大节日和庆祝纪念活动、逝世后骨灰盒可覆盖党旗或者军旗、获得离休干部荣誉证和功勋荣誉章、担任一定的荣誉职务等。①

（2）军队离退休干部享受的生活待遇，主要包括：离休费、副食品价格补贴、生活补贴、粮油调价补贴、教龄护龄补贴、地区生活补贴、交通费、探亲路费、荣誉金、防暑降温费、保留福利补贴、保留伙食补贴、少数民族补贴、政府特殊津贴、残废金（伤残保健金）、生活补贴、住房补贴、公勤费、护理费、住院伙食补助费、电话补贴费、水电补贴费、军粮差价补贴、冬季取暖补贴费、军人职业补贴费、服装费和早期回国定居专家生活津贴。②

2004年1月3日，中共中央办公厅、国务院办公厅和中央军委办公厅联合下发《关于进一步做好军队离休退休干部移交政府安置管理工作的意见》，对军队离退休老干部的安置范围、住房保障、政治待遇、生活待遇和医疗待遇作出具体规定。③

（1）安置范围

对符合移交政府安置条件的军队离退休干部，根据个人不同情况，一般可以在部队驻地、本人原籍或入伍地、配偶原籍或配偶、子女、父母居住地安置。安置去向已审定的不再改变。

（2）住房保障

军队离退休干部的住房保障原则上执行军队统一的住房制度，由国家和个人合理负担，实行住房补贴、货币补差相结合的办法，稳妥推进住房分配货币化、管理社会化。住房补贴所需经费由中央财政专项安排。第五批（不含）以后纳入安置规划的军队离退休干部以购买经济适用住房为主，可以购买或承租符合出售条件的现住房，也可以自理住房。军队离退休干部购买经济适用住房时，按照国家现行政策规定享受有关税费减免政策。

军队离退休干部住房逐步由社会供应，需到地方购买经济适用住房的，各地政府要将其住房优先纳入当地经济适用住房建设和开发计划。军队离退休干部住房建设按照国家规定减免有关税费，建设用地主要采取向政府申请划拨的方式解决。军队离退休干部配偶在地方单位工作或者退休的，所在单位在实

---

① 参见《军队离休退休干部政治待遇包括哪些内容？》，http://www.gov.cn/banshi/gm/content_63505.htm，2017年2月19日访问。

② 参见《军队离休干部生活待遇有哪些项目？》，http://www.gov.cn/banshi/gm/content_63503.htm，2017年2月19日访问。

③ 参见《关于进一步做好军队离休退休干部移交政府安置管理工作的意见》，http://cpc.people.com.cn/GB/64162/71380/102565/182144/10994596.html，2017年2月19日访问。

行住房货币化补贴时,同等条件下应当按照规定优先向其发放住房补贴。军队离退休干部住房原则上实行物业管理,所需经费按照有关政策规定落实。

(3) 政治待遇

军队离退休干部的政治待遇,按照安置地国家机关同职级离退休干部的规定执行,党组织建设按照中央有关规定执行。中央和地方党政机关发至地、县级的有关文件,应当发给政府军队离退休干部服务管理机构。

军队离退休干部参加重大庆典和重大政治活动时,可以按照军队规定着离休退休时的军装,佩带军衔、文职符号和勋章、立功奖章。地方政府和省(自治区、直辖市)军区系统每年可以采取不同形式慰问军队离退休干部。

(4) 生活待遇

军队离退休干部的生活待遇按照军队统一的项目和标准执行。所需经费,按照现行财政体制分别由中央财政和地方财政开支。军队离休干部随军遗属和新中国成立前入伍、1955年前后复员现仍为随军家属且无固定收入的女同志的生活待遇,执行军队统一的项目和标准。

(5) 医疗保障

军队离休干部享受安置地国家机关离休干部同等医疗待遇,医疗费按照规定实报实销。军队离休干部无经济收入的家属、遗属纳入军队离休干部医疗管理体系统一管理,医疗费按照有关规定报销。二等乙级以上伤残的军队退休干部医疗待遇不变,按有关规定执行。

军队退休干部比照安置地国家机关退休公务员参加基本医疗保险和实行公务员医疗补助,享受同职级退休公务员的医疗待遇。所需医疗费用由医疗保险经办机构参照安置地上年度退休公务员平均医疗费开支水平筹集,统一管理。军队退休干部在部队参加退役医疗保险的个人账户资金,转入本人基本医疗保险个人账户。军队退休干部享受基本医疗保险和公务员医疗补助待遇内个人自付医疗费较多的,由安置管理单位给予适当补助。

2011年6月27日,解放军总政治部和总后勤部联合发布通知,提高离休干部生活补贴标准和扩大发放范围。该通知明确规定,红军和抗日战争时期参加革命工作的离休干部,在原有生活补贴的基础上,每人每年再增发一个月离休费数额的生活补贴。同时,将解放战争时期参加革命工作的离休干部纳入生活补贴发放范围,每人每年发放一个月的离休费作为生活补贴。调整后,红军时期、抗日战争时期和解放战争时期参加革命工作的离休干部,可分别享受三个月、两个半月、两个月和一个月离休费数额的生活补贴。①

2012年10月26日,民政部发布通知上调军队离退休经费相关补助标准,自2012年起由中央财政支出,将军队离退休干部医疗费、交通费和军队离退休服务管理机构车辆燃修费中央补助标准,在现行基础上各提高50%左右。调整后,军队离休干部的医疗费中央财政标准为年人均9000元,军队退休干部年人均4500元;军队离休干部的交通费中央财政标准为每人每月160元,军队退休干部每人每月140元;军队离退休服务管理机构的车辆燃修费中央补助标准为每车每年1万元。②

2014年9月23日,民政部公布《军队离休退休干部服务管理办法》,从内容、方式和机构等方面对军队离退休干部的服务管理作出了具体规定。③

(1) 政治服务

各级人民政府和军队各级组织在举行重大庆典和重大政治活动时,民政部门应当按照要求组织军队离退休干部参加。在建军节、春节等重大节日时,民政部门应当协调当地人民政府和军队有关负责人走访慰问军队离退休干部。民政部门、服务管理机构应当按照规定落实军队离退休干部相应政治待遇,组织军队离退休干部阅读有关文件,听取党和政府重要会议精神传达。服务管理机构应当加强思想政治工作,开展学习宣传活动,提高军队离退休干部遵纪守法和遵守服务管理机构规章制度的自觉性。服务管理机构应当组织军队离退休干部开展文明创建活动,引导军队离退休干部保持和发扬优良传统,发挥政治优势和专业特长,参与社会公益活动。

(2) 生活服务

服务管理机构应当做好以下服务保障工作:按时发放军队离退休干部离退休费和津贴补贴。按规定落实军队离退休干部医疗、交通、探亲等待遇,帮助符合条件的军队离退休干部落实优抚待遇。协调做好军队离退休干部的医疗保障工作,建立健康档案,开展医疗保健知识普及活动,引导军队离退休干部科学保健、健康养生。组织开展适宜军队离退休干部的文化体育活动,引导和鼓励

---

① 参见《提高军队离休干部生活补贴标准和扩大发放范围》,http://www.gov.cn/jrzg/2011-06/27/content_1894388.htm,2017年2月19日访问。
② 参见《近十年来国家首次上调军经费相关补助标准》,http://www.gov.cn/jrzg/2012-10/26/content_2251858.htm,2017年2月19日访问。
③ 参见《军队离休退休干部服务管理办法》,http://www.gov.cn/zhengce/2014-09/28/content_2757627.htm,2017年2月19日访问。

军队离退休干部参与社会文化活动。定期了解军队离退休干部情况和需求,提供必要的关心照顾。协助办理军队离退休干部去世后的丧葬事宜,按照政策规定落实遗属待遇。

近年来,许多涉及军队离退休老干部切身利益的实际问题不断得到解决,特别是在增加离退休补贴标准、改善医疗保健条件、提高车辆保障水平和推进住房制度改革等方面,出台了一系列政策法规,为老干部安度晚年创造了条件,广大军队离退休老干部的生活生命质量不断提高。随着经济社会的快速发展,中国老年人社会优抚制度取得了重要成果,老年人社会优抚水平不断提高。

下编

美国涉老法律制度

第六章　美国法律体系概况

第一节　美国国家的宪制管理

一、美国的国家管理方式

美国是一个联邦制共和国,由五十个州,加上华盛顿哥伦比亚特区和五个美国属地(关岛、北马里亚纳群岛、波多黎各、美属萨摩亚、美属维尔京群岛)组成。虽然许多人认为美国政府实行民主制,但实际上却是共和制。民主是政府的一种形式,公民通过市政厅会议或通过无记名投票和公投直接决定政策;而共和制才是美国的政治体制,公民选举出代表,代表公民行使决策的权利。①

目前,每个州都已正式加入联邦:特拉华州于1887年最早加入,夏威夷州最晚,于1959年加入。② 每个州分为若干县,各县组成该州的整个地理区域。每个县——从大城市到小城镇、乡村、孤岛,到人口稀少的森林保护区,都有各自的地方政府。作为联邦制国家,联邦政府一般对每个州政府和每个州下属的县级政府有一定的控制权,但各州一般都可以控制其下属县内的所有地方政府。③

正是在这样一个交织着五十个州政府以及成千上万个地方政府的国家里,产生了为老年人设计的服务项目、福利以及保护法律。通常情况下,律师的部分工作,就是首先了解老年人目前居住地的有效法律和服务项目,确认老年人是否有行为能力,然后观察哪一个县、城市、州为老年人设计的服务项目和法律

---

① 《联邦党人文集》第十篇中反映了美国开国元勋们的原意(《联邦党人文集》由亚历山大·汉密尔顿、约翰·杰伊和詹姆斯·麦迪逊三人为批准宪法发表的一系列论文文集),http://thisnation.com/question/011.html,2017年2月27日访问。
② 资料来源:http://americanhistory.about.com/od/states/a/state_admission.htm,2017年2月27日访问。
③ 资料来源:http://www.statelocalgov.net/,可链接至所有州和地方政府的官方网站。

更为有利。每个州都为律师在本州执业制定了各自的程序,所以,如果老年人从一个州搬到另一个州(或具有跨州的产业),其代理律师就必须获得跨州执业的许可,否则必须找到在另一个州合法执业的合作律师。

二、《美国宪法》[①]

《美国宪法》规定了联邦政府运行的机制以及各州的行政职能。"序言"中阐明了宪法的主要目的,但"序言"大体上没什么直接控制力。美国《权利法案》是指《美国宪法》前十条修正案,它保障了特定的个人权利不受联邦政府(通过其行为人)侵犯。该宪法自制定后,历经18次修订。有些修订在很大程度上为公民提供了额外权利,而有些修订仅为了改变政府的国会职能。

《美国宪法》取代了之前的《邦联条例》,即美国最早的国家组织基础。在以《邦联条例》为基础的阶段(1776年至1789年),没有国家领导人,各州实行自治,保有主权。《美国宪法》获得批准后,1789年,乔治·华盛顿当选为美国第一任总统。国会的第一个官方立法就是通过《权利法案》,后来各州批准其为宪法的正式修正案。

美国各州有自己的宪法,详细阐述各州政府的运作模式。州宪法并没有强制力。大部分州宪法都是效仿《美国宪法》进行制定,所以,不同州政府和地方政府在运作模式上有很多相似之处。

第二节 《美国宪法》的七条正文

《美国宪法》由七条正文组成。前三条分别设立了立法、行政和司法三个部门,其余四条均在阐述国会的职责。《美国宪法》"序言"为:"我们美利坚合众国的人民,为了组织一个更完善的联邦,树立正义,保障国内的安宁,建立共同的国防,增进全民福利和确保我们自己及我们后代能安享自由带来的幸福,乃为美利坚合众国制定和确立这一部宪法。"

一、第1条——立法部门

《美国宪法》第1条第1款规定:"本宪法所规定的立法权,全属合众国的国

---

① 下文参见康大安(Diane S. Kaplan)的《美国法律体系介绍》,该文2012年由中国知识产权培训中心和美国芝加哥约翰·马歇尔法学院组织合作编写而成。

会,国会由一个参议院和一个众议院组成。"

美国众议院,有时也被称为"下议院",每62万公民中选出一名众议员。在2012年的大选中,共产生了435位议员(众议院的议员人数按各州人口多少的比例分配——加利福尼亚州有53位,得克萨斯州有36位,佛罗里达州有27位;人口最少的州则众议员人数较少——特拉华州、蒙大拿州、北达科他州、南达科他州和怀俄明州均只有一位代表议员)。每位议员任期为两年。

美国参议院,有时也被称为"上议院",每个州均有两名参议员,与各州人口或面积无关。自1959年夏威夷成为第五十个州加入联邦以来,每届国会都有100位参议员参加会议。每位参议员任期为6年,每隔两年改选1/3的席位。如下文"制衡"中所讨论的,参议员的重要职责之一,就是总统在人事任命时,须"采酌参议院之建议并得其认可"。

根据《美国宪法》第1条第8款,国会的主要职责是颁布联邦法律,具体职责如下:

(1) 国会有权规定并征收税金、捐税、关税和其他赋税,用以偿付国债并为合众国的共同防御和全民福利提供经费,但是各种捐税、关税和其他赋税,在合众国内应划一征收;

(2) 以合众国的信用举债;

(3) 管理与外国的、州与州间的,以及对印第安部落的贸易;

(4) 制定在合众国内一致适用的归化条例,和有关破产的一致适用的法律;

(5) 铸造货币,调议其价值,并确定外币价值,以及制定度量衡的标准;

(6) 制定对伪造合众国证券和货币行为的惩罚条例;

(7) 设立邮政局及建设驿路;

(8) 为促进科学和实用技艺的进步,对作家和发明家的著作和发明,在一定期限内给予权利保障;

(9) 设置最高法院以下的各级法院;

(10) 界定并惩罚海盗罪、在公海所犯的重罪和违背国际公法的罪行;

(11) 对外宣战,对民用船舶颁发捕押敌船及采取报复行动的特许证,制定在陆地和海面虏获战利品的规则;

(12) 募集和维持陆军,但每次拨充该项费用的款项,其有效期不得超过两年;

(13) 配备和保持海军;

(14) 制定管理和控制陆海军队的各种条例;

(15) 制定召集民兵的条例,以便执行联邦法律,镇压叛乱和击退侵略;

(16) 规定民兵的组织、装备和训练,以及民兵为合众国服役期间的管理办法,但各州保留其军官任命权,以及依照国会规定的条例训练其民兵的权力;

(17) 对于由某州让与而由国会承受,用以充当合众国政府所在地的地区(不超过10平方英里),拥有对其一切事务的全部立法权,对于经州议会同意,向州政府购得,用以建筑要塞、弹药库、兵工厂、船坞和其他必要建筑物的地方,也握有同样的权力;并且

(18) 为了行使上述各项权力,以及行使本宪法赋予合众国政府或其各部门或其官员的种种权力,制定一切必要的和适当的法律。

然而,国会的权力也是要受到一定限制的。①

二、第 2 条——行政部门

《美国宪法》第 2 条第 1 款规定:"行政权力赋予美利坚合众国总统。"

每四年选举一次总统和副总统。基于美国历史上某个时期曾合理施行过的法规,美国公民并不是直接选出总统和副总统,而是投票给"选举人",然后由这些选举人(即"选举团")决定谁做总统——根据以往历史,获得选票最多的候选人往往就是选举人团选出的总统。

根据《美国宪法》第 2 条第 2 款,总统的权力包括:作为合众国陆海军的总司令统帅各州;管理行政部门和所有联邦机构,执行国会通过的法律(一些内阁级别职位的任命须征询参议院的意见或同意);(除了国会定罪的弹劾案之外)有权对于违反合众国法律者颁赐缓刑和特赦;有权谈判和签署国际条约(但须征得参议院的意见和同意);任命大使、美国最高法院以及其他联邦法官等合众国官员(但须征得参议院的意见和同意)。此外,总统还有一个最为重要的权力,即将国会通过的立法法案签署成法律或者表示否决(国会之后可以推翻总统的否决)。无论总统如何行使自己的权力,总统必须:向国会发表年度国情咨文;召集国会开会,或命令休会;正式接见和承认他国领导人;推动所有立法草案颁布成为法律。②

尽管《美国宪法》中并未明确规定,但事实上,总统还是通过组建的各种联

---

① 参见《美国宪法》第 1 条第 9 款。
② 参见《美国宪法》第 2 条第 3 款。

邦机构落实国会颁布的各项法律。（注意：国会控制拨款并保留监督行政机构的权力）。除了实际有权逮捕和起诉违反联邦法律的人员或公司的少数机构和代理人外，大多数机构通过已出版的指南和合规性审计行使执法权力。这些机构所公布的最为重要的指南即为最终法规，且将出版于《美国联邦法规》（CFR）中。该类法规最初发表在美国《联邦公报》上，并存留一段时间以征求公众意见。所提议的法规可能以最终法规形式或者暂行法规（预计有效期三年）形式得以出版，也可能一直处于提议状态（如果机构的商业优势从该项目中转移）或被撤回。如果国会明确指示由该机构颁布法规，此类法规即被视为"立法"法规，终稿出版后具有法律效力。[①] 相反，如果国会并没有明确要求该机构颁布法规，而该机构应政府机构要求颁布了法规，则此类法规以终稿出版后，即视为"解释性"法规，虽无法律效力，但法院认为其有权威性。拟议的决规没有法律效力，但提供一个窗口，表达该机构十分希望依据公众意见颁布为最终法规。这些法规通常会在序言中解释法规的背景和颁布的原因，揭示和解释最终法规与拟议法规的区别。尽管序言没有法律约束力，但却对理解法规的含义起到很大作用。[②]

在这样的情况下，对法规和指南进行进一步详细解释，就具有了重要意义。对于律师来说，他们需要理解这些机构是如何通过法规和审计执行法律。首先，由于州政府和地方政府的运行模式基本照搬联邦政府，所以每个州政府和地方政府也会有类似的行政部门，同样设有出版法规和执行合规性审议的机构。其次，本书后几章将详细说明，大部分对老年人带来影响的法律和法规的制定机构，都属于州和地方层面，因此律师必须理解这些不同州政府和地方政府管辖交织下的州和地方机构的公职人员、行政机构，以及它们之间的细微差别。最后，就法规征求公众意见阶段，律师还能参与讨论和为已制定政策提供解决方法。

二、第3条——司法部门

《美国宪法》第3条第1款规定："合众国的司法权属于一个最高法院以及

---

① 参见美国最高法院对雪佛龙（美国）诉自然资源保护协会案（Chevron U. S. A. Inc. v. Natural Resources Defense Council，467 U. S. 837（1984））的判决。

② 如果指南没有以法规形式发布，其或为锁定机构法律立场的硬指南，或为仅经《信息自由法》公布、无法律约束力的软指南。

由国会随时下令设立的下级法院。"

最高法院和下级联邦法院的联邦法官均由总统任命(须征求参议院的意见和同意),且任期为终身制。① 国会有权因贿赂、叛国或其他重罪和轻罪弹劾联邦法官,法官也可以主动辞职,否则法官终身任职。(因此,每届总统为了通过任命来制衡国内政治,会选择一个经验丰富但已步入晚年的官员,还是一个身体健康的青壮年呢?答案不言自明)。联邦法官须遵守道德要求,包括保持客观性和非政治性,并管控好自我。②

联邦法院体系分为三级,从低至高排列为:联邦地区法院、巡回上诉法院和最高法院。

一般情况下,初审在联邦地区法院举行。每州设有一至四个地区法院,具体数量依该州人口规模而定。另外,各州还设有专门地区法院,如破产法院、税务法院或国际贸易法院。国会设定地区法院的法官人数。人员数量随时根据人口数量、工作量和支付薪水的联邦预算而发生改变。③ 按地理区域划分,美国共设有 11 个巡回上诉法院,任何巡回上诉法院的意见仅对该地理区域的地区法院(并非所有地区法院)存有约束力。美国还设有两个特别上诉法院:哥伦比亚特区巡回上诉法院和美国联邦巡回上诉法院。④ 司法体系中还有美国最高法院,目前由八名大法官和一名首席法官组成。⑤

一般情况下,案件初审在地区法院进行,需要出示证据并构建案件事实(如果案件由同等地位的陪审员对事实进行判决,法官仅扮演裁判角色,确保判决过程遵守证据规则以及其他程序规则;如果该案件没有陪审团,法官将对案件事实作出判决)。下一步,这些经裁决的事实被应用于现有的联邦法律框架中进行裁判,法院作出判决,并被记录下来。刑事案件中,如果被告被判决有罪将被处以监禁,如被告被判决无罪将予以释放。民事案件中,原告指控被告损害

---

① 严格来说,根据《美国宪法》第 3 条第 1 款,这些任命的法官"须尽忠职守"。
② 尽管存有争议,在宪法发布时,这些道德准则并没有适用于当时已上任的最高法院法官。资料来源:http://www.uscourts.gov/RulesAndPolicies/CodesOfConduct/CodeConductUnitedStatesJudges.aspx。
③ 2013 年全美共有 677 位地区法院法官。资料来源:http://www.uscourts.gov/JudgesAndJudgeships/FederalJudgeships.aspx。
④ 2013 年美国 13 个巡回区内共有 179 位上诉法院法官。资料来源:http://www.uscourts.gov/JudgesAndJudgeships/FederalJudgeships.aspx。
⑤ 尽管目前有 9 位大法官,但国会可以改变法官数量,而第一任美国最高法院仅有 6 位大法官,另外如果美国第 32 任总统富兰克林·罗斯福的建议得到国会通过,现在的最高法院应该有 15 位大法官。

其权益，被告或因损害事实须向原告支付一笔赔偿金，或因损害事实不成立无须提供任何赔偿。最后，在衡平案件中，如果原告证明有潜在伤害，被告将被要求采取某种行为或停止某种行为；如果因为原告无法证明其中存在着具有实质性伤害的紧急危险，则被告无须采取或停止某种行为。

联邦地区法院的败诉方可以选择针对判决的某一方面上诉至美国巡回上诉法院。实际上，败诉方是请求上诉法院确认地区法院法官有没有错判。败诉方可能辩称案件事实有误，因为地区法院适用证据规则不当造成错误；败诉方也可能辩称法官采纳了错误的法律原则或不当的法律原则。如果下级法院的法官在审理过程中表现武断、无定见，巡回上诉法院一般仅宣布下级法院的判决无效；但如果争议在于适用错误的法律原则，巡回上诉法院可能对案件重新审理。

若巡回上诉法院并未发现任何错判，则"维持"下级法院的判决；否则，将"撤销"下级法院的判决。在许多上诉案件中，若下级法院确实存在法律适用方面的失误，巡回上诉法院会将案件发回下级法院，并给出正确的法律原则说明（如哪些证据不应提交给初审法院、应该考虑哪些因素）。在巡回上诉法院中，一般由三名在任法官听取对任一上诉案件的口头论据。败诉方可以请求采用全院庭审的方式重新审理，即由巡回上诉法院的全体法官重新听取双方口头论据。巡回上诉法院的裁决结果，对其地理司法管辖区范围内的所有联邦地区法院在处理未来可能出现的所有相同争议问题上皆有法律约束力——尽管来自其他联邦地区法院的败诉方，通过提请其他巡回上诉法院对案件重审，可辩称另一巡回上诉法院的逻辑适用于当前巡回上诉法院。

一方在巡回上诉法院上诉中败诉的，可提请美国最高法院找出巡回上诉法院意见书中的错判。然而，美国最高法院也并不保证一定会听取针对案件的口头论据（法院需要签发复审令）。如果巡回上诉法院在对联邦法律的现行解释和应用上存在分歧，或因为迫切需要（比如在执行死刑前最后一次上诉机会，或是总统大选的结果面临无法确定的危险），美国最高法院通常会选择受理案件予以复审。①

最高法院的绝对多数意见中涵盖的法律推理，对所有联邦法院在处理未来可能出现的所有相同争议问题皆有法律约束力，除非最高法院在未来审理的案

---

① 根据《美国宪法》第 3 条第 2 款，在一切有关大使、公使、领事以及州为当事一方的案件中，最高法院有最初审理权，这与上诉管辖权相反。

件中作出不同的判决结果,或者国会对有争议的成文法规进行修订。这些意见有时也包括附带意见,后者提供假设情况的法律推理,但附带意见本身不具法律约束力,即使在未来案件中这个假设情况变成现实。然而,即使最博学的律师也无法完全辨清最高法院的这些意见究竟是有约束力的法律,还是只能决定当前这一特定案件。如果大多数最高法院大法官在"上诉法院的意见应该得到维持或撤销"上达成一致——前提是这九个最高法院大法官因为相同的法律理由对判决结果达成一致——则这一绝对多数意见便成为往后案件的判例("遵循先例")。现实中更可能出现这样的情况:最高法院大法官们可以接受某一判决结果,但因为另类法律推理,他们可能在案件中产生并存的意见;还有可能,最高法院大法官们在法律推理上达成一致,但一旦将这一推理适用于某案中的案件事实,结果将大不相同——最高法院大法官可能在案件中产生反对意见,也可能因为任何其他原因产生并存或反对的意见。在最后发布的意见中,如果仅有多个并存意见,在纯粹表决记录中,至少有五名大法官同意下级法院的意见应该得到维持或撤销,但他们并没有对法律推理达成一致,那么,这一案件无法成为先例。如果一名大法官因为任何理由回避案件,且其余大法官在表决中形成平局,那么上诉法院的意见便得以维持。

尽管没有必要纳入美国宪法,但下列有关联邦法院的关键法律概念仍有必要在此予以特别提示:

(1) 对人管辖权:系指法院要求一方当事人(通常是被告)或证人出庭的权力。法院必须行使对人管辖权来执行其对一方当事人的判决或命令。

(2) 标的物管辖权:系指法院对某个特定标的物进行宣判的权力。

(3) 陈述权:系指一方当事人有权向法院陈述其与受到侵犯的法律或行为的联系以及自己因此受到的伤害。

(4) 成熟(的诉):系指法院对争论进行救济的能力(如果诉讼提请过早,诉讼还未成熟;如果提请过迟,诉讼终止)。

(5) 法定时效:系指原告拥有的从发现伤害直至对被告提请诉讼的时间。

尽管各州独立的宪法可能产生不同的法院和程序,但幸运的是,大部分州都实行三级法院体系,而且与联邦法院体系相似;另外,各州各自的程序与联邦法院体系的程序也有相似之处。大部分老年人权利保护法都是在州和地方层面予以颁布的,因此大部分虐待老人、经济剥削、成人监护的诉讼也是在州和地方法院进行审理的,当然之后还可以通过州法院体系向其他两级法院进行上诉。

四、第 4 条至第 7 条

《美国宪法》第 4 条规定,各州对其他州的法律和法院命令,应给予"完全的信赖和尊重";美国公民无论其居住地或产业地,一般可享有各州公民的一切特权或赦免;制定允许新州加入联邦的方法;确保联邦政府保护每州不受外来侵略。

《美国宪法》第 5 条规定了提请和批准对宪法进行修正的方法。

《美国宪法》第 6 条规定,合众国政府根据前《邦联条例》所积欠之债务仍须偿付;将国会颁布的法律、宪法的条款以及国际条约设定为合众国的最高法律;所有经选举产生和任命的政府官员必须宣誓。

最后,《美国宪法》第 7 条肯定了宪法已得到批准,并附有美国"开国元勋们"的签名。

第三节　制　衡

《美国宪法》建立了三个互相平等的权力部门,且将制衡作为重要一环,以防止任一部门过于独裁或专横。

一、国会的权力

(1) 弹劾犯叛国罪、贿赂罪或其他重罪轻罪的行政和司法部门的公职人员;
(2) 推翻总统的否决;
(3) 驳回总统与其他国家谈判签署的条约;
(4) 监督行政部门的运作;
(5) 调查并获取颁布新法律所需的相关信息,调查其他政府部门的可疑行为,关注公众焦点问题。

二、行政部门(总统)的权力

(1) 推翻国会同意和提出的议案;
(2) 在没有参议院"意见和同意"的情况下召集开会或宣布休会;
(3) 对宣判有罪的公民颁赐缓刑和特赦。

三、司法部门的权力

（1）宣布法律违宪；
（2）对总统和国会成员行使对人管辖权，行使方式与对任何公民相同。

第四节　阅读司法判决

美国任何一家法学院里，法学专业学生需要学习的一项主要技能，就是阅读大量的书面司法判决书和意见书，以便增强批判性思维。律师也在阅读司法意见书中得到职业技能训练和提高。普通法系国家讲求遵循先例的原则，这意味着无论未来的法官是否同意之前的判决，这些先例一般代表着对法律的阐释，一般情况下应该遵循，至少很难去推翻先例。

诉讼要经过不同的阶段，所以阅读者一定要了解某一具体判决是由哪一法院作出的。在初审阶段，原告对被告提请诉讼之后，被告往往会向法院申请终局性地撤诉（这一阶段，被告往往辩称即使案件事实正如原告所主张的，自己也并未违反法律）。如果法院拒绝被告的请求，那么原告就将在诉讼中占据优势。按照民事程序规则，虽然控告有时是不适格的，但可以继续完善，法院也可允许原告对原控告作出修改，或无偏见驳回案件（即没有根据案件实质作出判决，因此原告可以重新提起经修改后的诉讼）。原告也可能会申请核证集体诉讼（有相同处境的公民有相同的利益受损，通过合并案件审理令所有受害人获益）。被告可能提起反诉，也可能辩称适格被告并非自己，并指称其他人为适格被告。

如果法院没有驳回案件，原告在证明案情属实后，被告几乎肯定会向法院申请准予简易判决。这意味着被告并没有承认指控事实，或者被告向法院表示，即使原告指控的所有事项均属实，根据法律，被告要么没有造成原告所指控的伤害，要么即使伤害属实，原告所要求的救济也没有法律依据。如果案件当时没有得到驳回，法院初审会继续进行。初审结束时，在原被告双方均提交完证据之后，要么由陪审团裁决事实，要么在没有陪审团情况下由法官亲自裁决，然后依照法律根据事实进行裁判。初审阶段的败诉方可对判决结果进行上诉，但必须证明初审法官在适用法律问题上存在错判。

在阅读司法意见书的过程中，无论其为初审法院意见书，还是上诉法院意见书，律师需要努力区分案件的狭义判决（仅仅立足于案件事实）和广义判决

(一种界限检验或能适用于更多事实的其他法律条例),以及判决附带意见(不一定是法律,而是法官关于如何对不同事实进行裁决的意见书)。律师经过阅读和解释司法意见书的培训,在未来的诉讼案件中可延用之前的意见书。如果之前的意见书(一份或者多份)支持律师委托人当前的立场,律师则会辩称目前其委托人的案情事实与之前案件的事实非常相似,因此法院应给予与过去同等的判决。然而,如果之前的意见书并不支持其委托人当前的立场,律师则会对当前的案件事实进行区分,并辩称目前的事实与另一个(或其他不同)案件更加相似。通常情况下,另一方当事人的代理律师会利用其批判思维能力提出完全相反的论据。

第七章　美国老年人精神行为能力法律规范分析

第一节　确定委托人能力是否减损

一、美国律师执业行为规范

在美国,每个州都对在其境内执业的律师发放执业许可和进行执业管理,并对律师必须遵守的专业行为准则作出了规范。一批知名律师、法官和学者们通过美国律师协会出版了《职业行为示范规则》(以下简称《示范规则》)①。大多数州都采用了这一规则,只是各州的措辞或释义会有所不同。

《示范规则》的"序言"中写道:"律师,作为法律职业的一员,是委托人的代理人,是法律制度的职员,是对司法质量负有特殊职责的公民。"律师既可以作为委托人的顾问,也可以作为诉辩人、谈判者、评估者以及中立的第三方。但是,"在所有的职业职能中,律师都应当称职、迅捷和勤奋。律师应当就代理事项与委托人保持沟通。律师应当就与代理委托人有关的信息保守秘密,但《示范规则》或者其他法律要求或者允许披露者除外"。

因此,律师与委托人关系的基础,是委托人对其选择的律师坦诚地告知其相关法律事件。相应地,律师为委托人提供法律咨询。委托人根据咨询意见选择行动方针后,律师将采取一切合理和合法的步骤,落实委托人的诉求。在这种信托关系中,律师的行为必须始终围绕委托人的最大利益,必须保护委托人的机密信息,当面对委托人的对手(可能包括州、地方或联邦政府)时,律师必须

---

① 资料来源:http://www.americanbar.org/groups/professional_responsibility/publications/model_rules_of_professional_conduct/model_rules_of_professional_conduct_table_of_contents.html,2017年2月27日访问。

积极地为委托人争取最大利益。

在这个过程中,需要强调一个重要的观念,即律师不为委托人选择行动方针。相反,律师倾听委托人的需求,然后告知委托人可用的法律理论或行动方案。只要委托人了解律师告知的信息,并向律师递交了知情同意书,律师就有义务采取适当合理的行动来履行合约,以达成委托人的目标意愿。

所谓"知情同意","表示在律师就所提议的行为的重大风险和其他合理可得的替代方案向某人提供了足够的信息和解释后,该人对该提议的行为表示的同意"[①]。律师必须采取合理措施,确保委托人拥有作出知情决策所需要的合理足够的信息。获得知情同意,通常需要委托人或其他人作出肯定性答复。一般而言,律师不得将委托人或其他人的沉默理解为他们已经同意。然而,可以根据已经就有关事务得到了合理足够的信息的委托人或者其他人的行为中推断出这种同意。

二、美国律师确定委托人能力是否减损的职责依据

本章将对在律师与委托人关系中律师的最重要职责进行说明,将重点介绍《示范规则》中规则1.14所涉及的能力减损的委托人。《示范规则》的规则1.14往往排在规则名单的最后,但它确实是律师需要注意的最重要的规则之一。由于许多老年人的能力有所减损,代理老年人的律师还需要了解规则1.14与所有其他规则的相互作用关系。

1. 规则1.1:称职

> 律师应当为委托人提供称职的代理。称职的代理要求律师具备合理必备的法律知识、技能、细心和完成相关准备工作。

在所有法律问题中都需要一些重要的法律技能,诸如先例分析、证据评估和法律文书起草等。对于代理老年委托人的律师来说,这些技能尤为重要。如果他们能够充分研究现行法律和老年人的司法优先权,那么他们将更加称职。

2. 规则1.2:代理范围及律师与委托人之间的权力分配

> (a)除需遵守(c)及(d)款规定外,律师还应遵守委托人关于代理目标所作出的决定,并按照规则1.4的规定,就达成这些目标所使用的手段与

---

① 《示范规则》规则1.0术语(e)。

代理人磋商。

这一规则赋予了委托人在法律规定的限度和律师专业义务范围内确定法律代理服务目的的最终权利。委托人通常会根据律师的专业知识和技能（尤其是在技术、法律和战术方面），确定行动方式来达到其目的。相反，律师通常会在产生的费用和可能受到不利影响的第三方的问题上听从委托人的意见。

一位真正的代理老年委托人的律师，能洞悉和解决委托人可能需要协助的每个法律问题。这些问题可能在律师熟悉的范围内（如审查养老合同或将个人房屋的所有权转让给信托公司），也可能在律师能力之外，但可以找到一位具有这种专长的律师，如协助老年人结婚或离婚，或解决与照理委托人的护士的侵权纠纷。

3. 规则1.3：勤奋

律师应当以合理勤奋、迅捷的方式处理委托人的委托事务。

根据规则1.16的规定，除非委托关系被终止，律师始终应对委托人委托的事宜负责。关于委托人与律师关系是否仍然存在疑问，应由律师（最好）以书面形式澄清，以便律师不再为委托人服务后，委托人不会错误地假设律师仍在处理其事务。

对于老年人来说，许多普通法律交易需要在不同的时间期限内进行，律师需要随时记录告知其所有事务的截止日期。

4. 规则1.4：沟通

（a）律师应：

（i）及时通知委托人任何本规则要求委托人根据规则1.0(e)作出知情同意的决定或情况；

（ii）与委托人合理磋商实现委托人目标所需采取的方法；

（iii）使委托人合理了解事件的状况；

（iv）及时遵从合理的信息要求；和

（v）在律师知道委托人的目标在《示范规则》或其他法律不允许的范围内时，就律师行为的相关界限同委托人磋商。

（b）律师应向委托人就委托事项作出合理必要解释说明，以便其就代理作出知情决定。

在委托人愿意并有能力的情况下，委托人应该知悉足够的信息，以便对所委托的事务和行动方式作出明智的决策。沟通是否充分,在某种程度上取决于律师提供的建议或协助。其指导原则是,律师应实现委托人的合理目标,告知委托人符合其最大利益的信息,以及满足委托人对代理行为的所有要求。通常,律师所提供的信息,应当是适用于一位具有理解能力和能够承担责任能力的成年委托人。然而,在委托人是未成年人,或者委托人能力有所减损情况之下,根据本标准完全通知委托人是不切实际的。

沟通是律师最重要的职责之一。律师须找到创造性的方式与所有委托人沟通。鉴于每个老年人可能的能力水平不同,律师可能需要找到十种不同的方式来向十个不同的委托人解释"健康护理永久授权书"(DPAHC),让委托人任命一名医疗护理代理,为委托人作医疗护理决定。

5. 规则 1.6:信息保密

(a) 除非委托人提供知情同意,为了执行代理而对信息的披露已经获得默认授权或者披露信息为(b)款所允许,否则律师不得披露有关委托人的相关资料。

(b) 律师可以在以下情形下,在其认为合理必要的范围内披露有关委托人的资料:

(i) 防止有理由确定的死亡或重大身体伤害;防止确定发生的死亡或重大身体伤害;

(ii) 防止有理由确定委托人将对他人的经济利益或财产造成重大损害的犯罪或诈骗行为,并且委托已经或正在利用律师服务来促进其有理由确定的犯罪或者欺骗行为;防止委托人从事对他人的经济利益或财产造成重大损害的犯罪或诈骗行为,并且委托人在从事该行为的过程中利用了曾经接受或者正在接受的律师服务;

(iii) 预防、减轻或纠正对委托人利用律师服务促进犯罪或欺诈行为对他人造成有理由确定或已经造成的经济利益或财产的重大损害;预防、减轻或者纠正委托人利用律师服务从事犯罪或者欺诈行为导致的经济利益或他人财产的重大损害;

(iv) 确保律师遵守本规则的法律意见;

(v) 律师在其与委托人之间的争议中,为了自身利益而提起诉讼或辩护的,或根据委托人所涉及的行为,对律师作出刑事诉讼或民事诉讼的辩护,或者对有关律师在代理委托人的任何程序中的指控作出回应;或

（vi）遵守其他法律或法庭命令。

委托人与律师关系的一个基本原则是,在没有委托人知情同意的情况下,律师不得披露与代理有关的信息。

一般来说,如果除了律师或委托人之外还有其他人在房间内,那么律师与委托人的保密特权就被打破了。子女通常也不例外。在典型的涉及老年人的法律案件中,通常会有一个子女陪同父母去寻求代理老年人委托律师的建议,如果子女陪伴、协助是有必要的,那么通常维持律师与委托人的特权将会保持。

通常,子女将代表父母进行所有的谈话。老年委托人代理律师经常要求该子女离开房间一段时间,以便律师可以直接与老年人交谈,确认他（或"她"）是委托人,而不是子女。这也为律师提供了一个机会,观察子女是否对父母施加了不适当的影响,特别是如果还有其他子女（甚至其他子女并不知道）的情况下。在大多数情况下,当老年委托人代理律师明确每个人都要离开房间时,人们都知道,虽然律师愿意与子女沟通,但父母才是真正的委托人,律师也不会透露任何机密信息给这些子女。

6. 规则1.7利益冲突：当前委托人

（a）除（b）款另有规定外,如果律师代理涉及同时存在的利益冲突,律师不得代表该委托人。如出现以下情况,则涉及同时存在的利益冲突：

（i）对某委托人的代理会直接不利于另一委托人；或

（ii）对一名或多名委托人的代理,将可能面临律师对另一委托人、前委托人或第三人或律师个人利益带来严重限制的重大风险。

（b）"忠诚"和"独立判断"是律师与委托人关系的基本要素。解决本规则规定的利益冲突问题,要求律师：

（i）明确地确定委托人；

（ii）确定是否存在利益冲突；

（iii）决定尽管存在利益冲突,是否仍可以进行代理,即此冲突是否可以经同意而存在；和

（iv）如果此冲突可以经同意而存在,与根据（a）款受影响的委托人磋商,并获得书面确认的知情同意书。律师自身的利益不能对委托人的代理产生不利影响。

如委托人在知情后并无异议,也不会损害律师对委托人的忠诚职责或者独

立判断的话,律师可从委托人之外的其他处(包括共同委托人)获得律师费。如果接受任何其他来源的费用将会带来重大风险,即律师对委托人的代理将因律师要迎合支付其费用方的利益或律师作为共同委托人的职责受到严重限制,律师在接受代理前,必须遵守(b)款的要求,确定冲突是否可以因同意而存在,如冲突可以因此存在,须确定委托人已经掌握了此次代理具有重大风险的信息。

与上述规则1.6中讨论相同,子女通常会支付律师相关费用以协助解决父母的法律问题。如果父母是真正的委托人,那么律师必须确保子女知道支付父母的法律费用绝不会改变律师与委托人的关系。

7. 规则1.8利益冲突:当前委托人:特殊规则

(a)律师不得与委托人进行商业交易,或已经知悉的情况下获得不利于委托人的所有权、占有权、担保或其他财产利益,除非:……

律师的法律技能和训练,以及律师与委托人之间的信任和信心的关系,使得他们可以参与委托人的业务、财产或金融交易,律师的职能范围得到扩张。他们能够与委托人共同参与商业、财产或者金融交易,如律师以委托人的身份贷款或进行销售交易,或者代表委托人进行投资。

律师经常被要求在第三方支付全部或部分律师费的情况下代理某委托方。该第三方可能是委托人的亲戚或朋友、赔偿人(如责任保险公司)或共同委托人(如与一名或多名雇员一起被起诉的公司)。因为第三方付款人经常有着不同于委托人的利益,包括尽量最小化代理费用,以及知悉代理进展状况,所以,律师被禁止接受或继续这种代理,除非律师确定此种情形不会干涉律师的独立专业判断能力,且取得了委托人的知情同意。

在很多情况下,老年人没有有能力的亲戚可以代表他们获得最大利益,因此他们和律师建立了联系。如上所述,作为老年人代理人的律师可以承担一些信托角色,如信托或永久授权信托代理人的受托人,但他们应该谨慎行事,时刻注意,特别是如果该委托人财力尚可时,远房亲戚有一天会出面指责律师利用老年人委托获取利益。

8. 规则1.14:能力减损的委托人

(a)无论是因未成年、精神障碍或其他原因,如果委托人就代理有关的事项作出充分考虑决定的能力有所减损,律师应尽可能维持正常的律师与委托人的关系。

(b)当律师合理地认为,除非采取行动,否则能力下降的委托人陷于重大身体、经济或其他伤害,且委托人无法根据自身的利益充分行事时,律师可采取合理必要的保护措施,包括咨询有能力采取行动保护委托人的个人或实体,并在适当情况下任命诉讼监护人、保护人或监护人。

(c)与能力下降的委托人的代理有关的信息受规则1.6的保护。在依据(b)款采取保护措施时,律师得到了隐含的授权,来透露有关委托人的信息,但该信息仅在保护委托人利益的合理必要范围内。

这条是对于老年委托人的律师来说非常重要的规则,可以独立主动适用,并且与任何律师与委托人关系的所有其他指导原则相互作用。

规则1.14的要点是,委托人被视为有能力,且根据(a)款规定,律师必须做任何必要行动维护正常的律师与委托人关系,包括有尊严地对待和尊重委托人。根据(b)款规定,如果律师通过评估委托人的心智能力,确定不能与委托人正常沟通,且律师认为除非采取行动,否则委托人将受到损害,且委托人不能保护自己,那么律师可违反保密规定,与其他人讨论委托人事宜,代理委托人行事。该规则(c)款警告说,律师应与尽可能少的人交谈,并披露尽可能少的保密信息。

严重无行为能力的人可能没有权利作出具有法律约束力的决定。然而,能力下降的委托人往往能够了解、仔细考虑,得出关于影响委托人自身福利事项的结论。因此,人们认为有些高龄人士是能够处理日常财务事宜的,只是在处理重大交易时需要专门的法律保护。

根据规则(b)款,律师可采取以下保护措施:与家属协商、使用复议期限以澄清或改善状况、使用永久授权等自愿性替代决策工具,或咨询专业服务人员、成人保护机构或其他有能力保护委托人的个人或实体。无论采取何种保护措施,律师应以委托人的意愿和价值判断、委托人的最大利益和尽量减少干扰委托人决策自主权、最大化委托人的能力和尊重委托人的家庭和社会关系为指导。

披露委托人能力下降可能会对委托人的利益产生不利影响。例如,在某些情况下,提出能力下降的问题,可能导致非自愿承诺的诉讼强制医疗程序。律师在讨论与委托人有关的事项之前,至少应确定所咨询的个人或者实体是否可能对委托人利益产生不利影响。在这种情况下,律师往往必须面对重重困难,并须确立自己的立场。

能力严重损害的委托人在健康、安全或经济利益即将受到不可弥补的伤害威胁时,即使该委托人无法建立与律师的委托法律关系,或者就有关事项经过深思熟虑作出决定,律师在与委托人或善意代表委托人的他人进行磋商后,也可代表委托人采取相应的法律措施。

9. 规则 2.1:顾问

律师在代理委托人时,应行使其独立的专业判断,并提出坦诚的建议。在提供咨询意见时,律师不仅可以援引法律,还可以援引诸如道德、经济、社会和政治等与委托人情况有关的其他因素。

超越严格法律问题的事情也涉及其他领域。家庭事务可能涉及精神病学、临床心理学或社会工作专业领域;商业事务可能涉及会计专业或财务专业的问题。作为一名称职的律师,应当推荐委托人与其他领域的专业人员进行磋商,并且应该及时提出这样的建议。同时,律师的最佳建议在于当专家们建议不一致时,推荐委托人选择合适的行动方针。

老年委托人的代理律师通常扮演如社会工作者、朋友,或符合委托人需求的任何角色。然而,律师们需要留意的是:律师实际上所做的事可能涉及其不具备资格的专业领域;应向委托人收取非法律工作的费用。

第二节 确定委托人的心智能力

一、法律标准

虽然美国目前缺乏对心智能力的单一定义,但美国最高法院已经采用了一个定义,来确定被指控进行犯罪活动的个人的心智能力。在 2006 年克拉克诉亚利桑那州案中[Clark v. Arizona, 548 US 735 (2006)],最高法院指出:"第一部分提到认知能力:精神缺陷是否会致使被告无法理解其所做之事。第二部分提出了一个表面上的可替代基础,认为可以以缺乏道德能力为精神病人辩护:精神疾病或缺陷会使被告无法理解他的行为是错误的。"

这在刑事诉讼中是一个很好的标准,即"能力的丧失"意味着一个人无法充分了解自己的肯定行动所带来的后果(如开枪),但是以此标准判断其变老,或是否仍具有独立决断的能力就不是十分妥当了。

虽然在美国没有约束力，但英格兰和威尔士2005年颁布的《心智能力法》[①]给予了美国律师和法庭一些急需的指引，特别是在非刑事类案件中，最高法院认可了这种指引的参考价值。根据英国法律的规定，"如果某人因损害、功能紊乱或心智功能受损而在关键时刻无法就某事作出决定，则他属于能力缺失之人"。英国法律进一步解释说："如果某人无法（a）理解与决定有关的信息，（b）记住该信息，（c）在作出决定时使用或权衡该信息，或（d）交流其决定（使用手语或任何其他方式传达），则此人属于无法独立作出决定之列"，无论此类损害或功能紊乱是永久性的抑或是暂时性的。

2005年《心智能力法》是为保护个人利益而颁布的，因此，"如果一个人能够以适合于他的方式（使用简单的语言、视觉辅助工具或任何其他方式）理解相关解释，则该人不应被视为无法理解与决定有关的信息之人"。此外，"一个人能够在短时间内记住与决定相关的信息，则不应视其为无法独立作出决断之人"。

法律能力存在于一定范围之内。在这个范围内，个人有足够的能力实施简单的行为（如从支票账户支付经常性和正常的月度账单），但不具备能力进行更复杂的行为（如指示经纪人多样化其投资组合，以尽量减少大额损失的风险）。同样的，在医疗保健方面，一个人有可能每天在早餐时吃一粒黄色药片，但是无法在每餐前15分钟根据其血糖水平在特定时间注射胰岛素。同样的局限也体现在法律能力上：律师可以帮助一个人出售其房屋，并将收益平均分配给他的三个孩子，但可能无法在未来37个月中每个月的第二个星期将其停车位特权出租给邻居。

这就揭示了《示范规则》规则1.14的存在意义。当律师建立律师与委托人关系时，其后每次会议均由律师对委托人进行两次评估：第一，委托人是否有足够的心智能力与律师沟通；第二，委托人是否有足够的能力保持这种委托关系。

在确定委托人能力下降的程度时，律师应该考虑并权衡以下因素：委托人是否具有阐明作出决策理由的能力、思维状态的变化和理解决策后果的能力；决定是否具有公正性；长期以来的决定与委托人的价值观念是否一致。在适当的情况下，律师可以向合适的诊断医生寻求指导。

如上所述，每个律师都必须先确定委托人是否有足够的心智能力理解律师

---

① 参见《当你无法作出决断时，谁来对你的健康、福利和财产负责》《家庭、朋友或无报酬护工指引手册》《健康及社会医疗人员手册》及《服务人员手册》等资料，http://www.justice.gov.uk/protecting-the-vulnerable/mental-capacity-act，2017年2月27日访问。

的法律意见并给予回应。如果可以,则可以保持正常的律师与委托人关系。此时,律师方可尝试协助委托人处理相关事务,然后再单独评估委托人是否具有理解法律责任的能力,是否能够针对相关法律事宜作出决定,包括签字授权以执行和制定相关法律文件。虽然大多数律师没有受过相关专业医生类知识培训,但他们仍然有责任对委托人至少进行初步评估,如律师对委托人的心智能力有任何质疑,可再邀请专业医疗人员进行评估,之后律师必须将一些专业模式纳入其执业实践中。

二、美国律师协会和美国心理学协会的建议

美国律师协会法律与老人问题委员会同美国心理学协会老人问题办公室在2001年进行了会晤,认为两方联合评估心智能力,对专业人士及对大众都颇有好处。它们制作了三本出版物,一本写给律师,一本写给法官,一本写给心理学家。本部分讨论的内容摘自《评估能力减损的老人:律师工作手册》[①]。

首先,律师必须确定潜在委托人是否有充分的法定资格签订律师服务合同。其次,律师必须评估委托人的法定资格能力,决定他们是否能够执行代理中所要求的具体法律事务(如立遗嘱、购买房地产、执行信托、赠送礼物等)。律师还需在已经对委托人进行过非正式或初步判断后,决定是否仍需进行正式评估。即使只是初步感觉"有点儿不对",律师仍需进行判断,这本身就是一种评估。如果需要进行正式评估,第二级评估需要咨询专业人员或进行正式评估。律师最好先做好交接与调整工作,再邀请专业人员或进行专业评估。第三级的参与需要律师作出法律判断,即委托人能力水平是否足以继续所要求进行的代理。律师承担着最终是否采用临床评估的责任。他们决定是否进行执行代理,或者是否在适当时根据《示范规则》规则1.14(b)采取保护措施。

无论是脑部发生实际的恶化,还是身体能力的下降,随着年龄的增长,各种因素都可能会影响个体。事实上,有关痴呆症和阿尔茨海默病的具体案例显示,其发病率的确随着年龄增长而增长。据估计,美国老年人患痴呆症的概率每五年会增加一倍。这种疾病一般从60周岁开始,起初只是让人们感到身体出现紊乱,其发病率为1%,到85周岁时,发病率达到约30%到45%,病人非常痛苦。阿尔茨海默病是最常见的痴呆病例,占痴呆病例的60%至70%。

---

① 资料来源:http://www.apa.org/about/offices/ogc/apa-aba.aspx,2017年2月27日访问。

因此，律师维持其执照的道德责任之一，就是遵守规则1.14。习惯上，法庭在这种情况下不太愿追究玩忽职守的律师的责任。原因有二：一是律师与被剥夺继承权的第三者之间缺乏"合同相对性"（即缺乏产生义务的法律关系）；二是事实上，律师的行为通常由司法界其他有着类似经历的成员通过他们的知识、技能和能力所构建的标准来判决，而不是依被剥夺继承权的第三者给出的标准来判决。

实际上，大多数律师没有尝试过进行能力评估，因此，在实践中，也很少有此类标准。

除非被裁定无行为能力执行监护或监管，或一方提出充分证据证明其无力履行必要的举证责任，否则法律上一般假设成年人有能力承担任何法律任务。

"心智健全"是一个被广泛使用的判断术语。在当事人从事的具体交易类型和判决类型中还会常常涉及以下判断术语：

（1）关于"立遗嘱的法定资格"

法庭规定了赠送遗物时，委托人需了解遗物的性质和赠送目的，了解所赠与财产的性质和价值，知晓赠与的对象、理解赠与的效果。

（2）关于"捐赠能力"

为了转让不动产，或为了赠送其他现金或财产，让与人通常必须能够在转让时了解其行为的性质及所带来的影响。

（3）关于"缔约能力"

在确定个人缔约能力时，法院通常会评估当事方是否了解所进行的商务交易行为的性质和影响。

（4）关于"执行永久授权的能力"

传统上说，缔约合同的能力决定了其是否有能力缔结委托授权书。但是，有些法庭也认为这个能力测评标准与立遗嘱的标准相似。

（5）关于"医疗保健方面的决定能力"

大多数州根据其先前制定的指引性法律法规确定了委托人在医疗保健方面作决策的能力。在《医疗决定统一法》中对于"能力"一词是这样定义的：能力是指个人对所建议的医疗方案之利益、风险、替代方案有明确理解，且能就此进行交流讨论，并作出决定。知情同意的基本前提就是具有决策能力。

（6）关于"调解能力"

在委托人咨询调解事宜或代理委托人进行调解时，律师应具有相当的调解能力。

国家监护和保护性法律对于丧失能力的定义则更加宽泛。该定义使得国家可以否定个人的决策权，任命他人（监护人或保护人）担任该人的代理决策人去处理部分或全部事务。各州之间对于丧失能力的裁定标准也不尽相同，但在其他国家，法律首先假定其是具有能力的。

起初，法律对于丧失能力者的裁定标准是"白痴""疯子""心智不全的人"或"浪费人"。现在则借助更加精细化的医疗设备和功能标准来裁定某人是否丧失能力。自 20 世纪 60 年代以来，监护法对于"丧失能力"有了一个更加通用的定义，即从两方面同时进行考量：(1) 找出诸如"精神病""精神残疾""智力迟钝""精神状况""精神衰弱"或"智力缺陷"等具体缺陷；(2) 作出此类情形导致其无法完全管理个人事务或处理财务事宜的判断。

近年来，许多州采用"认知功能"测试，以对传统测试进行补充或替代。例如，在 1997 年的《统一成年监护保护程序法》中，认知功能测试取代了之前关于丧失能力的定义："能力丧失者"是指除未成年人外，无法接收及评估信息或讨论相关信息并作出决策的人，此类人丧失了一些基本必备能力，即在借助相关科技手段下，仍然无法维护自身健康、人身安全，或进行自我护理。

各国均已通过各种形式采用残疾情况、功能行为和认知功能这三项检测。一些国家采用了所有这三项检测。大多数国家对监护干预措施增设了门槛——对于满足个人的必备需求监护是"必要的"（即无其他可行的选择），或者实行监护是"最小限制性的替代措施"已成为通用标准。

其他一些痴呆症或阿尔茨海默病的早期症状包括了语言困难（如遣词）和因视觉能力紊乱导致在熟悉环境中迷路等困难。执行能力缺陷（如规划、组织和判断）也很常见。这些认知变化限制了人们的工作能力，甚至使人们丧失了独立生活能力（如驾驶、购物、烹饪和管理财务）。

三、理解和评估心理能力的模式

心理学家经常使用"Grisso 模型"将这些能力评估分为因果分析、功能分析和互动能力分析几类。这些分类与法定监护标准相似。

因果分析是用以分析导致能力丧失的成因——如分析阿尔茨海默病或精神分裂症的成因。一个个体可能会发生注意力、记忆力、理解力或表达信息能力、推理能力、组织能力、规划能力或其他领域的认知问题。这些问题可能是由认知障碍引起的,如痴呆症或精神疾病(如精神分裂症)。但是,当其法定资格受到质疑时,清晰地说明其个人所受质疑能力的具体信息十分重要,这些信息不仅包括说明其能够立遗嘱、作决策、驾驶、在家里生活,还包括完成其他任何任务的能力。

认知和功能性能的相关信息对该人受到质疑的事务处理能力给予了说明。例如,在评估财务管理能力时,有关记忆和支付能力就至关重要。

所谓互动能力分析,是指要考虑到个人、身体、心理和环境需求对个人的影响。相互交错还包括个人可用的资源、具体情形所遭遇的风险,以及个人的价值观和偏好。对能力进行的临床评估,其结果从来不仅仅是测试结果的诊断性陈述或报告,而是将其与委托人的生活和环境的细节相结合而得出的。

至于医学决策能力所需具备的功能能力,有一些广为接受的分类:理解能力、欣赏能力、推理能力和表达选择的能力。评判经济能力重要的功能能力也是要测评他们的知识、技能和判断力。

对于许多患痴呆症的老年人来说,评估的关键是个体是否能够安全独立地生活。而判断他们能否独立生活,需要关注他们是否具有各种生活技能和辨别力。此外,这个评估过程应自然地融入面试过程中,而不是新建立一套耗资十分巨大的体系再进行评估。

然而,这不会像培训心理学家那样培训律师。因此,律师在注意到能力丧失潜在迹象时,必须牢记要关注他们的决策能力,而不是他们的合作或适应能力。律师在对老年委托人的能力丧失进行判断的时候,需要关注以下几类迹象:

1. 能力丧失可能发生的认知迹象
(1) 短期记忆丧失;
(2) 交流出现问题;
(3) 理解问题,即理解力下降;
(4) 缺乏心智灵活性;
(5) 计算问题;
(6) 有迷惑表现。

2. 能力丧失可能发生的情绪迹象
(1) 重大情绪困扰;
(2) 幻觉。

3. 能力丧失可能发生的行为迹象

(1) 妄想；

(2) 情绪适应性/不适应性；

(3) 不修边幅/不讲卫生。

律师与委托人关系的原则之一，是律师确保委托人不会受到任何人的不当影响而作出决定。评估这种相互作用当然更具挑战性，但确实可以通过评估老人已经出现的一些具体现象来衡量不当影响是否存在。比如，律师可能会考虑老年委托人是否出现恐惧、孤立、过度依赖或脆弱症状，或者似乎被财务信息淹没或对此毫不知情。

但是，在律师对委托人能力下降进行简单评估之前，还有一些因素应考虑在内，以减轻评估值，如：

(1) 最近突发的压力，悲伤或抑郁；

(2) 可逆性医疗因素；

(3) 老年人心理能力正常波动；

(4) 听觉和视力丧失；或

(5) 个体差异和变异性考虑。

总而言之，律师在评估委托人时应该综合考量以下六个因素：

(1) 能够说明决策背后的理由；

(2) 心理状态的多样性；

(3) 对结果的理解；

(4) 决定的实质公平性；

(5) 与终生价值观保持一致；

(6) 了解决策的不可逆性。

如果律师对问题所观测的结果是"轻微"还是"稍严重"拿不定主意，此时他可与医生（最好是心理学家）进行磋商。心理学家回复给律师的结论可能是：

(1) 未损伤：没有或有极少量证据表明能力下降；

(2) 轻度问题：一些证据显示能力下降，但律师的判断不足以阻碍代理或阻止议程中的事务；

(3) 较多问题：有实质证据证明能力下降，律师应咨询专业心理健康人士，或转介委托人进行正式的专业能力评估；

(4) 严重问题：委托人缺乏处理事务和代理的能力。

遇到"轻度问题"时，律师可能会向委托人介绍专业医疗服务，进行及时必要的医疗，以确保没有医疗问题暂时影响老年人能力，及寻找解决方案消除持久的担忧。律师可能会将委托人送往老年医疗机构进行评估，以确保没有疾病暂时影响老年人的行为能力，这一决议可以消除一直以来的担忧。遇到"较多问题"时，律师会考虑对老年人进行综合身体诊断。遇到"严重问题"时，律师会考虑是否继续进行代理。

与委托人及家庭成员和其他重要人员沟通关于委托人的能力问题的时候，律师应尽可能保护委托人的合法权益并降低泄密风险。律师必须始终注意，评估是否具有维持正常律师和委托人关系的能力，以及在委托人委托事务的法律效力时，不应预先假设其能力丧失。预设能力丧失的做法是违规的。

与老年委托人合作的律师应"逐步进行咨询"。在尊重委托人价值观的基础上，通过说明、反思和反馈的过程，帮助委托人了解情况并作出选择。律师应该尽一切可能让老年人感觉到所处的办公室与咨询方式十分"友善适宜"，如果有残疾人，还应当提供特别的便利。

为了适应听觉/视力丧失，应解决如下问题：

(1) 背景噪音；

(2) 座位；

(3) 照明；

(4) 大型印刷材料；

(5) 听觉和视力辅助设备；及

(6) 说话风格和节奏。

如果"能力出现问题"，则需进行以下检验步骤：

(1) 提出简单问题；

(2) 放缓交流节奏；

(3) 延长回应时间；

(4) 将信息碎片化；

(5) 一次提一个问题；

(6) 提供问题线索；

(7) 重复、释义、总结；

(8) 纠正并反馈；

(9) 提供摘要说明；

(10) 错开约会时间;
(11) 允许多次休息和洗漱;
(12) 约会时间简短化、多频化;及
(13) 在委托人的住所会面。

在面对能力有限的委托人时,律师应通过说明、反思、反馈和进一步调查等方式,鼓励委托人逐步决策。这种逐步咨询要求律师在评估每个替代方案时,始终考虑委托人的目标和价值观,并对其他替代方案的利弊进行讨论。这需要大量解释说明,以反映委托人的想法和感受。律师应着手解释每个相关选项,并引导委托人回应。

律师可以向有关专业人士进行咨询,或者邀请有关专业人士介入谈话。此类专业人士可能是:
(1) 医生;
(2) 老年人病学专家;
(3) 老年人精神或心理学专家;
(4) 法律鉴定精神或心理学家;
(5) 神经病学专家;
(6) 神经心理学家;
(7) 老年人评估小组;
(8) 任何医学专家;
(9) 老年人领域医学专家;
(10) 老年人领域心理健康专家;
(11) 法律领域心理健康专家;
(12) 脑功能专家;
(13) 认知测试心理专家;
(14) 老年人领域多学科康复综合小组;
(15) 可进行能力咨询或转介的专业人士。

评估律师与委托人沟通效果的要点包括:
(1) 律师的工作是尽一切可能确保老年委托人的行为(如立遗嘱、执行本合同)不受到现在或以后的质疑。
(2) 这种行为在今后可能因法定资格的原因而受到法律上的质疑。
(3) 当一个家庭成员(或其他利益相关方)因无遗嘱(或合同)继承权或所得

利益比他们预期小时，他们提出质疑的概率升高。

（4）最关键的预防措施是尽可能在法定交易完成时间内完成能力评估。

如果在咨询时已确定委托人并得到其同意，则律师可以向委托人收取咨询费用，以及律师与评估员会面所耗费的时间成本。律师应事先确定此类协商的评估费用。但如果在咨询时未确定委托人，咨询属于律师的服务范围，费用由律师支付。

第八章　美国财产和医疗决策的事前规划

作为认识基础,我们假定所有成年人具有完全意识能力,并因此假定其有能力对自身财产和身体作出决定。即使成年人作出一些愚蠢的决定并对自身造成伤害,美国法律制度也通常不会干涉这些私人决定。但是,一些特别的情况下,法庭会确定一个人在作出决定时没有足够的意识能力,并有权指定监护人为其作决定。"意识无能"可能是由于出生智力或精神受损、特定脑损伤,或者如第七章所讨论的,可能是由于个体年龄增长而致的逐渐受损。

第一节　财产的事先分配

一、在委托人有生之年,通过签署耐用的授权委托书处理财产

关于耐用的授权委托书(DPOA),每个州都有自己的规定。本章概述的是伊利诺伊州的规定。伊利诺伊州有两个独立的耐用的授权委托书——一个针对财产,另一个针对健康。在两种自发的 DPOA 合同中,委托人任命代理人代表本人代为作出决定或采取行动。具体制度规范涉及以下问题:

(1) 赋予代理人权利的事件——可在 DPOA 合同中详细载明代理开始和终止的事件或时间,撤销或修改合同的方式以及涉及代理人和与之交易的所有人员的权利、权力、义务、有效期限、豁免权及其他条款。(755 ILCS 45/2-4(a))

(2) 伊利诺伊州的排他性规定——在本法与代理关系规定一致的范围内,无论该合同在何时何地生效,伊利诺伊州法律适用于所有 DPOA 合同和代理人的所有行为;本法适用于:在伊利诺伊州内实施代理的所有代理关系,以及在代理关系生效或实施代理时委托人为伊利诺伊州的居民的,或者在代理关系中表明适用伊利诺伊州法律的其他代理关系。(755 ILCS 45/2-4(b))

(3) DPOA——除非 DPOA 合同规定了较早的终止日期,否则代理关系将

持续至委托人去世。(755 ILCS45/2-5)请注意,此即为法定 DPOA 与普通法授权委托书(POA)的区别所在。

(4) 代理人标准——已接受委任的代理人必须在为其所知的委托人期望范围内行事。否则,代理人必须以委托人之最大利益行事。(755 ILCS 45/2-7(b))

因此,只要委托人在具有意识能力时选择代理人并与其进行过沟通,那么代理人(通常是其子女)必须遵循其所传达的意愿,即使这些意愿看似非为委托人之最大利益。

在没有明示的情况下,法律也表明,如果委托人的确切意愿和目标为代理人所知,但同时也为一般生活哲学所知,那么代理人应该根据替代决定作出最优推测,并作出他认为委托人可能作出的决定,该决定也可能非为委托人之最大利益。

如果代理人不知道委托人的意愿,因此不能根据实际知道的信息或通过替代决定而作出决定,则允许代理人依委托人之最大利益(而不是以代理人或受益人之最大利益)作出决定。

(5) 管辖权——经任何利益相关人(包括代理人)申请,法院可解释授权委托书、审查代理人行为,并给予适当的救济(包括补偿性损害赔偿)。(755 ILCS 45/2-10(a))

(6) 非伊利诺伊州的 DPOA——实施于其他州或国家的 DPOA,如果其授权行为系按照最低标准实施的,则该授权委托书在本州有效且具有强制力。(755 ILCS 45/2-10.6(a))

(7) 法定注意事项——在现行的伊利诺伊州法律中,委托人必须签署一个特别声明,代理人必须签署一个独立声明。

对于没有立法规定的具有标准形式的事前指示,法律依然承认其效力,所以,对委托人需具备的一般行为能力以及对见证人和公证人员的时间要求及其他要求与在伊利诺伊州签署一份遗嘱所需符合的要求相同。

伊利诺伊州财产授权委托书法定简易格式见 755 ILCS 45/3(见附录一)。

二、委托人死亡后,其累积财产与财富的分配

遗嘱和信托,是委托人处理身后财产分配问题的主要途径。

1. 遗嘱

在伊利诺伊州,创设和执行遗嘱必须遵照 755 ILCS 5 的规定。如果出现无效遗嘱,财产则根据 755 ILCS 5/2-1 规定的无遗嘱死亡进行分配。因此,如果某人希望在其死亡时由任何非属其配偶或子女的人(如其他家庭成员、朋友或慈善机构)接受动产或不动产赠与或获得不平等分配的话,必须立有遗嘱。

2. 信托

在伊利诺伊州,创设和执行信托必须遵照 760 ILCS 5 的规定。以信托为名的财产将根据信托文件进行投资和分配给信托受益人,并根据遗嘱规定不受公开审查。

不动产往往是信托财产的主要组成部分。当围绕信托不动产设立的权利由多人享有时,委托人可以为他们创设以下权利联合方式:

(1) 按份额共有①

① 按份额共有的财产可通过遗嘱认证,允许债权人超过期限行使索赔权。

② 按份额共有有益于保持各方利益相互独立。

③ 两名未婚者可以通过创设按份额共有来保持其财产利益的相互独立。

④ 文书中描述受让人"_____和_____,是按份额共有"。

(2) 联合共同共有②

① 此为伊利诺伊州共有关系的一种形式,涉及两个或两个以上在不动产管理权上享有平等且不可分割利益的人。

② 一个联合共同共有人死亡后,法律自动将这种作为该共有形式一部分的不动产管理权,从已故联合共同共有人转让给尚存的联合共同共有人。

③ 一个联合共同共有人的遗嘱对于联合共同共有的财产不具效力。

④ 让与条款"_____和_____,作为联合共同共有而非按份共有",为每个受让人创设了不可分割的所有权,连同将一个联合共同共有人死亡后的利益转让给尚存联合共同共有人的权利。

⑤ 自规定整体共有的法规(765 ILCS 1005/1c)通过以来,联合共同共有目前使用情况相对较少。

⑥ 联合必须满足"四个共同":每个联合共同共有人的利益必须均等;每个联合共同共有人通过独立契约获得共有权;每个联合共同共有人的利益同时设

---

① "按份额共有"区分于大陆法系的"按份共有"。
② "联合共同共有"区分于大陆法系的"共同共有"。

定；必须同时拥有整体之不可分割的份额。

（3）整体共有

① 丈夫和妻子对宅地财产管理权拥有同等且不可分割的利益。

② 与联合共同共有不同，非经共有双方签字，不得以整体共有方式有效拥有宅地财产的契据、抵押或租赁。

③ 此外，当满足前提条件时，仅经其中一个整体共有人同意，不得出售任何以整体共有方式拥有的不动产。

④ 法律规定如下："至_____和_____，丈夫和妻子，作为整体共有而非共同共有或按份共有"。（765 ILCS 1005/1c）

第二节　医疗卫生的事前规划

老年人都要面临治疗方案选择、临终关怀等一系列医疗问题。在伊利诺伊州，老年人可以通过签署各种法律文书，尽可能全面地为自己可能面临的医疗问题作出事前规划。

一、医疗卫生授权委托书

老年人可以通过签署医疗卫生授权委托书的形式，对自己未来的医疗事务进行事先规划。伊利诺伊州医疗卫生授权委托书法定简易格式见 755 ILCS 45/4（见附录二）。

这一制度主要包含以下内容：

1. 伊利诺伊州的公共政策——"大会承认即使出现死亡，个人有权管控其医治和个人护理的各个事项，包括拒绝接受医治的权利或指示其被撤销的权利。个人决定个人护理的权利优先于医师和其他医疗卫生提供方提供护理或维护生命健康的义务。然而，如果个人变成残疾，其管控医治的权利可能会被拒绝，除非该个人作为委托人将决策权授予一名被信赖的代理人，并确保该代理人为委托人决定医疗卫生的权力与委托人的权力具有同等有效性。"（755 ILCS 45/4-1）

2. 与财产类 DPOA 类似，委托人必须指定一名代理人（可以指定与"财产类 DPOA 中相同或不同的个人"），并确定该代理人的职责立即或在一定日期或事件之后生效。

3. 根据法律规定,即使 DPOA 自委托人死亡即失效(除非自行排除该规定),代理人仍保留对委托人验尸和遗体捐赠的决策义务。

4. 关于插入或取出生命维持治疗仪器(如饲管),委托人可在三种标准中选择一种(除非存在替代性语言):

(1) 让代理人作决定——"如果代理人认为治疗负担超过预期利益,我不希望延长我的生命,也不希望接受或继续接受生命维持治疗。我希望我的代理人在作生命维持治疗决定时,能够将救济痛苦的方式、费用和质量,以及我的生命延续可能性考虑在内。"

(2) 让主治医师作决定——"我希望延长我的生命,并且希望接受或继续接受生命维持治疗,除非依照合理的医疗标准,主治医师认为在基准时间,我将处于永久性无意识状态、不可治愈或不可逆转状态、疾病晚期状态。这些条款的解释见 755 ILCS 45/4-5。如果我满足以上情形或状态的其中一种时,我希望暂停或停止生命维持治疗。"请注意,"主治医师""医疗标准""不可治愈或不可逆转状态""永久性无意识状态"和"疾病晚期状态"之定义见 755 ILCS 45/4-4。

(3) 尽可能延长委托人生命——"我希望在最大程度上按照合理的医疗标准延长我的生命,我的身体状态以及康复可能性和医疗成本不列入考虑范围之内。"

5. 需要注意的是,与财产类 DPOA 不同,关于现存的医疗卫生类 DPOA 的撤销或修订(755 ILCS 45-4-6)以及该文件签署的见证人(755 ILCS 45-4-5.1)有特别规定。

6. 医疗卫生提供方、代理人以及其他方在善意依赖代理人作出"不明显违反"DPOA 文件的条款的决定的情况下,享有法定豁免特权。(755 ILCS 45/4-8)

7. 以欺诈手段修改、撤销/作废,或伪造他人医疗卫生的 DPOA 文件,要承担民事和刑事责任。(755 ILCS 45/4-9)

二、伊利诺伊州安乐死声明

伊利诺伊州安乐死声明格式见 755 ILCS 35(见附录三)。

1. 伊利诺伊州公共政策——"立法授予个人在自身医疗保健决定事项上享有基本管控权,包括在疾病晚期状态下暂停或撤销延迟死亡措施的决定。为了确保在无法参与自身决策的情况下,患者仍可行使其权利,立法特此声明,本州

法律应承认个人在疾病晚期状态下,有权书面声明指示其医师暂停或撤销延迟死亡措施。"(755 ILCS 35-1)

2. 医疗卫生授权委托书允许委托人指定他人代其作决定(包括选择让代理人或医师决定插入或取出饲管,或要求保持饲管插入状态),与之不同的是,安乐死声明是在无须征求任何人意见的情况下,一旦委托人被确诊进入"疾病晚期状态",可直接指示主治医师和相关医护人员不为其提供饲管,或者若在已使用饲管的情况下必须将其取出。

3. "疾病晚期状态"是指一个具有死亡紧迫性且不可治愈和不可逆转的状态,此时使用延迟死亡措施仅起延长死亡过程的作用。(755 ILCS 35/2(h))

4. 请注意安乐死声明中疾病晚期定义的"延迟死亡措施"一词。在允许医疗卫生类 DPOA 的法律中(755 ILCS 45/4-4(h))使用的"生命维持措施"一词和在医疗卫生代理法中使用的"限制条件"一词都与"延迟死亡措施"具有相同定义。

三、伊利诺伊州医疗卫生代理法(在明显缺乏有效医疗卫生 DPOA 和安乐死声明时)

755 ILCS 40 中没有规定确定的形式。

1. 公共政策——立法承认任何个人享有决定对其自身医治的基本权利,包括放弃维持生命措施的权利。(755 ILCS 40/5)

2. 医生必须为患者寻找代理人——当患者缺乏决策能力时,医疗卫生提供方必须根据医疗卫生授权委托法,对医疗卫生代理人的有效性和权限进行合理调查。当没有有效授权的医疗卫生代理人时,医疗卫生提供方必须对于候选代理人的有效性进行合理调查。(755 ILCS 40/25)

3. 如果没有事前医疗指示,按照以下优先顺序指定代理人:

(1)监护人;

(2)配偶;

(3)成年子女;

(4)父母;

(5)成年兄弟姐妹;

(6)成年外孙子女;

(7)朋友;

(8) 财产监护人。

4. 请注意,当不存在患者签署的有效文件以及任何合意或未进行声明时,此规则仅支持主治医师指定某人为疾病晚期患者关于生命维持措施(即饲管)事项所作的决定。即使存在一份有效的医疗卫生 DPOA,如果在未告知主治医师存在该文件的情况下,主治医师仍然可以指定某人为代理人,并且该医师对于指定不适当的代理人不担责。

四、伊利诺伊州精神健康治疗声明

伊利诺伊州精神健康治疗声明见 755 ILCS 43(见附录四)。

伊利诺伊州精神健康治疗声明的一般规则有:

1. 本文件的签署方通常为被诊断为智力受损或先天性受损的个人,而且该个人在药物帮助下具有表达其医疗卫生意愿的能力。

2. 本文件与其他文件具有相同的法定规则(如见证人、撤销条件,以及法定代理人或者医师指定的代理人)。但是,与其他文件不同的是,本文件仅在签署后三年内可撤销。(755 ILCS 43/10)

五、伊利诺伊州关于拒绝心肺复苏术的事前指示

伊利诺伊州关于拒绝心肺复苏术的事前指示见 755 ILCS 40/65(附录五)。

伊利诺伊州关于拒绝心肺复苏术的事前指示的一般规则有:

1. 精神正常的法定成年人可以签署拒绝心肺复苏术的事前指示,指示声明不进行心肺复苏术。

2. 该文件同样能够由主治医师签署。

3. 伊利诺伊州公共卫生部(IDPH)统一规定拒绝心肺复苏术的事前指示,允许个人在接受护理人员、医师、医院和/或疗养院医疗保健时,对于医疗紧急求助的意愿进行指示。

4. 个人,或经个人指示的其他人,或该个人的法定监护人,经医疗卫生授权委托的代理人,或代理决策人可以同意事先指示拒绝心肺复苏术,并经由年满18周岁的个人证明该个人及其他人、监护人、代理人或代理决策人(I) 具有阅读文件的能力;以及(II) 在见证人在场的情况下已签署文件或者告知签署或签章情况。

六、维持生命治疗医嘱（POLST）

俄勒冈州在 1991 年率先倡导适用 POLST 范式。医学伦理学者认识到，尽管存在有效的事前指示，患者对生命维持治疗的意愿一直没有得到严格尊重。

目前已有 14 个州（整个州或当地人口范围）适用 POLST；另有 30 个州正在发展适用 POLST。伊利诺伊州正在制定州内 POLST 范式（20 ILCS 2310）。DNR 法案（755 ILCS 40/65）授权伊利诺伊州公共卫生部制定 POLST 表格。

POLST 表格是色彩鲜艳的医嘱单，用于记载表明重病患者对生命维持治疗的意愿。使用 POLST 表格有两个主要目的：(1) 将个人的愿望变成可诉的医嘱。(2) 患者在不同医护场所接受治疗时可携带该表格。由于患者正处于慢性疾病阶段，仅当"该患者在次年内死亡不至意外"时，才需要适用 POLST。需要注意的是，事实上，患者在接受医治时填写 POLST 表格的情况，往往是发生在没有律师协助的场合中。

七、关于事前规划的其他立法

1. Illinois Anatomical Gift Act（755 ILCS 50）。
2. Disposition of Remains Act（755 ILCS 65）。

第三节　事前规划制度的运作

一、伊利诺伊州监护人制度

伊利诺伊州成年人监护制度见 755 ILCS 5/11A。

"伤残人士"指年满 18 周岁，(a) 由于智力退化或身体无能而没有完全能力管理人身或财产事项的人；或(b) 存在精神疾病或先天无能以及由于该精神疾病或先天无能而没有完全能力管理人身或财产事项的人；或(c) 由于赌博、失业、挥霍或过度饮酒或吸毒，花费自身财产以致自身或家人金钱不足或遭受折磨的人；或(d) 被诊断患有胎儿酒精综合征或胎儿酒精效应的人。（755 ILCS 5/11a-2）

经声誉良好之人或被指称的伤残人士自行申请或提起动议，仅当能够清楚且令人信服地证明某人为"伤残人士"时，法院可以宣告该人为伤残人士。

如果法院宣告某人为伤残人士，法院可以：(a) 在已经清楚且令人信服地证明对于人身护理事项，该人没有足够能力理解或告知或者没有能力对该事项作出决策时，为其指定人身监护人；或（b）在已经清楚且令人信服地证明该人无法自行管理财产或财务事项时，为其指定财产监护人；或（c）为其指定人身财产监护人。（755 ILCS 5/11a-3(b)）

在某些情形下，法官可以为其指定短期监护人（755 ILCS 5/11a-3.2）或临时监护人（755 ILCS 5/11a-4）。

成年人监护关系产生于事实听证会，经原告提出监护人申请，并通知所有利益相关方，包括被指称的伤残人士，并按照伊利诺伊州民事诉讼法程序进行举证。（755 ILCS 5/11a-11）

被指定的人身监护人对于被监护人具有向法院报告的特殊义务（755 ILCS 5/11a-17）；被指定的财产或不动产监护人具有向法院报告的其他特殊义务（755 ILCS 5/11a-18）。

如有需要，法官可以指定诉讼监护人为法院之"耳目"，而非为被指称的残障人士的辩护人。

理论上，伊利诺伊州法律旨在保护被判决需要监护人的个人独立性和尊严。例如，"只有旨在促进伤残人士之福祉，保护其免受忽视、剥削或虐待，并鼓励其发展最大自立和独立，才应行使监护权。指令监护应限制在个人实际精神、身体和适应性范围内"。（755 ILCS 5/11a-3(b)，重点增加）此外，"（a）仅当授权明确指定有限监护人时……被监护人才无权指定人身监护人。（c）不得根据本条指定在法律上不适格的有限监护人"。（755 ILCS 5/11a-14）而监护人的职责是"守护者应协助被监护人发展最大自立和独立"。（755 ILCS 5/11a-17(a)）

二、事前规划与监护人制度

在同时存在事前规划与监护人监护的情况下，事前规划规则优先于监护人制度。

三、事前规划之利弊分析

1. 事前规划制度的优点

（1）个人可选择将来为其作决策之人（代理人可以是任何人，包括对于该任务，委托人更倾向选择的孩子或朋友）。

(2) 个人可以描述将来决策的大致思维过程,以供代理人代其作决策。

(3) 个人可以明确授予代理权的具体事件,代理人有权代其对财产和/或健康作决定。

(4) 伊利诺伊州的表格具有法定格式并且是公开的,所以即使存在适当的法律咨询,也可以自行低价执行(可避免昂贵的成年人监护诉讼)。

(5) 同样由于伊利诺伊州的表格具有法定格式并且公开,所以像银行和医院这样的实体可随时验证表格之效力以及执行是否得当。

2. 事前规划制度的缺点

(1) 除非提供适当的法律意见,表格可能导致不理想的结果,如不足以满足现在伤残人士的意愿和目标,或者与其他事前规划文件内容冲突;或被视为执行不得当。

(2) 某些第三方(如银行或医院)可能会接收到欺诈性执行或被恶意修改过的文件。

(3) 可能出现被委托为代理人的家庭成员和朋友有时使用事前指示侵占委托人财产的情况。

(4) 一些表格(如安乐死声明和DNR指令)通常在未经审查甚至未通知律师的情况下,就在医院内执行,缺乏严肃性。

第九章　美国涉老虐待问题

第一节　美国涉老虐待现象

一、常规统计数据

美国一项研究显示[①]：2010年,有92865名65周岁以上的老年人受到暴力犯罪侵害。有585名65周岁以上的老年人遭到谋杀,占受害者总数的4.5%。在585名65周岁以上的受害者中,女性占46.3%,而在所有年龄段受害者中,女性占22.5%。

2000年至2005年,美国国家案件单元报告系统(NIBRS)记录发现:有87422起涉老虐待案件涉及单个受害者和单个犯罪者;受害者大多数为白人,其年龄在60至69周岁之间;犯罪者大多数为男性(72%);犯罪者类型包括熟人(36%)、儿童(24%)、配偶(20%)和其他家庭成员(12%);犯罪者中陌生人占比8%。

男性受害者最常受到熟人或陌生人伤害,而女性受害者更常被儿童、配偶或其他家庭成员虐待。最常见的受害方式是受到单纯企图伤害(53%)、受到恐吓罪(33%)和受到加重的企图伤害(14%)。60周岁以上的老年人中约有5%(20个中就有一个)报告过去一年受到精神虐待,而他们中只有8%的受害者诉诸执法部门。

[①] 参见《美国犯罪受害:统计情况》,https://www.ovcttac.gov/downloads/views/TrainingMaterials/NVAA/Documents_NVAA2011/ResourcePapers/Color_Elder%20Abuse%20Resource%20Paper_2012_final%20-%20508c_9_13_2012.pdf）。

另一研究显示①：涉老虐待是一个公认的具有不确定性的社会问题，且呈增加和加剧的趋势。据不完全统计，有 100 万到 200 万名 65 周岁以上美国人因依赖他人照顾或看护而遭受伤害、经济剥削或其他虐待行为。在未来几十年内，随着人口老龄化加剧，老年人受虐待现象无疑会增加。然而，目前对其特征、原因、后果和有效预防手段知之甚少。该研究报告旨在更好地了解此类问题的性质和发生的范围，为更好地制定政策和实行计划创设必要条件。

在该研究报告中，"涉老虐待"是指：(1) 看护人员或使老年人对其保持信任关系的其他人，有意识地对孱弱的老年人造成伤害或有造成伤害的严重风险的行为(无论是否故意造成伤害)；(2) 看护人员未能提供老年人的基本所需或保护其免受伤害。以下情况则被排除在"虐待"范围：由于自我忽视而导致老年人不能满足自己的基本需要，或保护自己免受伤害；老年人受到陌生人的伤害。

二、现象与研究

过去二十年来，相关执业人员和决策者对涉老虐待现象十分关注。但研究人员或提供研究经费的机构却未能对其倾注同等的关注。主要的基金会并未将该领域确定为其优先事项之一，联邦财政投入亦不足。例如，自 1990 年以来，美国国家老龄化研究所(NIA)仅资助不足 15 项有关涉老虐待的研究，其他机构的支持力度亦是如此。因此，涉老虐待的研究迄今仅局限于一小群调查人员之中，他们的研究仅覆盖有限的知识体系——诸如现象、严重程度、原因关系以及所产生的后果。针对涉老虐待统计是基于当地的抽样调查和估计的美国总人口得出的。预防和补救性干预措施是非系统性的、分布零散的，干预效果亦未经恰当评估。鉴于此类不足，美国国家老龄化研究所要求国家研究委员会通过全国统计委员会成立专家小组，依此评估涉老虐待领域目前的研究状况，并制定一套适于该领域的研究计划。

---

① 参见《老年人受虐：美国老龄化社会中虐待、忽视、和经济剥削老年人问题》，http://www.nap.edu/openbook.php?record_id=10406&page=R1。

第二节 美国涉老虐待研究

一、研究概况

1. 存在问题

通过对已发表和未发表的涉老虐待的研究报告进行整体情况审查,研究者发现这一领域存在诸多问题:

(1) 定义不够清晰和一致;
(2) 措施不够清晰和适当;
(3) 不完整的专业账户;
(4) 缺乏基于人口的数据统计;
(5) 缺乏前瞻性的数据统计;
(6) 缺乏控制组;
(7) 缺乏系统的评估研究。

2. 原因分析

造成这些问题的因素有:

(1) 缺少资金和调查人员;
(2) 研究方法未定,尤其是调查方面;
(3) 关于研究实践的伦理不确定性;
(4) 研究人员和相关服务机构之间联系不足;
(5) 缺乏理论支撑;
(6) 研究定义和法律定义交织变化;
(7) 老年医学和家庭暴力的研究传统不统一。

为改善此类问题,推进该领域进展,专家小组就研究计划提出了建议。

二、研究建议

对涉老虐待的现象基础研究是该领域早期关键性的一步。这一研究有助于把握涉老虐待现象的关键因素,从而制定出广泛接受且可操作的定义,并开展针对此类现象的应对措施研究。

开展涉老现象研究的内容包括:(1) 老年人建立信任关系的类型、其他各方对此类关系的参与、形成此类关系的基础,以及他们与不同虐待类型之间的联系；(2) 老年人遭受的不同类型的虐待的损害类型，不同损害之间的相互关系（如从身体关系、精神关系、财务关系），以及损害的严重程度、时间特征和发展规律；(3) 由于信任关系中的其他方导致的损害行为或不作为，此类行为如何表现及其发展规律；(4) 虐待的精神影响，包括精神损害类型、表现形式及其综合性研究；以及(5) 由于第三人的某类行为或不作为可能造成损害的情况。

当下，迫切需要制定广泛接受且可操作的定义，以及对涉老虐待各因素的测量方法进行论证和标准化，还需要研究涉老虐待的不同因素、不同形式以及相关的风险因素和结果。该领域还需针对此类因素制定一系列可靠且行之有效的应对措施，开展一些针对多种背景下的研究，包括实务中筛选和专业鉴定，以及在不同人群中进行涉老虐待研究。

关于涉老虐待，应当展开基于人口客观分布的调查，这项工作应引起相关机构的高度重视并提供资金支持。相关机构应提供启动资金，制定相关措施并切实推进，提高对涉老虐待的甄别准确度。目前，有关社区居住和住院涉老虐待现象的资料相当匮乏。在开展此类调查之前，应明确界定此类调查的目的和理由，充分理解不同调查方法的优缺点。不同类型的虐待需要不同的理论和方法，并应考虑和评估多种模式以进行案件查证。调查所获取的信息，可以通过适当地应用记录链接技术进行加强。应进一步探索对生物体标记的补充研究，以此加强对涉老虐待病例的甄别。

资助机构应优先资助以涉老虐待的全国发生率、流行分布和预防为对象的调查研究。这些研究应包括大范围、独立的流行状况研究，以及针对老年人的模块化扩展调查。获取准确的全国涉老虐待发生率，对于进一步的政策制定有重大意义。运用适当的研究方法，对危险因素进行全国调查，应对涉老虐待事件，以解决与涉老虐待预防和应对相关的重大政策问题。

应该将涉老虐待案件的筛查和侦查模块加入到现有的全面健康治理和社会调查中。这些内容包括对老龄化人口的纵向追踪研究，并进一步应用于涉老虐待问题的政策应对中。这类调查针对孱弱的老年人，包括与涉老虐待的风险或结果相关的研究变量，很可能会取得显著且直接的效果。该类与涉老虐待相关的调查工具和仪器也可进行尝试研究，以此探索出可适用于全国调查的方法。

除了改进家庭抽样技术和地理指标抽样技术之外，还应在社区中探索新的涉老虐待受害者的抽样和识别方法，以提高对涉老虐待事件预估的有效性和全面性。很可能,家庭采样虽然很有效,但在某种程度上说也是不全面的,因为越是难以进行调查的家庭和受访者,越是容易发生涉老虐待事件。这项工作的难点在于如何获取和描述各种集中了众多孱弱老年人的疗养院和相关住所。需要探索出其他抽样技术,以便更加深入这类人群,如通过社交网络和相关机构,或医疗保障体系。

目前,对于各种类型的涉老虐待事件,人们对其发生的前因和结果均知之甚少,有必要进行更深入的纵向追踪调查。这些工作包括对已查明的涉老虐待案件的处理、社会和心理结果的后续跟踪研究。许多涉老虐待情况会重复发生,且在很长一段时间内会隐匿于各种各样的形式之下,这使得对涉老虐待事件的界定十分困难。因此,需要对涉老虐待的性质、周期、变化和触发因素做更进一步的工作,并就此进行纵向追踪调查。此外,目前尚未对受虐待老人的健康和社会后果进行充分的研究,而这些调查能为此类事件的预防和早期干预提供十分重要的信息。

公共机构中的涉老虐待事件(如在医院中),通常涉及长期看护和辅助看护情况。由于研究抽样方法和检测手段的贫乏,一直未能总结出典型性特征。此类涉老虐待研究所运用的抽样和监测技术,应该与基于社区的涉老虐待探查所用的技术不同。在这方面,需要进行一些手段创新。

针对不同类型的涉老虐待,需要研究其风险指标及其危险因素和保护因素。不同类型的虐待,从概念意义出发可能缺乏联系。例如,肢体暴力和精神上的忽视可视为同一现象的子集。由于针对肢体暴力的案例研究的数量相对较多,以肢体暴力为表现形式的老人虐待,也能够较为明显地呈现出关于危险因素的可靠信息。因此,需要加强对此类危险因素——诸如忽视、精神虐待、性虐待和经济剥削——的研究。同时,需要研究不同类型虐待并存的现象,以及此类共存所涉及的危险因素。该研究也不应忽视针对涉老虐待的保护因素研究。另外,对公共机构中涉老虐待的危险因素的研究也显得尤为重要。

应扩大对危险因素的研究,将涉老虐待的事件过程纳入考虑范畴。虽然缺乏纵向数据,但是涉老虐待的情形似乎存在着可遵循的发展程序模式。这一模式包括:出现明显的虐待征兆和症状之前的预见期;"缓和期";虐待变得更加严重的临界点。有人猜测,虐待通常随着时间的推移变得更加严重,但没有实证数据支撑这一设想模式或者进程中的个体差异。实务报告表明,虐待情形也包括某一具体虐待问题解决后的后续发展情况。这种虐待后续发展的状况,可能是虐待情况加剧,也可能是依旧存在虐待情况但相对稳定,并未加剧。因此,应当甄别使得虐待情形加剧的风险因素。基于此类原因,"群组研究"在确定涉老虐待的危险因素方面显得尤为重要。

为了在一系列临床环境中进行涉老虐待问题的研究,需要进行大量研究来改进和开发新的筛选方法。这些方法应该能够精确、有效地检测到大量的虐待类别。候选技术可能包括改进问卷设计,记录与其他临床、公共卫生、社会和法律数据库的联系;基于临床记录的自动化警报系统;基于预筛选方法的风险状态评估。应着重将各种临床损伤的预测价值和其他相关临床结果作为虐待问题的社会管控指标。

对非典型虐待案件进行的过程研究,可以改进调查方法,改善决策过程和决策结果。此类案件缺乏甄别黄金标准,一些不准确的介入行动又会造成严重的后果,因此对案件的调查和标准过程进行研究和改进非常必要。比如,需要研究如何评估具有认知障碍的老年人提供准确证词的能力,以提高案件甄别的准确性,不仅限于在具体纠纷环境,还应包括法律环境,以及诉讼过程中的检控决定和正式裁决。

迫切需要就涉老虐待的干预措施进行研究,如对现有的干预措施的运行效果进行评估。相关机构为新的干预项目提供资金的同时,也应要求它们进行科学且充分的评估,并将评估纳入资助范围。尤其在以下方面:

(1) 对强制报告的实践和效果进行研究。最大限度地比对出不同州之间采用强制报告和不采用强制报告在实践和效果上的差别。

(2) 对成人保护性服务干预措施的有效性进行研究。在可能的情况下,就接受服务的情况,与合格受助人拒绝接受所提供服务的情况之间进行结果比对,或与其他已甄别的同等性质的虐待案件相比对。

(3) 对现有医疗保障环境进行干预或预防研究。此类机构如医院和应急反应服务部门等。这些机构拥有现成的专家团队和提供此类服务的资源,应优先考虑此类机构为受虐待老年人提供服务。

(4) 促进成人保护服务团队和大学研究团队的发展。评估现有数据,改进数据收集和事件报告的分析,根据调研报告制订全面计划。

调查人员和伦理审查委员会(IRBs)需要就涉老虐待研究中最常出现的问题提供更明确的指导(而非严格的规定)。在参与者的决策能力受到损害的情况下,研究依然能够合理进行的条件以及合理处理在研究过程中获取的受虐证据。由于缺乏更好的指导，各 IRBs 仍然设定自己的标准，因此导致标准混乱。机构或组织之间的合作研究也十分困难。虽然并非完全不可能，但是，因为不同的 IRBs 在此类问题上经常采取不同的立场（比如关于必须经由披露以获得知情同意的信息），大大增加了合作的难度。

美国国家老龄化研究所与人体研究受试者保护办公室以及其他联邦机构协商后，应采取措施，帮助调查人员和 IRBs 给予受试者足够的保护，同时促进针对老年人和孱弱成年人的相关重要研究。

相关联邦政府、州政府和私营机构必须对老年人免受虐待提供长期而充足的资金和支持，并为培养下一代该领域的调查人员提供保障。如果执政者和相关机构认识到涉老虐待领域的重要性，并能提供稳定的研究支持，对该领域的认知将会得到深化，一些有效的研究成果会在实践中得到广泛应用。

涉老虐待问题处于卫生研究和社会科学研究的交叉领域。联邦相关机构（如美国国家老龄化研究所、残障与康复研究所以及美国国家司法机关）应共同努力，促进对弱势成年人群体进行的研究。

从护理角度对涉老虐待问题进行研究所取得的科学成果，结合有效的行政制度，有望建立起有质量保证的涉老长期护理制度。预防虐待是护理院法规监管保障质量的核心要素，而在社区环境中保护老人——包括在他们自己家中——对公共政策而言同样是不小的挑战。研究人员更是需要跨学科进行研究，融汇相关现象观察、原因探究和后果观察等方法，通过有效的干预措施减少虐待事件的发生。

第三节　美国旨在防范（或惩戒）涉老虐待或忽视的州立法

一、涉老虐待、忽视行为

伊利诺伊州制定法汇编 320 ILCS 20/2(a)规定，虐待，"是指对任何适格成年人造成身体上的、精神上的或有关性的伤害，其中包括剥削成年人财力"。

1. 虐待形式

（1）"身体虐待"一般是指任何人对老年人不正当地使用武力，包括击打、掌掴、踢打、强迫老年人进食，或者强迫老年人服药。身体虐待的症状表现为：伤痕（如瘀伤、鞭痕或伤疤）、骨折或扭伤。

（2）"性虐待"是任何形式的非自愿身体接触，包括对智力能力低下者实施强奸、骚扰或其他性行为。无论是在家庭环境下还是在医院环境下,大多数受害者为老年女性。性虐待的症状表现为:性传播疾病或生殖器损伤。

(3)"精神虐待"一般包括通过威胁、羞辱或其他行为对老年人心理上故意施压或者情绪上造成痛苦。精神虐待包括言语行为或非言语行为,症状表现为:无其他原因的体重骤减;睡眠困难;抑郁;面对施虐者畏畏缩缩,或者情绪反应不安、激动、孤僻和木然。

(4)"经济虐待"通常指占有、盗用或扣留老年人的动产或不动产。经济虐待所包括的行为十分广泛,例如,占有钱款或财务;假冒老年人的签章;利用不当影响订立契约;从遗嘱或授权书获取利益;电话营销诈骗。老年人是经济虐待的主要对象,之所以会如此,一方面是由于老年人一般财产积累较多——50周岁以上的人口掌握着美国总财富的70%;另一方面,老年人在生活上更依赖于别人的照顾,于是很容易成为不良分子的目标。尤其在当代高科技社会背景下,老年人可能无法妥善管理财务;施虐者们意识到,由于担心面临尴尬或担心失去个人自由,老年人可能永远不会报告自身所受到的经济虐待。经济虐待的症状表现为:待付账单和驱逐通知书;无法解释的大额银行账户提款;物品遗失;无法解释的新友谊(尤其是有更年轻的情人);财务单据上的奇怪签章;法律文书(如授权委托书或遗嘱)的突然变更。

2. 忽视或自我忽视

(1)"'忽视'是指另一人未能向适格的成年人提供或故意克扣其生活所需,包括但不限于食物、衣物、住所或医疗保障。本款不构成为任何适格成年人提供支持的新的作为义务。因合格的专科医师或医护人员向其提供或未向其提供医疗服务,不得依照本法案将其解释为忽视的受害者。"(320 ILCS 20/2(g))

(2)"自我忽视"是指"由于身体或精神上的障碍,或两者兼而有之的原因,导致老年人基本自我照顾能力的降低,因而严重威胁到自身健康,包括提供基本食物、衣物、住所和医疗保障的缺失;无法获取维持自身身体和精神健康、情绪健康和一般安全所需的商品和服务。该条款包括强迫性囤积症,其特征在于获取和保存大量物品或材料,因此造成大面积的生活空间混乱,严重损害了自我照顾的环境或者严重威胁到生命安全"。(320 ILCS 20/2(i-5))

(3)"看护人的忽视"是指看护人未能履行职责以照顾一老年人;"自我忽视",指的则是个人拒绝接受别人的照顾或者没有照顾自身的能力。当然,后者要区分开"没有能力照顾自己的老人"和"有能力照顾自己却故意而自发地选择不去照顾自己(这指的是这些老人清楚地了解自己的选择,因此他们的选择造成的结果不能算作是有自我忽视而怪罪各州在通常情况下都会尊重个人的自主权)"。需要注意的是,伊利诺伊州是为数不多的把强迫性囤积习惯归为自我忽视的州。忽视的行为包括:水电供暖不足;生活质量下降(比如虫害);卫生条件差;营养不良,脱水,褥疮等。

二、强制报告人

强制报告人,指的是当专业人士或专业人士代表从事:(ⅰ) 社会公益;(ⅱ) 执法;(ⅲ) 教育;(ⅳ) 对一位或多位合法成年人的照料;或(ⅴ) 所有在临床心理学授权法、临床社会工作和社会工作执业法、伊利诺伊州口腔科执业法、营养师及饮食专家执业法、婚姻和家庭治疗授权法、1987 年医疗执业法、推拿治疗执业法、护士执业法、敬老院行政授权管理法下需要执照的工作。

定期联系老年人的人最有可能发现老年人被虐待。强制举报制度,要求一些特定的专门人员上报他们在履行自己职业职责时发现的疑似涉老虐待的情况。这些强制报告人包括:成年照料者、社会服务工作者、治疗师和医疗专业人员。

三、涉老犯罪加重刑罚

1. 企图伤害罪

根据伊利诺伊州制定法汇编 720 ILCS 5/12-1:

(1) 企图伤害罪是指主动且有意识地威胁受害者,使受害者处于将被殴打的恐惧中。

(2) 判决。企图伤害罪属于三级轻罪。

(3) 若犯罪地点的管辖范围内有为县委员会资助认证的社区服务点,除了已作出的判决刑罚外,法庭还要指定罪犯去参加 30 至 120 小时的社区服务。

2. 加重的企图伤害罪

根据伊利诺伊州制定法汇编 720 ILCS 5/12-2:

(1) 是不是加重的企图伤害罪取决于犯罪地点。当犯罪嫌疑人企图伤害受害者,且受害者在公路、公物、公共设施、娱乐运动场所附近时,犯罪嫌疑人便构成了加重的企图伤害罪。

(2) 是不是加重的企图伤害罪取决于受害者的状况。当犯罪嫌疑人企图伤害受害者,且了解受害者是残疾或超过60周岁没有减轻处罚依据时,便构成加重的企图伤害罪。

许多州都加重了针对涉老虐待的刑罚,比如在伊利诺伊州,如果受害人超过60周岁,便构成加重的企图伤害罪(无论受害老年人是否比年轻受害者更容易受伤)。

第四节 美国预防(或惩罚)涉老虐待或忽视的联邦法

虽然"涉老虐待"还是一个相对较新的概念,但美国各州已经在较短时间内制定出了各自的法令条例,联邦政府更是通过《老年人正义法》来向全国表示要终止涉老虐待的决心,这项法案是2010年《患者保护与平价医疗法案》中的一条(也被称为"奥巴马医改")。

《老年人正义法》规定:

(1)为国家成人保护服务计划提供资金,用于在国家和地方一级发现和防止虐待老年人现象;

(2)要求长期护理机构的业主、经营者、员工、经理、代理人和承包商上报涉嫌对从联邦资助的长期护理机构中接受护理的居民或个人;

(3)设立10个涉老虐待救济区域中心,根据需要协助各州;并

(4)为每个州建立一个单一的方法来收集和统计涉老虐待数据,使国家可以有一套标准数据。

第五节 美国芝加哥地区华裔涉老虐待问题

一、中国

对于中国社会的涉老虐待问题,美国涉老法研究鲜有涉及。在有限的资料中,美国研究者关注了中国大陆地区涉老虐待问题的以下几个方面:[①]

(1)由于低生育率和健康状况的改善和寿命的提高,中国社会正在迅速老

---

① See Elise Yan, Catherine So-Kum, and Tang Dannii Yeung, No Safe Haven: A Review on Elder Abuse in Chinese Families, Trauma, Violence & Abuse Journal (2002) (available at http://tva.sagepub.com/content/3/3/167.full.pdf+html).

龄化。

（2）工业化和城市化带来的社会变革冲击了中国传统观念，中国家庭正处于转型阶段，即现代与传统的交叉路口。

（3）有证据表明，中国的年轻一代会更轻易忽视儒家思想中的"孝"，而中国的老年一代也不再拥有过去在家中的威望、权利和受照顾程度。因此，中国老年人在他们年迈时可能出现极度不适应。

（4）中国的老年护理者常常倍感压力并处于一个矛盾的状态——想从照顾老年人的重负中解脱又觉得自己有义务去照顾。

（5）涉老虐待在中国还是个相对无人问津的问题，可能是因为受害者为了保持家庭和睦和荣誉而不举报，也可能是因为老年虐待还被当作家庭私事，还可能是因为有关地方缺乏具有文化敏感性的手段来测量和监督涉老虐待事件。

（6）现有的研究表明，涉老虐待确实在中国社会中存在。西方研究中发现的涉老虐待的不同形式在中国社会中也存在，其中对老年人的精神虐待似乎是最普遍的。

（7）虐待中国老年人的施虐者通常是老年人的成年子女。中国的涉老虐待施虐者通常是已婚、与父母同住，有家庭冲突、经济困难、压力、精神障碍、酗酒问题或药物依赖的男性。至于被虐待的中国老年人，他们一般年纪较大，视力和记忆力下降，饱受慢性疾病的困扰，又依赖别人对他们的照顾，这些都是很危险的因素。

二、芝加哥美籍华裔社区

下文的要点总结自 2013 年的一项研究报告。①

1. 背景

作为在美国历史最久、数量最庞大、增长速度最快的亚裔亚人口群，美籍华人社区也面临着老龄化问题。从 2000 年到 2010 年，65 周岁及以上的中国人口的增加数比美国老年人的总人口还要多。这个庞大的增长数不仅使得对中国老年人的健康程度的彻底了解变得重要起来，还预示着对这个国家的多元人口

---

① 《芝加哥中国老人的健康福祉（2013）》（首席调查员：董新奇，医学博士，公共卫生学硕士，美国伊利诺伊州芝加哥拉什大学医药中心健康老龄化研究院老龄化政策研究项目之中国人健康，中美老龄人口研究中心咨询委员会成员，美国伊利诺伊州芝加哥约翰马歇尔法学院与华东理工大学合作），报告详细内容请参见 http://www.chinesehealthyaging.org/pinereports.html。

有高文化敏感度的医疗卫生机构的不断增长的需求。

不幸的是,大部分联邦健康数据的收集都只针对亚裔这个大群体。因此,针对美籍华裔为特定族群所作的数据收集就比较缺少。再加上华裔老年人大多都不积极参与联邦赞助的活动,他们接受的健康信息非常有限。鉴于这些因素,我们对面临华裔老年群体的重大健康问题仅仅略有了解,公共卫生和针对这一社区群体的政策也相对比较落后。

为了让情况好转,我们开展了 PINE 研究。该研究是拉什大学中国健康老龄化和政策项目、西北大学,以及包括中国美国服务联盟主要社区合作伙伴等众多社区服务机构之间协同合作的产物。这种学术界的伙伴关系是以社区参与式研究(CBPR)方法为指导。PINE 报告是一项全面的研究,旨在探讨大芝加哥地区华裔老年人的健康和福祉,这是西方国家流行病学研究中最大的华裔老年人群。在中国文化中,"PINE"的形象象征着长寿、韧性、尊重和幸福的晚年生活,符合我们的研究目标,已被选为研究的词汇标题。

2011 年到 2013 年间,研究团队一共当面采访了 3018 位 60 到 105 周岁不等在社区生活的老年人。掌握多语种的员工用采访对象所偏好的语言或方言进行了采访,比如英语、广东话、台山话、普通话或者潮州方言,并通过最先进的创新应用软件进行录音,同时以英文、中文简体或者繁体记录下来。

2. 重要的发现

(1)受访老年人的平均年龄为 73 周岁,其中 59% 是女性,58% 的受访老年人为已婚。

(2)受访老年人在美国平均居住了 20 年左右。然而,他们中的 76% 还是只能读懂或说中文,只同中国人交往(91%),且只有中国朋友(89%)。

(3)受访老年人的文化水平普遍较低,相比较于美国全国的老年人,他们也更容易面临严峻的经济困难。86% 的受访老年人生活在贫困线以下。

(4)超过 36% 的受访老年人认为宗教是他们生活中必不可少的一部分。超过 54% 的老年人去年曾在家里做礼拜。

3. 医疗服务的使用

(1)华裔老年人未上保险率是美国全国预计的五倍以上。受访老年人中有 24% 目前没有保险。

(2)华裔老年人没有接受他们急需的固定预防性医疗服务。相比于全国的老年人,只有 28% 的受访老年人曾接受过肠镜检查,35% 的受访老年人曾在近两年接受过乳腺的检查,25%的受访老年人曾在近三年接受过生殖系统检查。

（3）中药的使用较普遍。76%的受访老年人曾有过使用中药的经历。

4. 身体健康状况

（1）受访老年人的各种疾病发病率比预计的全国发病率略高。在受访老年人中最常见的三种疾病是：高血压(56%)、高胆固醇(49%)、关节炎(39%)。

（2）睡眠质量不好(43%)、听力下降(37%)、头晕(31%)、头痛(27%)、晕厥(15%)是影响这一群体常见的疾病症状。

（3）超 1/2(51%)的华裔老年人在日常活动中有很多不便,这些活动是保证自己独立生活在社区里的条件。

5. 精神健康

（1）精神健康在华裔老年人群体中是个严峻的问题。很多华裔老年人有各种形式的精神困扰：74%的老年人生活有压力；66%的老年人有焦虑症状；55%的老年人有抑郁症状；46%的老年人会将绝望心理投射在生活中；26%的老年人觉得孤单。

（2）有自杀倾向和自杀未遂的普遍发生率差别较大。研究发现,3.7%的60周岁以上的华裔老年人曾有过自杀倾向,美国 50 周岁以上的老年人这一数据则是 2.3%。9.4%的华裔老年人曾在自己漫长的人生的某一阶段有过自杀的念头。受访老年人中去年自杀未遂行为的发生率是 2‰,自杀未遂的有 9%。

6. 涉老虐待

（1）涉老虐待是华裔老年人面临的一大健康问题。24%的华裔老年人曾经历过某种形式的虐待。心理虐待(10%)和经济剥削(10%)是两种最常见的形式。

（2）32%的虐待受害者曾在 60 周岁之前经历过其他形式的暴力行为,比如伴侣暴力或子女暴力。

7. 社会福利

华裔老年人的社会圈更偏向于以家庭为重而不是以朋友为重。71%的华裔老年人可以至少说出 4 个亲密的家庭成员,但 14%的受访老年人表示自己没朋友。

8. 结论和影响

与少数假设不同的是,PINE 报告显示华裔老年人受到了并存病(即多种疾病的叠加,这是造成老年人生活不适的主要原因——译者注)、生理残疾、心理困扰、虐待等问题的严重影响。许多人的文化水平低、经济困难、社会支持不足。PINE报告是全面了解美国成长最快的老龄化社区之一的健康差距问题的第一步。目前要明确的是为这个弱势群体增加社会服务和保健服务。然而,能让华裔老年人和他们的家庭利用的服务很少,再加上老龄化劳动力的大量短缺,无法提供语言和文化适宜的护理。

华裔老年人面临的多重健康挑战为家庭成员、社区利益相关者、卫生专业人员提供了多重研究机会。必须建立多学科伙伴关系,为华裔老年人提供必需的疾病预防、干预等成功策略。

第六节　国际领域涉老虐待问题

一、联合国关于老年人问题的基本立场

联合国大会肯定老年人对社会的贡献,在《联合国宪章》中表达了成员国人民对基本人权、人的尊严和价值、男女平权、大小国家,以及更高的自由度下促进社会进步和提高生活标准的信心,并在《世界人权宣言》《经济、社会、文化和权利国际公约》《公民及政治权利国际公约》和其他声明中确保普遍标准对特定群体的适用。

二、《国际老龄问题行动计划》

第一次老龄问题世界大会于1982年7月26日至8月6日在维也纳召开。大会批准了《国际老龄问题行动计划》。

该文件认同老年人情况的巨大差异,这些差异不仅存在于国家之间,还存在于国内和个人之间。这就需要各种各样的配套政策予以回应。所有国家中个人寿命都在增长,健康状况也比以往任何时候都好。人们有理由深信,在一个老年人越来越多的世界,我们必须为愿意且有能力的老年人提供参与和对社会正在进行的活动作贡献的机会。无论是发达国家还是发展中国家,每个家庭都应该为虚弱的老年人提供关怀、照顾。应遵守《国际老龄问题行动计划》已经制定的标准以及国际劳工组织、世界卫生组织和其他联合国实体的公约、建议和决议,鼓励各国政府尽可能将以下原则纳入其国家项目:

1. 独立
(1) 老年人应当能够通过个人收入、家庭和社区扶持,以及其他自主的方式获得足质足量的食物、饮用水、住所、衣物和医疗服务。
(2) 老年人应当可以找到工作或者其他有酬劳的机会。

（3）老年人应当能够参与制定何时、以什么样的速率开始从劳动力市场退出的决定。

（4）老年人应当能够参加合适的教育培训项目。

（5）老年人应当可以选择符合自己喜好以及身体状况并且安静的生活环境。

（6）老年人应当享受自己居所的永久居住权。

2. 参与

（1）老年人应当坚持做社会的一分子，积极参与到能对老年人生活状况作出贡献的政策的制定和实行中，向年轻人分享知识和经历。

（2）老年人应当能够寻找并创造社区服务的机会，并在他们感兴趣且在能力范围内的岗位上做志愿服务。

（3）老年人应当能够组织老年人社团及运动。

3. 疗养

（1）老年人应当能够得到来自家庭和社区、符合社会文化价值观的关怀与庇护。

（2）老年人应当能够得到医疗服务，帮助他们保持或者重获身体、精神以及心情的最佳状态，并帮助他们预防或延缓病痛的发作。

（3）老年人应当能够得到社会公益与法律服务，以保证并提升他们的人身自由权益、关怀以及护理的水平。

（4）老年人应当能够合理利用在人道主义精神与安全环境下提供的庇护、康复治疗，以及护理机构提供的社会和心理支持服务。

（5）老年人应当能够在任何庇护所、护理治疗机构居住时享受人权和基本的自由权利，这些权利包括对他们的自尊、信仰、需求、隐私，以及对护理和自己生活质量作出的决定的无条件尊重。

4. 自我实现

（1）老年人应当能够追寻最大化实现自己潜能的机遇。

（2）老年人应当能够使用教育、文化、精神、娱乐等各类社会资源。

5. 自尊

（1）老年人应当能够有尊严地生活在安全的环境中，并不会受到剥削或者身体和精神上的虐待。

（2）老年人应当能够得到无视年龄、性别、种族、残疾以及其他个人状况的公平对待，他们的经济独立也应当得到重视。

第十章　美国退休金融安排

第一节　退　休

一、美国公民的人生三阶段

1. 第一阶段:未成年时期(通常未满 18 岁)

美国 50 个州皆有法律规定公民从孩子(未成年人)成长为成人(成年人)的年龄,公民被确诊为智力障碍致残的情形除外。一旦成为成年人,公民可依其自由意志行事——签订合同(无论交易优劣)、同意或拒绝服用药物(无论药物是否致命)、决定是否活跃于某一社区等。

2. 第二阶段:心智能力健全的成年时期

心智能力健全的成年人可作出有关自身财产和健康的决定,并指定一个或多个代理人,当其丧失心智能力时,由代理人依该公民的最大利益,代为行使权利。

3. 第三阶段:心智能力衰退的成年时期

若公民在第二阶段作了合理安排,其期望的家庭成员、朋友或顾问(医生)将依照持久代理权同意书,以代理人的名义决定其财产、人身及医疗选择;否则,由法官指定人身/财产监护人(无论指定人是否为该公民的期望监护人)。

二、退休

尽管公司可能规定(建议)了退休年龄,或鼓励年长员工离职,但是,不同公民"退休"时间不同,甚至可能在不同的人生阶段"退休"。

一般而言,大多数成年人能掌控退休时间,除患慢性疾病或残疾,影响其预计的持续工作时间,或某一雇主不希望延迟该员工的退休时间。若员工希望暂缓退休,随后延迟或"阶段性"退休可采取下列做法:

（1）在现就职公司的同一职位继续任职，但减少工作时间；

（2）在现就职公司的同一职位继续任职，但从职员转变为顾问（若公民在这个过程中被归类为"独立承包人"[①]而非"普通员工"[②]，则需注意查看工资税、医疗保险等福利问题）；

（3）在另一公司谋职（可能是不同行业）；

（4）创立新公司或营利企业，但需要注意养老基金作为初始投资可能被耗尽，这里还包括使用个人退休账户转换创业资金（IRA ROBS）收益的具体问题[③]；或

（5）以志愿工作代替新工作。

"退休"并不能完全等同于"进入老年"。虽然法律条文或出于不同目的定义何为"老年"（刑事、公共福利资质、减免所得税等），但是，不同公民还是会在不同时间视自己进入"老年"，甚至是不同的人生阶段。一些人拥抱人生经验，并得益于"老年"状态，而另一些人则期望尽可能延长"青年期"，可能是为了避免受到老龄歧视或其他形式的年龄歧视。人们通常认为"老年"公民脆弱，且易成为身心虐待和经济剥削的受害者。

第二节 退休所需的收入和福利金额

一、退休福利策略

如下文将进一步解释的，最佳退休福利策略包括一项养老保险（即退休初期的"养老储备"）加上一年收入（无论该年收入是固定的还是变动的）。

大多数经济学家认为每年应提取一定比例的资金，作为养老保险或养老储

[①] 独立承包人，即从事独立的交易、生意或业务，为广大公众提供服务的人，如医生、牙医、兽医、会计师、承包人、分包人、公共速记员或拍卖人等。判断属于员工还是独立承包人，应视具体事实而定。一般原则是，若付款人只有工作结果的控制或指导权，而不控制工作内容和工作方式，那么该职工属于独立承包人。独立承包人的收入必须课征自雇税。

[②] 根据普通法，如果雇主对雇员的工作范围与工作方式有控制权，即使不使用其控制权并提供给员工某种工作的自由，该雇员即为雇主的员工。重点是，雇主是否有权控制工作内容的执行细节。

[③] 个人退休金账户转换创业资金（IRA ROBS）是将退休账户（如 401k 或 IRA）的资金投入退休公民的初创企业而不支付提前提款处罚或税款的一种方法。ROBS 不是商业贷款，甚至是 401k 贷款，所以不用偿还债务或利息。使用 ROBS 的业主通常比依靠传统业务融资的业主获得更高的成功率。资料来源：http://fitsmallbusiness.com/rollover-business-startups-robs/。

蓄。自1994年起，专家们普遍认同每年应提取4%，这样养老保险最有可能持续缴纳25年。然而，在2008年，一位诺贝尔经济学奖得主通过论证存款剩余和过度支付引起的低效现象，质疑每年4%的理论——结论是启用个人方案效果更佳。

如果退休后的所有收入和财富达到退休前家庭收益的某一特定比例，那么大多数家庭在退休后能维持与之前相似的生活水平。他们认为，退休后能获得在职收入的60%至70%即为良好，若夫妻两人都退休，一方离世后，退休金可以获得原先的75%。

正确的策略是将收入现金流的利用率最大化，同时将养老储蓄分配使用的需求率最小化。但是，正如退休前收入通常无法支付紧急事件的开支一样，退休后收入也可能不足以支付开支，比如在遇到下列问题的情况下：

（1）突发医疗事件；

（2）残疾所致的家庭改造费用；

（3）供养的家庭成员中有失业、育儿、搬家或求学的情形；

（4）捐助慈善机构或设立遗产基金。

大多数公民还存在高估退休收入或者低估退休后的总花费（有时因计算能力低下所致，但多数情况下是因为低估了医疗保健需求和自身的寿命）的情况。

总之，每位退休公民一般都应将用于不同开支的资金进行分类：

（1）年金式固定收入，用于支付月常开支。

（2）可供清算和花费的保险金，用于支付突发事件费用、非必需开支以及为家人、朋友、慈善机构选购礼品的费用。

（3）任何未在退休期花费的资金，可在死亡后以遗产的形式赠与朋友、家人或慈善机构。

二、退休收入的来源和支出

1. 退休收入的来源

公民一般拥有下列收入来源，通常情况下是固定的，但有时也可能有所变化：

（1）社会保险金（公民须在作为雇员或自主就业时期缴纳）、退伍军人养老金和"起居协助养老金"；

（2）员工"养老金计划"和个人养老账户的年金；

(3) 私营保险公司的年金和类似金融产品；

(4) 长期护理保险；

(5) 付息证券和付现分红股票；

(6) 租金收入和专利或版权收入；

(7) 分期收款销售或民事诉讼收益；

(8) 按月支付用于日常生活活动开支的部分长期护理保险政策；

(9) 政府项目的金融补助（补充保障收入、福利、补充营养协助计划、住房补贴等）；

(10) 收入流反向抵押贷款；

(11) 收入流委托人信托（包括慈善信托）。

2. 退休收入的支出

(1) 一般支出

下述花费大多可控，并可通过合理计划和投资期限削减至合理水平。需考虑的一般支出费用包括：（月度、季度、半年度或年度）

① 所有房屋费用（主要、次要和度假使用的房屋）；

② 按揭贷款或房租；

③ 公共设施费①、网络费、电话费；

④ 房主保险及报警系统费用；

⑤ 其他计划及预期维修费用；

⑥ 联邦所得税（2012年，退税须申报）；

　　纳税人为：单身，65周岁以上，净收入不少于11200美元；

　　已婚，夫妻共同申报，双方65周岁以上，净收入不少于21800美元；

　　已婚，夫妻分别申报，双方65周岁以上，净收入不少于3800美元；家主，65周岁以上，净收入不少于13950美元；

　　适格鳏居者，65周岁以上，净收入不少于13950美元。

⑦ 州税和地方税；

⑧ 信用卡和其他债务支付费用；

⑨ 车辆费用；

⑩ 维修和调校费用；

---

① 公共设施费是指使用水、电、气、供暖等公共设施所需缴纳的费用。

⑪ 保险费；

⑫ 行车证和停车证费用；

⑬ 保险金；

⑭ 人身保险费；

⑮ 长期护理保险费；

⑯ 医疗保险费；

⑰ 购买食物和衣物费用；

⑱ 自主性支出；

⑲ 度假费用；

⑳ 兴趣爱好花费；

㉑ 购买礼品花费；

㉒ 慈善捐助费用；

㉓ 俱乐部花费；

㉔ 娱乐休闲支出。

（2）医疗保健开支

尽管每个人在退休后的花费各不相同，但是大多数支出都是可控的，用于支付以上全部花费的收入通常由退休金总额与医疗保健开支决定。然而，医疗保健开支通常是不可控的，医疗保健服务的一般类型有：

① 预防性服务（如年度体检和定向癌症筛查）；

② 改善性服务；

③ 非慢性疾病（如腿骨折和脑震荡）；

④ 慢性疾病（如心脏病、中风或癌症）；

⑤ 紧急救护（如在医院或重症监护室由紧急救护人员照护）；

⑥ 生命维持（如处于植物人状态的人使用喂食管）；

⑦ 紧急救护后的康复（如物理治疗）；

⑧ 维稳控制慢性疾病（如处方药或透析）；

⑨ 临终关怀和姑息治疗（如绝症的病痛控制）；

⑩ 精神疾病；

⑪ 确诊为精神障碍（如痴呆症、躁郁症或抑郁症）；

⑫ 自主咨询（如悲伤或压抑的咨询期）；

⑬ 虚浮心理（如无医学需要的整容手术）；

⑭ 自选项目(如出国度假前的防疫措施);

⑮ 牙科护理与补牙、听力辅助、老花镜、针灸;

⑯ 设备仪器(如血糖仪、针头和拐杖);

⑰ 往返医疗保健机构的交通费;

⑱ 健康计划或建议(如减肥或戒烟);

⑲ 生命终结计划。

退休后还可能存在其他花费,如以下日常活动和工具性日常活动(不属于一般意义上的医疗支出)的部分:

① 一般会需要长期护理保险的日常活动(取决于保险政策,失去任何一项或两项日常活动的能力);

② 卫生(洗浴、整理仪容、剃须和口腔护理);

③ 穿衣;

④ 进食(独立进食);

⑤ 如厕(使用洗手间的能力);

⑥ 移动(如从坐姿变至站姿,以及上、下床等活动);

⑦ 工具性日常活动(IADLs)。

  例如,搜索和利用资源(查询电话号码、使用电话、预约医生);

  开车或安排出行(公共交通或私人车辆);

  备餐(开容器、使用厨房设施);

  购物(前往商店,购买食物、衣物等生活必需品);

  家务劳动(洗衣、清理污渍,保持居住环境清洁);

  用药管理(按时服用处方药,并做记录);

  财务管理(基本预算、支付账单和开具支票)。

上述医疗保健花费,一般通过下列手段支付:

① 个人收入和养老保险(因即便未购保险,也可能接受持续的保险金、免赔额度和固定额数);

② 包含退休福利和个人医疗保险计划的公司健康计划;

③ 政府项目(如医疗保险、医疗辅助计划、退伍军人福利等);

④ 政府补助(如强制性急救室护理);

⑤ 部分长期护理保险。

第三节 政 府 福 利

一、公共医疗保险

1. A 类医保

A 类医保是一项由美国医疗保险和医疗补助中心实施的基本住院保险,它一般涵盖：

(1) 住院期间的病人护理(如重症监护、住院康复机构、主治医师认可的长期护理医院等);

(2) 专业疗养机构的住院护理;

(3) 临终关怀服务;

(4) 部分家居医疗保健护理服务(尽管基于 2005 的联邦法,各州需自行支付家庭护理费用);

(5) 宗教非医疗机构的住院护理。

若在职员工(为 FICA 工资税)或自雇人员(为 SECA 税)缴纳"养老金"40 个季度以上,A 类医保无须按月缴纳保险金。但是,每年须自付 1156 美元(2013 年数据,根据生活成本调整),同上加上自付费用医疗设备或在康复中心住院期间的费用。

2. B 类医保

B 类医保是一项基本补充性医疗保险,同样由美国医疗保险与医疗补助服务中心承担,它一般涵盖下列费用：

(1) 必需性医疗服务。对医疗状况达到实施医疗手段标准的个人进行诊断、治疗的必需服务或药物。

(2) 预防服务。预防疾病(如流感)或早期筛查疾病。

B 类医保属于自愿参加性质,参加该医保的居民每月至少支付 104.9 美元(高收入退休居民每月支付金额高达 335.7 美元)。此外,每年还需支付 147 美元的自付部分,加上自付全部"医疗必需"保健花费的 20%。(以上均为 2013 年根据生活成本调整的数据)因此,公民需从收入和保险金中支付的金额取决于其任一退休年份(公民健康状况有时逐年稳步下降,有时在部分年份中下降更为显著)的健康状况。

3. C 类医保

C 类医保是一项基本医保优势计划,是由美国医疗保险与医疗补助服务中心认可的个人健康保险计划。公民若参加了住院保险和补充性医疗保险,则仅可参加处方药计划。医保优势计划覆盖了 A、B、D 类医保不包含的项目。

各项医保优势计划必须落实在下列商业模式中:

(1) 优选医疗机构(Medicare Preferred Provider Organization,PPO)。公民可在任何医生或专科医生处就诊。若该医生不属于 PPO 体系,个人所需支付的费用则会增加(但是,当 PPO 体系内没有类似的医师时,公民可就诊于体系外的医师)。

(2) 健康维护组织(Medicare Health Maintenance Organizations,HMO)。公民仅可在 HMO 体系内的医生处就诊。大多数情况下,会建议公民转诊至 HMO 体系外的专科医生处。

(3) 按服务收费的个人医疗(Medicare Private Fee-for-Service,PFFS)。公民可前往任何医生或专科医生处就诊,但是这些医生必须愿意接受 PFFS 的保费、条款和条件。无须转诊至专科医生处。

(4) 特殊医疗需求计划。此类计划专为患有某些慢性疾病和有特殊需求的公民而设计。此类计划必须覆盖 A、B、D 类医保项目。

(5) 医疗储蓄账户(MSA)。本计划包含两部分:年免赔额度达标后方启用的高自付率计划,以及医保存款用于居民医疗健康花费的储蓄账户。

本保险的月付额度、年免赔额度以及周期性自付额度,取决于公民支付能力和预期所需的医疗需求。公民须在每年 11 月 15 日之前(含当日)选择医保优势计划,该保险将于次年生效。公民的 C 类医保一般在以下情形中出现问题:公民出现新的医疗问题,且在其偏好的该领域专科医生处就诊不划算(或费用无法承担),于是公民需为下一年度寻找包含新发慢性疾病的医保。

4. D 类医保

D 类医保是一项基本的处方药计划,是由美国医疗保险与医疗补助服务中心认可的个人健康保险计划。公民只有同时参加 A、B 类医保,方可参加 D 类医保。

D 类医保中覆盖的一切处方药必须由执业医师开具处方,且经联邦药品管理局批准。该药物不得涵盖于 A 类或 B 类医保中,且必须由不经专业医药人员监督的公民自行管理。各项 D 类医保都含有一份覆盖药物清单(药物表)。

运作机制如下(2013年,公民可支付的上限,适用"合适"政策减少支付费用):

(1)年免赔额度为325美元(公民必须在医保未覆盖任何费用前,支付第一笔325美元);

(2)初次覆盖限额和覆盖差("甜甜圈洞"),公民将自付高达6629.52美元的额外费用(取决于处方药是著名品牌还是一般品牌);

(3)一年中的其余处方药费用被视为"灾难(catastrophic)",5%的剩余费用由公民自付,95%由医保覆盖,但普通处方药可能有最低自付额度。

与C类医保相似,公民须在11月15日之前(含当日)选择医保优势计划,该保险将于次年生效。

二、公共医疗补助制度

公民处于贫困状态时,疗养院的基本费用由个人的医疗补助支付。医疗补助是一项设定基本参数的联邦计划,联邦支付了一半的费用,各州自行设定各自的支付规则。以下是医疗补助制度的概述信息,具体数据为2015年伊利诺伊州的标准。

1. "贫困"标准

衡量是否达到"贫困"标准的收入限制如下:

(1)单身老年人(超过65周岁)或残疾人为每月637美元;

(2)老年/残疾夫妇则为每月956美元;

(3)若居住于疗养院,每月仅有35美元的个人需求费用。

2. 资产限制

下列财产的数量,将作为享受这一福利的标准:

(1)免税财产(可保留财产);

(2)房屋;

(3)车辆;

(4)家庭用品;

(5)商业财产和房产;

(6)人身保险条款;

(7)预付丧葬费用(最高1500美元);

(8)超过2000美元的现金;

(9) 股票和有价证券；

(10) 个人退休账户和其他符合资质的保险；

(11) 存款证；

(12) 单一溢价延期年金；

(13) 国债及票据；

(14) 储蓄债券；

(15) 投资财产；

(16) 终身人寿保险；

(17) 空置房产和二手房产；

(18) 如有免税财产，在医疗补助计划覆盖长期护理前，它必须用于支付该费用。

已婚夫妇，若一方向"机构"申请医疗补助，那么居住于社区的健康一方可继续接受少量收入以及一定的资产以免陷入贫困，但必须支付高于配偶的住院护理费用。

社区资源津贴（Community Resource Allowance）允许居住于社区的配偶保留不高于 109506 美元的资产，居住于疗养院的配偶可在另一独立账户中保留不高于 2000 美元的资产。居住于社区的配偶每月可接收不高于 2739 美元的收入（最低生活保障）。为支付用于接受医疗补助的配偶的医疗费用，医疗补助享有社区配偶的房产的留置权。

3. 医疗补助计划

老龄法律师可以辅助当事人获取医疗补助。例如，公民在世时，将个人资产赠与家人、朋友、慈善机构，而当该公民在需要疗养院或家庭护理时，便进入贫困状态。

如何在医疗保险和医疗补助之间选择专业疗养机构费用的承担方式，取决于以下因素：

若该公民，

(1) 住院不少于 3 天；

(2) 在出院 30 天内，进入医疗补助认可的专业疗养机构；

(3) 有住疗养院的医学需要；

(4) 在 A 类医疗保险理赔范围内；

(5) 住院第 1 天至第 20 天的全部合理费用；

(6) 住院第 21 天至第 100 天的全部合理费用，但公民须先自付每天 119 美元的费用（该金额可能高达 9520 美元）；

(7) 100 天以后的费用不予理赔。

Genworth 网数据显示，2011 年伊利诺伊州的年医保费用为（括号内是芝加哥地区的费用）：

(1) 家务服务为 44272（45760）美元；

(2) 家庭护理为 45760（46904）美元；

(3) 成人日间护理为 16770（16640）美元；

(4) 辅助生活机构，床位费为 41880（50440）美元；

(5) 专业疗养机构，半私人间为 54750（65700）美元；

(6) 专业疗养机构，私人间为 63875（76384）美元。

第四节　退伍军人福利

律师仅在接受专业培训且获得退伍军人管理局颁发的证书后，方可代表老兵向退伍军人管理局提出福利申请或协商。

老兵退休抚恤金及配偶补助金（The Aid and Attendance（A&A) Pension），资助第三方为退伍老兵及其在世配偶饮食、洗浴、穿衣脱衣及其他生理需求提供的服务。同时，资助第三方提供的服务还适用于盲人或因精神、生理障碍居住于疗养院的病人。需要生活费辅助机构提供帮助，同样需要符合一定标准。

战争开始或战争结束前一天参军，服役满 90 日者，方具备申请起居协助养老金的资格，参战老兵配偶（婚姻必须因老兵死亡而终止）同样具备资格。申请人必须同时符合医学和经济标准。

符合医学标准，是指参战老兵或其配偶须在第三人的帮助下完成如进食、穿衣脱衣、解决生理需求等日常行为。失明、因精神疾病或身体残疾居住于疗养院，或居住于辅助生活机构，也视为符合医学标准。

申请者要证明自己符合申请标准必须提交老兵养老金或补助金申请证明。该申请需要一份 DD-214 表（退伍令）的复印件或退伍文件、医生开具的医学评估书、现阶段医疗状况、净值限额、净收入以及预算外的医疗费用支出。

申请人平均资产必须少于 80000 美元（不含房产和车辆），方可视为符合经济标准。

第五节 专业疗养院的替代选择

据美国政府医疗补助计划网或疗养院比较网的信息,医院、疗养院以及家庭保健机构的出院规划师和社工可以帮助老年人安排护理方案。州或社区的机构也可帮助老年人处理长期护理选择方案。

一、居家养老(见诸多个国家的服务或项目)

(1) 成人日间护理;
(2) 膳食计划(如送餐服务);
(3) 老年中心;
(4) 购物及交通帮助服务;
(5) 法律、日常生活付费及其他关于经济事务的帮助服务;
(6) 仅支付居家医疗保健的医疗保险和医疗补助计划(也可支付家人、朋友、专业照护人员或专业护士的费用);
(7) 家庭社区豁免计划——若老年人具备医疗补助资格(或在部分州符合报销疗养院费用的标准),则可报销部分家庭社区服务,如家务服务、个人护理以及临时看护。各州的家庭社区计划可以帮助老年人保持自立,在住院机构外获得其所需护理。[1]

二、附属住宅

附属住宅也称为"姻亲公寓""附属公寓""第二公寓",这是位于房屋或一地段的第二居住场所。公寓有独立的客厅、卧室、厨房和浴室,并必须符合当地的分区法。

三、老年人住房补助

联邦和州政府都设立了专门项目,以帮助中低收入的老年人支付住房费用。部分住房项目还包括餐饮或家政、购物、洗衣等其他活动。居民通常居住

---

[1] 参见地区养老及老龄护理机构(Area Agency on Aging or the Eldercare Locator)网站。

在有综合设施的公寓内,租金通常按收入比例计算。住宿及护理家庭(有时成为"集体家庭")是一种老年人集体生活模式,专为生活无法自理但却无须疗养院服务的老年人设计。大多数住宿及护理家庭为洗浴、穿衣、如厕等日常活动提供帮助。所付费用为一定比例的收入,包括租金、餐饮费以及其他基础服务费用(许多护理家庭的费用医疗保险或医疗补助都不予报销)。

四、辅助生活设施

辅助生活,是指为诸如洗澡、穿衣、如厕等老年人日常生活提供帮助。同时,也为吃药、滴眼药水、赴约或做饭等老年人能自理完成的活动提供帮助。

老年人的房间或公寓应位于一栋或一群楼内,总是或有时和其他老年人一同用餐。通常,也提供社交和休闲活动。这些设施中有一部分含有保健服务。

大多数情况,使用辅助生活设施的老年人定期按月支付租金,或为其接受的服务支付额外费用。"辅助生活"一词在不同机构中或指不同事物。并非所有辅助生活机构都提供相同的服务。联系该机构并确保其可以满足自身需求至关重要。

五、持续照料退休社区

持续照料退休社区(Continuing Care Retirement Communities,CCRCs)提供多种住房类型和不同标准的照料服务。在同一社区中,为独立生活的老年人提供个人住宅或公寓,为需要日常照料的老年人提供辅助生活设施,为需要更多照料的老年人提供疗养院。

CCRCs合同通常要求老年人在需要疗养院服务时选择CCRCs疗养院。部分CCRCs疗养院仅接收先前居住于该退休社区其他部分的老年人,如辅助生活区或独立区。

六、临终关怀

临终关怀是对身患绝症的病人(寿命等于或少于六个月)及其家人的一种特殊照护方式。临终关怀包括物理治疗和咨询服务,旨在慰藉病人及其亲属,而非治愈疾病。

若符合临终关怀标准,则可接受医疗与支持服务,包括护理、医务社会服务、医生服务、咨询服务、家事服务和其他服务。临终关怀服务是由多名医生、护士、家庭保健护理员、社工、咨询师以及训练有素的志愿者组成的团队,以协助病人及其家属应对疾病。应视病人身体状况,决定在临终关怀机构、医院或疗养院接受服务。

一些疗养院和临终关怀机构可提供喘息服务。喘息服务是为临终关怀病人提供的临时住院服务,常规护理者可因此稍作休息。若进入临终关怀服务过程,服务中包含最多达五天的喘息服务,其中包括喘息服务期临时住院的病房和床位。

七、老年人全面护理项目

老年人全面护理项目(Program of All-Inclusive Care for the Elderly,PACE)是为保障弱势人群留在家中并维持生活质量,处理一切医疗、社会以及长期护理服务。PACE 仅实行于将其设在医疗补助计划之中的各州。项目旨在帮助老年人在尽可能长地独立居住于其社区的同时,可以接受必需的高质量医疗保健服务。年满 55 周岁或以上,居住于 PACE 服务区域的居民,方符合参与标准,有资格享受相应州立机构的家庭护理计划,并在社区中有安全生活保障。

附录一 财产授权委托书法定简易格式

包含公共法案（Public Act 96-1195）要求的修订版本
2011 年 7 月 1 日起生效

注意事项

请务必认真阅读注意事项。这份你即将签署的授权委托书属于法律文件。它由《伊利诺伊州授权委托法案》(the Illinois Power of Attorney Act)规范。如果对条款有任何疑问，你应当要求律师为你解释。授权委托书旨在赋予你指定的代理人处理财产事务的广泛权利，其中包括在未经你同意或者事先通知的情况下，抵押、出售或者处置属于你的任何动产或者不动产。这份法定简易格式的授权委托书只允许你选定继任代理者，但你不能同时任命两个以上的共同代理人。

这份授权委托书并未给代理人施加处理财产事务的义务，所以选择同意为你处理这些事务的代理人很重要。更为重要的是选择一个你可以信任的代理人，毕竟你将赋予他在财产和金融资产上的控制权。任何一个替你办事的代理人都负有善良管理人的义务，为了你的利益他们必须足够谨慎、勤勉并具备相应的能力。他或她的行为还应当符合法律的规定和条款的指示。你的代理人必须对所有收入、支出以及在担任代理人期间的任何重大行动进行记录。

除非你对授权委托书的有效期间进行特别限定，赋予代理人的权利将在你的整个生命期间持续有效，包括你丧失行为能力的之前或者之后。如果法院认为你的代理人没有合法行事，有权剥夺代理人的代理权。你也可以随时撤销授权委托书。

这份授权委托书并未授予代理人以律师身份代表你出席法庭或者从事任何法律事务的权利，除非他或她持有能够在伊利诺伊州执业的律师执照。

赋予代理人的权利等详细内容可参考《伊利诺伊州授权委托法案》第3、4节。这一格式内容也是该法律的组成部分。

贯穿条款的"注意事项"部分属于指示性内容。

你并不一定要签署这份授权委托书,但是没有你的签名这份授权委托书无效。当你没有了解授权委托书的所有内容,也不清楚代理人在你签署之后允许从事的活动时,你不应该签署这份文件。

请在下一行的横线上签上你的姓名首字母,表示你已经阅读过了注意事项。

_____

(委托人姓名首字母)

伊利诺伊州财产授权委托书法定简易格式

1. 我,_____

_____

(在此写入委托人的姓名和地址)

因此撤销之前所有经由我授权的法定财产委托并指定(写入代理人的姓名和地址):_____

_____

(注意事项:不允许指定两个以上的共同代理人)

代理人以我的名义从事活动,有权行使下列权利。这些权利被包含在《伊利诺伊州授权委托法案》第3、4节(包括所有的修正版本),但是允许对以下第2、3段中的特定权利进行限制和增改。

(注意事项:你可以删除以下任何一项或者多项类别的权利,意味着你的代理人将不会享有它们。如果你没有删除某项类别,那么该项类别下的权利将全部赋予代理人。你可以用横线划去该项类别的标题以取消权利的赋予)

(a) 不动产交易;

(b) 金融机构交易;

(c) 股票与债券交易;

(d) 有形动产交易;

(e) 银行保险箱交易;

(f) 保险与养老金交易;

(g) 退休计划交易;

(h) 社会保障、雇佣以及兵役福利;

(i) 税收事务;

(j) 索赔与诉讼;

(k) 商品和期权交易;

(l) 商业经营;

(m) 借贷交易;

(n) 资产交易;

(o) 其他财产交易。

(注意事项:若作出特别说明,对代理人权利的限制与增改可以包含在授权委托书中)

2. 以上授予的各项权利不能包含下列事项或者须根据下列细节进行删改与限制:

(注意事项:可以添加任何你认为合理的特定限制,如禁止某类股票、不动产的交易或者对其附加条件,或者为代理人从事的借贷交易制定特殊规则)

_____

_____

_____

_____

3. 除了以上列举的权利,我还将赋予代理人以下权利:

(注意事项:你可以毫无限制地添加任何其他的可委托权利,包括赠与权,行使任免权,选定或者更改受益人、共有人的权利,有权废除或者修改特别提及的某项信托)

_____

_____

_____

_____

(注意事项:在必要情况下,为了使代理人能够更合理地行使该表格赋予的权利,代理人有权雇用他人。但是,所有事项的自主决策必须由代理人本人作出。如果你允许代理人将自主决策权赋予他人,你需要保留第4段的内容。否则,代理人无法享有此项权利)

4. 代理人有权书面授权他人或者由代理人选出的其他人上述任何一项或多项权利以及包括所有事项的自主决策权。但是,该项授权可以被我任命的任何一个代理人(包括继任代理人)修改和撤销。

(注意事项:因执行授权委托书所产生的所有合理费用,代理人有权获得补偿。如果你不同意代理人因代理服务有权获得合理补偿,删去第5段)

5. 我的代理人有权因提供该项授权委托书下的代理服务而获得合理补偿。

(注意事项:这份授权委托书能够在任何时间以任何方式被委托人修改或者撤销。除非开始日期或者授权期间通过完成第6、7段得以事先约定,否则授权委托所赋予的权利在签署之日起生效,并持续有效至委托人死亡)

6. 该授权委托书应当从何时开始生效:

_____

_____

(注意事项:写入一个未来日期或者未来在你生命中可能发生的某个事件,你希望授权能够立即生效,如法院认定你为无行为能力人或者医生作出你丧失行为能力的书面决定)

7. 授权委托何时终止:

_____

_____

(注意事项:写入一个未来日期或者事件,如果你希望授权能够在你死亡之前终止,如法院认定你并非无行为能力人或者医生作出你没有丧失行为能力的书面决定)

(注意事项:如果你希望指定一个或者多个继任代理人,在第8段添加每个继任代理人的姓名和地址)

8. 如果我指定的代理人死亡、丧失能力、辞去或者拒绝接受代理人职位,我任命以下人员(按照任命顺序依次担任代理人,不得同时担任)作为继任的代理人:

_____

_____

_____

_____

（加入继任者的姓名、地址和联系方式）

  在第 8 段中，代理人被认为丧失能力是指代理人处于未成年、被裁定丧失行为能力或者残疾或者经由执照医生证明他或她无法对商业交易进行迅速、明智的考量。

（注意事项：当法院认为需要为你指定财产管理人时，你可以任命代理人作为你财产的管理人。为此请保留第 9 段，并且如果法院发现这样安排将符合你的最大利益，法院会指定你的代理人为财产保管人。如果你不希望代理人同时成为保管人，删去第 9 段）

  9. 如果必须选任一位财产保管人，我建议这份授权委托下的代理人作为我的财产保管人，可以无担保地提供服务。

  10. 我被充分告知这份条款的所有内容以及充分了解授权给代理人的重要意义。

（注意事项：这份授权委托书并未授予代理人以律师身份代表委托人出席法庭或者从事任何法律事务的权利，除非他或她持有能够在伊利诺伊州执业的律师执照）

  11. 以下涉及代理人的注意事项，作为参考内容加入且属于条款的一部分。

  日期：_____   署名：_____

                          （委托人）

（注意事项：这份授权委托书必须确保至少有一个见证人的署名，才能生效。同时，委托人的签名必须通过以下形式进行公证。公证员不能以证人的身份署名）

  在下方署名的见证人证明_____，出现在我面前的正是前述授权委托的委托人与公证员，认可签名与交付文件的行为是委托人真实自愿的意思表示。我相信他或者她有着健全的头脑和记忆力。同时，保证见证人不是：(a) 委托人的主治医师或者心理健康服务的提供者，或者与以上人员有亲属关系；(b) 委托人作为病人或者居住的健康疗养中心的所有者、经营者或者与所有者、经营者有亲属关系；(c) 委托人、代理人包括继任代理人的父母、兄弟姐妹、子女、孙子女等后代，以及上述人员的配偶，无论上述亲属关系是通过婚姻、血缘还是领养产生；或者 (d) 前述授权委托的代理人或者继任代理人。

日期：_____　　　　　　　　　　　　署名：_____

（见证人）

（注意事项：伊利诺伊州只要求一位见证人到场即可。但是，其他州可能会要求两个以上的见证人。如果你想要第二位见证人为你证明，要求他或者她在下方证明并署名）

（第二位见证人）

在下方署名的见证人证明_____，出现在我面前的正是前述授权委托的委托人与公证员，认可签名与交付文件的行为是委托人真实自愿的意思表示。我相信他或者她有着健全的头脑和记忆力。同时，保证见证人不是：(a)委托人的主治医师或者心理健康服务的提供者，或者与以上人员有亲属关系；(b)委托人作为病人或者居住的健康疗养中心的所有者、经营者或者与所有者、经营者有亲属关系；(c)委托人、代理人包括继任代理人的父母、兄弟姐妹、子女、孙子女等后代，以及上述人员的配偶，无论上述亲属关系是通过婚姻、血缘还是领养产生；或者(d)前述授权委托的代理人或者继任代理人。

日期：_____　　　　　　　　　　　　署名：_____

（见证人）

_____州

_____县

在下方署名的以上所属州县的公证员证明_____，出现在我面前的正是前述授权委托的委托人与亲自到场的见证人_____（和_____），认可签名与交付文件的行为是委托人真实自愿的意思表示。（并且证明代理人签名的真实性）

日期：_____　　　　　　　　　　　　署名：_____

（公证员）

任期截止日期：_____

（注意事项：你可以选择要求代理人与继任代理人在下方提供签名样本，但这不是必需的。如果你在授权委托书中包含了签名样本，你必须在代理人署名的对面作出相应证明）

| 代理人(以及继任代理人) | 我证明代理人(继任代理人) |
| 的签名样本 | 签名是真实的 |

————————————　　　　————————————
　　（代理人）　　　　　　　　　　（委托人）

————————————　　　　————————————
　　（继任代理人）　　　　　　　　（委托人）

————————————　　　　————————————
　　（继任代理人）　　　　　　　　（委托人）

（注意事项：可以选择性填写准备这份文件或者协助委托人填写这份文件的人的姓名、地址以及联系方式）

　　准备人的姓名：_____
　　地址：_____
　　联系方式：_____

财产授权委托中代理人需要注意的事项

（注意事项：代理人的注意事项作为参考内容写入，且属于财产授权委托书的一部分）

　　当你（指代理人）接受这份委托书所授予的权利，在你和委托人之间即产生了特殊的法律关系，即代理关系。代理关系施加于你的义务将一直持续，直至你辞去该代理权或委托授权终止或被撤销。

　　作为代理人，你必须：

　　（1）处理委托人财产的行为符合委托人的合理期待；

　　（2）为了委托人的最大利益尽到善良管理人的勤勉义务、注意义务以及具备相应能力；

　　（3）完整、详细地记录所有的收入、支出以及代表委托人进行的重大活动；

　　（4）在代理人知晓的范围内，尝试维护委托人的资产计划，如果维护该计划符合委托人的最佳利益；以及

　　（5）与有权为委托人作出医疗决定的人合作，以维护委托人最佳利益的方式执行委托人的合理期待。

　　作为代理人你不被允许从事下列事项：

　　（1）行使代理权导致利益冲突，不符合本注意事项中的其他原则；

（2）越权代理；

（3）将委托人的财产与你自己的财产混合；

（4）向委托人借贷资金与其他财产，除非得到授权；

（5）当你得知授权委托书或者代理权因某些情形已经终止，继续以代理人的名义活动，如委托人死亡，你的法律地位与委托人分离或者与委托人解除婚姻关系。

如果你拥有某项特殊技能或者专业知识，当你为委托人进行活动时应当发挥你的特殊技能和专业知识。通过打印或者书写委托人的姓名并以"代理人"身份签名的方式，每一次的代理行为都必须向第三人披露你的代理人身份。例如：

（委托人姓名）指定（你的名字）为代理人进行活动。

授予代理权的意义包含在《伊利诺伊州授权委托法案》第3、4节，以参考内容的方式加入财产授权委托文件。

如果你违反了作为代理人的义务或者越权代理，你将承担交付赔偿金的责任，包括由此产生的律师费用和成本。

如果你对文件内容或者职责产生任何疑问，你应当向律师咨询法律意见。

（f）公共法案91-790（Public Act 91-790）所要求的见证人、委托人以及公证员的签名，适用于2000年6月9日以及之后签署的文件。（2000年6月9日是公共法案的生效日期）

（注意事项：第96届立法大会所产生的这一修正法案（公共法案96-1195，生效于2011年7月1日）删除了有关附加见证人的条款，并提供了选择性的第二见证人的签名条款）

附录二　医疗卫生授权委托书法定简易格式

注意事项

请务必认真阅读注意事项。这份你即将签署的授权委托书属于法律文件。它由《伊利诺伊州授权委托法案》(the Illinois Power of Attorney Act)规范。如果对条款有任何疑问,你应当要求律师为你解释。

授权委托书旨在赋予你指定的代理人为你作出医疗卫生决定的广泛权利,其中包括由于任何生理或者精神上的疾病而要求、同意、取消治疗的权利以及有权带你进入或者离开任何医院、家庭或者其他机构。这份法定简易格式的授权委托书只允许你选定继任代理者,但你不能同时任命两个以上的共同代理人。

这份授权委托书并未给代理人施加必须为你作出医疗卫生决定的义务,所以选择同意为你处理这些事务且作出的决定将符合你期待的代理人很重要。更为重要的是选择一个你可以信任的代理人,毕竟你将赋予他医疗决定权,包括终止生命的决定权。任何一个替你办事的代理人为了你的利益都负有善良管理人的义务,他们必须足够谨慎、勤勉并具备相应的能力。他或她的行为还应当符合法律的规定和条款的要求。你的代理人必须对在担任代理人期间的重大行为进行记录。

除非你对授权委托书的有效期间进行特别限定,赋予代理人的权利在你的整个生命期间持续有效,甚至在你丧失能力之后。如果法院认为你的代理人没有合法行事,有权剥夺代理人的代理权。你也可以随时撤销授权委托书。

赋予代理人的权利、委托人撤销权以及违反法律的惩罚措施等详细内容可参考《伊利诺伊州授权委托法案》第 4-5、4-6 和 4-10(c)节。这一格式内容也是该法律的组成部分。贯穿条款的"注意事项"部分属于指示性内容。

你并不一定要签署这份授权委托书,但是没有你的签名这份授权委托书无效。当你没有了解授权委托书的所有内容,也不清楚代理人在你签署之后允许从事的活动时,你不应该签署这份文件。

请在下一行的横线上签上你的姓名首字母,表示你已经阅读过了注意事项。

_____
(委托人姓名首字母)

伊利诺伊州医疗卫生授权委托书法定简易格式

1. 我,_____
(在此写入委托人的姓名、出生年月日和地址)
因此撤销之前所有我作出的医疗卫生委托授权并指定:

_____
(写入代理人的姓名和地址)

(注意事项:不允许指定两个以上的共同代理人)我的代理人以我的名义替我做事,为我作出任何有关我个人护理、医药治疗、住院治疗、卫生健康的决定以及有权要求、保留和取消任何种类的医学治疗或者程序,即使可能导致我的死亡。

A. 我的代理人享有与我相同地位的医疗记录查阅权,包括向他人披露该内容的权利。

B. 一旦我死亡,我的代理人可以行使以下有关我遗体捐赠的完全决定权(附有签名的条款):
(注意事项:附有签名的条款。如果没有一条选项被选择,意味着你不希望代理人拥有这一权利)

_____ 适用于移植或者可用于研究和教学的任何一项器官、组织或者眼部器官。

_____ 某项特殊器官:_____

_____ 我不授予代理人有关我遗体赠与的权利。

C. 我的代理人有权决定是否验尸以及如何处置我的遗体。我的授权委托将在实质上遵循《遗体处理法案》(the Disposition of Remains Act)第10节的内容。所有代理人作出的处理我遗体的决定,包括火化的决定,都具有约束力。

由此我要求任何收到这份文件副本的公墓组织、经营公墓或者骨灰安置所或者两者兼顾的商业组织、丧葬承办人或者入殓师或者葬礼经营地都能按照指示行事。

D. 我愿意赋予代理人享有与我同等地位的有关我个人的识别健康信息以及其他医疗记录的使用、披露权,包括受到《精神健康与发展缺陷保密法》(the Mental Health and Developmental Disabilities Confidentiality Act)规制的记录与对话。这一披露权适用于1996年《健康保险携带和责任法案》(HIPPA)与相关法规管理范围内的任何信息。我愿意赋予代理人作为我"私人代表"的地位,"私人代表"这一术语由HIPAA与相关法规定义。

(i) 代理人有权将HIPAA管理下的信息披露给第三人。

(ii) 我授权任何给我提供医疗服务或者因提供服务而得到过报酬或者正在向我寻求报酬的医生、卫生保健专业人员、牙医、健康计划、医院、诊所、实验室、药房以及其他医疗保健服务的提供者,以及任何保险公司、医疗信息局或者任何卫生保健的信息交换中心,必须毫无保留地向我的代理人提供、披露所有有关我的个人识别健康信息和医疗记录,无论是过去、现在还是未来可能发生的生理、心理疾病,包括有关艾滋病毒、性传播疾病、药物滥用和酗酒以及心理疾病的诊断和治疗信息(包括受到《精神健康与发展缺陷保密法》规制的记录与对话)。

(iii) 赋予我代理人的权利将取代此前我与医生卫生服务提供者达成的限制获得、披露有关我个人健康信息的约定。这一赋予我代理人的权利将永久有效,直至我书面撤销该授权并提交给健康服务提供者。

(注意事项:以上授权意图赋予代理人足够广泛的权利,只有这样代理人才有权作出原先你能够作出的决定,以获得或者终止任何种类的医疗卫生服务,包括收回食物、水等其他生命维持措施,只要代理人认为这些行为符合你的意愿和希望。如果你希望限制代理人的权利、制定特殊规则或者限制遗体捐赠、授权验尸或者处置遗体的代理权,你可以在以下段落进行说明)

2. 以上授予的权利不应当包括以下内容或者应当受到以下规则的限制:

(注意事项:这里可以添加任何你认为合理的特定限制,例如,你对何时撤销生命维持措施的定义;指示在任何情况下都必须维持食物、水分以及生命维持措施;或者拒绝任何与你的宗教信仰相违背或者因其他原因使你无法接受的治疗措施,如输血、电痉挛疗法、截肢、精神外科、自愿进入精神病院等)

_____
_____
_____
_____

(注意事项:有关生命维持治疗意义重大。为了方便你处理这类问题,有关撤销或者保留生命维持治疗的基本条款罗列如下。如果你同意其中的某项条款,可以在该条款的下方签名,但不能认可两个以上的条款。这些条款将指导你的代理人,他必须在慎重考虑你的意愿的情况下代替你作出医疗卫生等医疗决定)

如果代理人认为治疗负担将超过可能获得的利益,我不希望我的生命被延长或者我不愿意被继续提供生命维持治疗。我希望代理人作出有关生命维持治疗的决定时,能够考虑减轻病痛、医疗开销以及我的生命质量和延长的可能性。

姓名首字母_____

我希望生命被延长,我也希望生命维持治疗能够持续提供,除非根据当时合理的医学标准,在我主治医师的建议下,我已经处于"永久性丧失意志"或者遭遇"无法治愈或不可逆转的情况"或者"极端情况",这些术语被定义在《伊利诺伊州授权委托法案》第4-4节。如果当我处于以上任何一种情况或者状态时,我希望停止和撤销生命维持系统。

姓名首字母_____

我希望我的生命在符合合理医学标准的情况下能够最大可能地延长,不考虑我的状况、治愈概率以及治疗成本。

姓名首字母_____

(注意事项:这份授权委托能够根据《伊利诺伊州授权委托法案》第4-6节规定的方式由你修改和撤销)

3.(　　)该授权委托书应当从何时开始生效:
_____
_____

(注意事项:写入一个未来日期或者未来在你生命中可能发生的事件,你希望授权能够立即生效,如法院认定你为无行为能力人或者医生作出你丧失行为能力的书面决定)

(注意事项：如果你没有修改或者撤销这一授权，或者你没有在第4段指定一个具体的终止日期，该授权将持续有效，直到委托人死亡；代理人在你死后还享有捐赠器官、授权验尸和处置遗体的权利，如果你授予了代理人以上这些权利）

4. （　　）授权委托何时终止：

_____

_____

(注意事项：写入一个未来日期或者事件，如果你希望授权能够在你死亡之前终止，如法院认定你并非无行为能力人或者即使残疾医生仍然作出你没有丧失行为能力的书面决定）

(注意事项：你不能用这份授权委托任命共同代理人。如果你希望指定继任代理人，在第5段添加每个继任代理人的姓名和地址）

5. 如果我指定的代理人死亡、丧失能力、辞去或者拒绝接受代理人职位或者失去下落，我任命以下人员（按照任命顺序依次担任代理人，不得同时担任）作为继任代理人：

_____

_____

在第5段中，代理人被认为丧失能力是指代理人是未成年人、被裁定行为能力存在缺陷或丧失或者经由执业医师证明他或她无法对医疗卫生事宜进行迅速、明智的考量。

(注意事项：当法院认为需要为你指定监护人时，你可以任命代理人作为你的监护人。为此请保留第6段，并且如果法院发现这样安排将符合你的最大利益，法院会指定你的代理人为监护人。如果你不希望代理人同时成为监护人，删去第6段）

6. 如果必须选任一位监护人，我建议这份授权委托的代理人作为我的监护人，可以无担保地履行监护职责。

7. 我被充分告知这份条款的所有内容以及充分了解授权给代理人的重要意义。

　　日期：_____

　　署名：_____

　　　　　（委托人的签名或者标记）

在见证人在场的情况下，委托人有机会在签名之前浏览回顾条款内容或者认可他或她在文件上的签名或者记号。在下方签名的见证人保证不是:(a)主治医师或者心理健康服务的提供者,或者与以上人员有亲属关系;(b)委托人作为病人或者居住的医疗卫生机构的所有者、经营者或者与所有者、经营者有亲属关系;(c)委托人、代理人包括继任代理人的父母、兄弟姐妹、子女、孙子女等后代,以及上述人员的配偶,无论上述亲属关系是通过婚姻、血缘还是领养产生;或者(d)前述授权委托的代理人或者继任代理人。

——————————————— ———————————————
　　（见证人署名）　　　　　　　（打印的见证人姓名）

————————————————————————————————————
（街道地址）

————————————————————————————————————
（城市、州）

（注意事项:你可以选择要求代理人与继任代理人在下方提供签名样本,但这不是必需的。如果你在授权委托书中包含了签名样本,你必须在代理人署名的对面作出相应证明)

我证明代理人(继任代理人)的签名是真实的。

——————————————— ———————————————
　　（代理人）　　　　　　　　　（委托人）

——————————————— ———————————————
　　（继任代理人）　　　　　　　（委托人）

——————————————— ———————————————
　　（继任代理人）　　　　　　　（委托人）

（注意事项:可以选择性填写准备这份文件或者协助委托人填写这份文件的人的姓名、地址以及联系方式）

———————————————
　　（准备人的姓名）

———————————————
　　（地址）

———————————————
　　（联系方式）

附录三　安乐死声明

这份声明由_____(年、月)_____(日)作出。

我,_____,生于_____,在心智健全的状况下,自愿表达希望我的死亡不被人为推迟的意愿。

如果任何时候我遭遇无法治愈且不可逆转的伤害、疾病,并且被亲自诊疗我的主治医师判定为晚期,且认为我的死亡迫在眉睫,除非依靠推迟死亡的医疗程序,我要求撤销这类只会延长临终痛苦的程序。同时,我希望能够自然死亡,只需提供我药物管理、营养维持或者主治医师认为必要的给予我舒适护理的任何医疗程序。

如果我丧失了作出有关延缓死亡程序决定的行为能力,这份声明作为我拒绝医药或者手术治疗并且接受所有可能发生后果的法律权利的最后表达,应当得到我家人和医师的尊重。

署名_____

居民所在城市、州县_____

我认识声明人并且我相信他或她拥有健全的心智。我见证声明人在我面前签署了这份文件(或者见证人在我面前承认他或她已经签署了文件),并且在声明人面前我以见证人的身份签署了这份声明。我没有签署声明人的姓名或者在其指示下签署。在签署这份文件的当日,根据法定继承规则以及在我所知和相信的最大范围内,根据声明人的遗嘱和任何因声明人的死亡产生效力的文件,我对声明人所有的财产不享有任何权利,或者不对声明人的医疗服务直接负有财产责任。

见证人_____

见证人_____

注意:该节出自伊利诺伊州有关法律的第110 1/2章,第703页。

附录四　精神健康治疗声明

注意事项

　　这是一份重要的法律文件。它对精神健康治疗作出了声明。在签署这份文件之前,你必须了解以下重要事实:

　　这份文件允许你提前对三种类型的精神健康治疗作出决定:精神病药物治疗、电休克疗法以及在医疗机构进行短期治疗(不超过 17 天)。只有当两位医师或者一位法官认为你已经不具备作出治疗决定的行为能力时,这份声明中的指示才会被遵循。除此之外,你会被认为有能力作出同意或者撤销治疗的决定。

　　你可以指定一位代理人在你丧失行为能力的情况下替你作出这些治疗决定。你指定的代理人执行活动有义务符合你在文件中的意愿,如果你的意愿未在这份文件中表达或者未被代理人知晓,他应当以一个善良管理人的地位作出最符合你利益的决定。为了使指定有效,被指定人必须接受书面的指定文件。该被指定人同时有权在任何时候拒绝继续担任你的代理人。

　　这份声明在你和另外两位具备资格的见证人署名时才有效。见证人必须是你认识的,当你签名或者认可你的签名时见证人必须在场。

　　这份文件会持续有效三年,除非你丧失决定精神健康治疗的行为能力。如果这一情况发生,这份指令将持续有效,直到你恢复行为能力。

　　你随时有权部分或者全部撤销该文件,只要你被医生认定具备知情同意或者取消精神健康治疗的能力。该撤销只有在书面传达给主治医师并在你和医生同时署名的情况下有效。

　　如果对条款有任何疑问,你应当要求律师为你解释。

精神健康治疗声明

我，_____，作为心智健全的成年人，自愿作出此声明。如果两位医师或者法院认为我有效获取和评价信息或者表达决定的能力受到损伤，以至于我丧失了拒绝或者同意精神健康治疗的行为能力，这份有关精神健康治疗的声明将被执行。"精神健康治疗"指用来医治精神疾病的精神病药物治疗、电休克疗法以及不超过17天的入院治疗。

我意识到我可能因确诊的精神障碍症状，丧失知情同意或者拒绝精神健康治疗的行为能力。这些症状可能包括：

_____

精神病药物治疗

如果我丧失知情同意或者拒绝精神健康治疗的行为能力，我对精神病药物治疗的意愿如下（在同意的选项前打钩）：

☐ 我同意实行精神病药物治疗。

☐ 除非以下情形，我同意实行精神病药物治疗：

_____

☐ 我只同意实行以下种类的精神病药物治疗：

_____

☐ 我不同意实行任何精神病药物治疗。

条件或者限制：

_____

_____

电休克疗法

如果我丧失知情同意或者拒绝精神健康治疗的行为能力，我对电休克疗法的意愿如下（在同意的选项前打钩）：

☐ 我同意实行电休克疗法。

☐ 我不同意实行电休克疗法。

条件或者限制：

_____

_____

入 院 治 疗

如果我丧失知情同意或者拒绝精神健康治疗的行为能力，我对入院治疗的意愿如下（在同意的选项前打钩）：

☐ 我同意入院进行精神健康治疗。

（根据法律，这一指示不表明我同意待在医疗机构超过 17 天）

☐ 我不同意入院进行心理健康治疗。

条件或者限制：_____

_____

指定代理人

我任命以下当事人作为我的代理人，当我丧失知情同意或者拒绝精神健康治疗的行为能力时，该代理人有权替我作出这些治疗决定。代理人执行活动有义务符合我在文件中表达的或者没有表达但被代理人所知晓的意愿。如果我的意愿未在这份文件中表达或者未被代理人知晓，代理人应当作出他或者她相信的最符合我利益的决定。

姓名：_____

地址：_____

联系方式：_____

如果该代理人拒绝或者无法代表我的利益行事，或者我撤销对该代理人的授权，我将授权如下人员作为我的代理人：

姓名：_____

地址：_____

联系方式：_____

接受代理人指定

我接受这一指定并且同意以代理人的身份为我的委托人作出精神健康治疗的决定。我了解我有义务按照委托人在指定中表达的意愿行事。我了解只有在两个医生或者法院认定委托人缺乏行为能力的情况下,这份文件才赋予我为委托人作出精神健康治疗决定的权利。我了解当委托人具备行为能力时有权随时以任何方式部分或者全部撤销该声明。

_____　　　　　_____
（代理人签名、日期）　　　　　　　　　　　（打印姓名）

_____　　　　　_____
（替代代理人签名、日期）　　　　　　　　　（打印姓名）

选 择 医 师

如果决定我是否已经丧失知情同意或者拒绝精神健康治疗的能力变得必要,我选择以下署名的医生作为两个医生中的一个,以决定我是否丧失能力。如果这位医生无法联系,他任命的人应当作出我是否丧失能力的决定。

姓名：_____
地址：_____
联系方式：_____

附加指示或者条件

_____
_____
_____

_____　　　　　_____
（委托人署名、日期）　　　　　　　　　　（打印的委托人姓名）

证 人 确 认

我们确认委托人与我们相识,在我们面前委托人在这份精神健康治疗声明上署名或者承认了该声明上的签名是自己的。我们确认在场的委托人拥有健全的心智,没有遭受胁迫、欺诈或者不适当的影响。我们确认我们任何一个人都不是面前这份文件授权的代理人或主治医师或心理健康服务的提供者,或者与以上人员有亲属关系;委托人作为病人或者居住的医疗卫生机构的所有者、经营者或者与所有者、经营者有亲属关系;与委托人因为婚姻、血缘或者领养而产生关系的人。

_____ _____
（见证人署名、日期）   （打印的见证人姓名）

_____ _____
（见证人署名、日期）   （打印的见证人姓名）

撤 销 权

我了解我随时有权部分或者全部撤销该文件,只要我被一位医生认定具备知情同意或者取消心理健康治疗的能力。该撤销只有在书面传达给主治医师并在我和医生同时署名的情况下有效。

我,_____,真实自愿撤销精神健康治疗声明如下:

☐ 我撤销声明中的所有内容。

☐ 我撤销声明中的以下部分内容:

_____
（委托人签名、日期）

我作为在下方署名的医师,对委托人进行了评估并决定他或她有能力知情同意或者拒绝精神健康治疗。

_____ _____
（医师署名、日期）   （打印的姓名）

附录五　伊利诺伊州公共卫生部事前指示拒绝心肺复苏术（DNR）的统一格式

病人的指示

我，_____，生于_____，在以下事件发生时
　　（打印全名）　　　　　（出生日期）

作出如下指示：

1. 心跳呼吸完全骤停（当呼吸和心跳全都停止）

□ 不要尝试心肺复苏术（CPR）

（提供能够使病人感到舒适和尊严的医疗措施）

2. 心脏骤停前的紧急情况（当呼吸困难或者停止，但心脏仍在跳动）

选择其中之一

□ 尝试心肺复苏术（CPR）或者

□ 不要尝试心肺复苏术（CPR）

（提供能够使病人感到舒适和尊严的医疗措施）

其他指示_____

_____

病人指示授权以及同意拒绝心肺复苏术的指令（拒绝心肺复苏术指令有效的要求）

　　我理解并授权以上内容的病人指示，并且同意医生的拒绝心肺复苏术指令。

_____　　_____　　_____
（个人的印刷签名）　　　　　（个人签名）　　　　　　（日期）

（续表）

或者

—————————— —————————— ——————————
（法律监护人）　（个人签名）　　（日期）
（或者卫生健康授权委托下的代理人或者医疗代理决定人的印刷签名）

见证人同意（有效的拒绝心肺复苏术指令需要有一位见证人到场）

我年满18周岁，并且承认前述病人有机会阅读这份表格，见证前述病人在我面前同意或者认可他或者她在这份表格上的签名或者记号。

—————————— —————————— ——————————
（见证人的印刷签名）　（见证人签名）　　（日期）

医师签名（拒绝心肺复苏术指令有效的要求）

我由此执行这一拒绝心肺复苏指令在_____

　　　　　　　　　　　　　　　（当天日期）

—————————— —————————— ——————————
（主治医师的签名）（主治医师的印刷签名）（主治医师的联系方式）

◆ 病人转院或者出院时须将这份表格的正反面或者副本交给病人 ◆

伊利诺伊州公共健康部门

事前指示拒绝心肺复苏术(DNR)的统一格式

病人姓名_____

总结疾病情况：

（续表）

这份表格何时应当被审查

这份拒绝心肺复苏术的指示，直至撤销前都是有效的，同时需要被定期审查，尤其是当出现以下情况时：
- 病人或者住院患者从某个护理区域或者护理阶段转换到另外区域或者阶段，或者
- 病人或者住院患者的健康状况发生实质性改变，或者
- 病人或者住院患者的治疗倾向发生转变

如何完成表格的审查

1. 审查表格的另一面。
2. 完成表格的以下部分：

如果这份表格被宣布无效，用大写字母在表格另一面写下"无效"（VOID）二字。这份表格无效后，新的表格也许会被完成。

日期	审查人	审查地点	审查结果
			□ 没有改变 □ 表格无效；新表格完成 □ 表格无效；**没有产生新表格**
日期	审查人	审查地点	审查结果
			□ 没有改变 □ 表格无效；新表格完成 □ 表格无效；**没有产生新表格**
日期	审查人	审查地点	审查结果
			□ 没有改变 □ 表格无效；新表格完成 □ 表格无效；**没有产生新表格**

前期指令

我同时还有以下的前期指令：　　　　　　　**联系人**（姓名和联系方式）
□ 卫生健康授权委托　　　　　　　　　　＿＿＿＿＿＿＿＿＿＿＿＿＿＿
□ 生前遗嘱　　　　　　　　　　　　　　＿＿＿＿＿＿＿＿＿＿＿＿＿＿
□ 精神健康治疗声明　　　　　　　　　　＿＿＿＿＿＿＿＿＿＿＿＿＿＿

◆ **病人转院或者出院时须将这份表格的正反面或者副本交给病人** ◆

附录六 加利福尼亚州 2011 年维持生命治疗医嘱(POLST)

2011 年 4 月 1 日生效

为了维护加利福尼亚州的连续性,请遵循以下指示:

* * * **POLST** 表格的复制或者打印版请使用超粉红卡片 * * *

Mohawk BriteHue 超粉红卡片库存在网上和一些零售商店有售。下面有推荐的网上供应商。

使用超粉红纸是为了将 POLST 表格与病人医疗记录的其他表格区分,但使用任何颜色的纸张打印不影响表格效力。传真件和影印件同样是有效的 POLST 表格。

超粉红卡片的网上供应商:
Med—Pass—www.med-pass.com
(同样提供打印之前的超粉红 POLST 表格)
Boyd 的想象产品——www.iboyds.com
Mohawk 纸商——www.mohawkpaperstore.com

如果必要,HIPAA 允许将 POLST 披露给其他医疗卫生服务的提供者			
维持生命治疗的医嘱(POLST)			
首先遵循这份指令,然后联系医师。这是一份基于病人当前病情和意愿的医嘱表格。任何没有填写的部分意味着对这一部分的全力治疗。经过署名的 POLST 表格的复印件是合法且有效的。POLST 是前期指令的补充,但不能代替后者。每一个人在治疗过程中都应当被尊重,尊严得以维护。	病人的姓氏:	表格的制作日期:	
^	病人的名字:	病人的出生日期:	
^	病人的中间名:	医疗记录号(选填):	

A 选择一项	**心肺复苏术**:如果病人的脉搏和呼吸同时停止。如果没有出现心脏和呼吸骤停的情况,只需执行表格的 B、C 部分 ☐ 尝试心肺复苏术(在 A 部分选择心肺复苏术需要选择 B 部分的全力治疗) ☐ 放弃尝试心肺复苏术(允许自然死亡)
B 选择一项	**医疗干预**: 如果病人还有脉搏和/或心跳 ☐ 仅有舒适护理治疗。通过使用任何药物、伤口修复或者其他医疗措施减轻痛苦和折磨;使用氧气、抽吸以及人工治疗呼吸道堵塞;只有因舒适需求无法在当前医院得到满足才能转院 ☐ 有限的附加干预治疗。除了以上提及的舒适性治疗,使用医学治疗措施、抗生素、静脉输液等;不用插管维持生命;可以使用无创正压通气;一般避免高强度的治疗 ☐ 只有因舒适需求无法在当前医院得到满足时才能转院 ☐ 全力治疗。除了上述提及的舒适性治疗以及有限的附加干预治疗,使用插管、高级气道干预、机械通气、除颤/心脏复律;根据病症的需求转院;包括高强度的治疗 附加指示_____ _____
C 选择一项	**人工营养维持**: 如果可行并需要,通过口腔供应食物 ☐ 无人工营养维持,包括食管 其他指令:_____ ☐ 试验阶段维持人工营养,包括食管 _____ ☐ 长期人工营养维持,包括食管

(续表)

D	**信息和签名：**		
	商议人： □病人(病人有行为能力) □法律认可的决定人		
	□ 前期指令_____可获得且经过审查前期指令任命的医疗卫生代理人 □ 前期指令无法获得　　　　　　　　　姓名：_____ □ 没有前期指令　　　　　　　　　　　联系方式：_____		
	医师签名 以下署名代表在我最大限度的认知范围内该医嘱符合病人当前的健康状况和治疗意愿		
	医师印刷签名：	医师联系方式：	医师资格证号：
	医师签名：(必须)		日期：
	病人或者法律认可决定人署名 通过签署这份文件,法律认可的决定人承认这一有关心肺复苏措施的要求符合病人的已知意愿和他或她的最佳利益		
	印刷签名：		关系：(如果病人本人就写自己)
	签名(必须)：		日期：
	地址：	白天联系方式：	夜间联系方式：
	当病人转院或者出院的时候将表格交给病人		

如果必要,HIPAA 允许将 POLST 披露给其他医疗卫生服务的提供者		
病人信息		
姓名(姓氏、名字、中间名)：	出生日期：	性别： 男　女
协助填写表格的医疗卫生服务提供者		
姓名：	名称：	联系方式：
附加联系人		
姓名：	与病人的关系：	联系方式：

(续表)

对医疗卫生服务提供者的指示

POLST 表格的完成

- 填写 POLST 表格是自愿行为。加利福尼亚州法律要求医疗卫生服务提供者执行 POLST 表格,并且提供给善意遵循表格者豁免权。在医院,提供合理医嘱的医生需要检查病人情况
- POLST 不能取代前期指令。在可能的情况下,审查前期指令和 POLST 表格以确保两者之间的一致性,并且合理完善表格以解决两者之间的矛盾
- POLST 必须由医疗卫生服务提供者完成,并基于病人意愿和医学指征
- 法律认可的决定人可能包括法院指定的公共福利监督官或者监护人、前期指令中指定的代理人、口头指定的代理人、配偶、经过登记的家庭伴侣、未成年的父母、最亲近的亲属,或者病人的医师认为最了解病人的最佳利益并且能够在已知范围内作出符合病人意愿和价值观决定的人
- POLST 必须经过医师和病人或者决定人的签名才能生效。口头指令经过医师签名,并符合设施/社区政策才能有效
- 某些疾病或者治疗措施可能禁止病人居住在提供给老年人居住的疗养机构
- 如果病人和决定人使用表格的翻译版本,必须附上经过署名的 POLST 表格的英文版本
- 强烈建议使用表格原件。影印件或者传真件经过署名也是合法有效的。该表格的复印件必须保留在病人的医疗记录中,如果可以,请使用超粉红卡纸打印

POLST 的使用

- 任何表格中未完成的部分意味着对该部分的全力治疗

A 部分:
如果发现脉搏停止并且没有呼吸,除颤器(包括体外自动除颤器)或者胸腔按压不能对已经选择"拒绝尝试心肺复苏术"的病人实施

B 部分:

- 如果当前部门无法提供舒适护理治疗,包括选择"仅提供舒适护理治疗"的病人应当转移到能够提供该治疗的机构(如髋部骨折的治疗)
- 无创正压通气包括持续气道正压(CPAP)、双水平气道内正压通气(BiPAP),以及球囊面罩(BVM)辅助呼吸
- 静脉注射抗生素和水合作用一般情况下不属于"舒适护理治疗"
- 脱水治疗延长生命。如果病人希望静脉注射,意味着"有限干预"和"全力治疗"
- 根据当地的救援医疗服务(EMS)协议,写入 B 部分的"附加指令"可能不会由救援服务人员执行

POLST 的审查

建议 POLST 被定期审查,尤其是当出现以下情况时:

- 病人从某个护理区域或者护理阶段转换到另外区域或者阶段,或者
- 病人的健康状况发生实质性改变,或者
- 病人治疗倾向发生转变

（续表）

POLST 的修改或者无效
• 有行为能力的病人可以随时请求替代治疗
• 有行为能力的病人可通过任何表明撤销意图的方式随时撤销 POLST。建议的撤销方式是从 A 部分到 D 部分划一道线，用大写字母写上"无效"二字，并且附上署名和日期
• 基于病人的意愿或者病人的最佳利益，法律认可的决定人经过与医生的协作，可要求修改医嘱

这份表格经过与全州 POLST 专门工作组合作的加利福尼亚州救援医疗服务机构批准更多内容或者该表格的复印件，请参见 www.caPOLST.org
当病人转院或者出院的时候将表格交给病人

参考文献

[1] 李兵、张恺悌主编:《中国老龄政策研究》,中国社会出版社 2009 年版。

[2] 李伟、孔伟编著:《老龄工作手册——政府应对人口老龄化的职责和方略》,中国社会出版社 2009 年版。

[3] 姜向群:《改革开放以来中国老年社会保障制度的发展变革及政策思考》,载《人口研究》2009 年第 2 期。

[4] 姜向群:《中国现阶段老年社会保障政策评析》,载《和谐社会:社会建设与改革创新——2007 学术前沿论丛(下卷)》,2007 年。

[5] 李兵、张恺悌主编:《中外老龄政策与实践》,中国社会出版社 2010 年版。

[6] 张恺悌主编:《中国农村老龄政策研究》,中国社会出版社 2009 年版。

[7] 张恺悌主编:《政府养老定位研究》,中国社会出版社 2009 年版。

[8] 孙陆军主编:《中国涉老政策文件汇编》,中国社会出版社 2009 年版。

[9] 郑功成:《从企业保障到社会保障——中国社会保障制度变迁与发展》,中国劳动社会保障出版社 2009 年版。

[10] 孙颖:《老吾老——老年法律问题研究起点批判》,法律出版社 2012 年版。

[11] 张国刚:《中国家庭史(第二卷):隋唐五代时期》,广东人民出版社 2007 年版。

[12] 宋立:《唐代的社会保障事务论略》,载《安顺学院学报》2011 年第 1 期。

[13] 张晓霞、陈宁:《我国传统社会的老年救济制度及其现代意义》,载《江西社会科学》2016 年第 8 期。

[14] 吴钩:《重新发现宋朝》,九州出版社 2014 年版。

[15] 吴钩:《宋——现代的拂晓时辰》,广西师范大学出版社 2015 年版。

[16] 易松国:《社会福利社会化的理论与实践》,中国社会科学出版社 2006 年版。

[17] 周良才主编:《中国社会福利》,北京大学出版社 2008 年版。

[18] 赵映诚等主编:《社会福利与社会救助》,东北财经大学出版社 2015 年版。

[19] 景天魁等:《当代中国社会福利思想与制度:从小福利迈向大福利》,中国社会出版社 2011 年版。

[20] 石宏伟:《中国城乡二元化社会保障制度的改革与创新》,中国社会科学出版社

2008年版。

[21] 董华中主编:《优抚安置》,中国社会出版社2009年版。

[22] 靳尔刚:《记写优抚》,中国社会出版社2004年版。

[23] 孙笑侠:《法律家的技能与伦理》,载《法学研究》2001年第4期。

[24] 汤耀国、朱莹莹:《超越部门立法》,载《瞭望》2007年第4期。

[25] 贾应生、杨志成:《试论现代立法中的利益衡量》,载《石家庄经济学院学报》2007年第2期。

[26] 杨景宇:《加强地方立法工作 提高地方立法质量》,载《求是》2005年第14期。

[27] 朱文杰:《北京市地方立法质量的成效、问题及对策研究》,http://www.npc.gov.cn/npc/xinwen/dfrd/bj/2010-12/15/content_1609077.htm,2017年4月10日访问。

[28] 〔德〕罗伯特·阿列克西:《法律论证理论——作为法律证立理论的理性论辩理论》,舒国滢译,中国法制出版社2002年版。

[29] 〔德〕罗伯特·阿列克西:《法理性商谈:法哲学研究》,朱光、雷磊译,中国法制出版社2011年版。

[30] 顾昂然:《立法札记:关于我国部分法律制定情况的介绍》,法律出版社2006年版。

[31] 孙哲、信强:《国会山庄里的"隐形政府":美国国会助理制度评估》,载《美国研究》2001年第1期。

[32] 蔡定剑:《论人民代表大会制度的改革和完善》,载《政法论坛》2004年第6期。

[33] 史建三、吴天昊:《地方立法质量:现状、问题和对策——以上海人大地方立法为例》,载《法学》2009年第6期。

[34] 周旺生:《论立法法与其历史环境关于立法法研究的一个方法论问题》,载《法学论坛》2001年第5期。

[35] 李鹏:《立法与监督——李鹏人大日记》,新华出版社、中国民主法制出版社2006年版。

[36] 夏莉娜:《王汉斌回忆法制委员会与法工委建立的前后》,载《中国人大》2009年第3期。

[37] 陈斯喜:《十大事件:见证三十年立法工作辉煌历程》,载《中国人大》2008年第20期。

[38] 孙哲:《全国人大制度研究(1979—2000)》,法律出版社2001年版。

[39] 王汉斌:《社会主义民主法制文集》,中国民主法制出版社2012年版。

[40] 全国人大法工委研究室编著:《立法法条文释义》,人民法院出版社2000年版。

[41] 江平口述、陈夏红整理:《沉浮与枯荣:八十自述》,法律出版社2010年版。

[42] S. Frantzich, Who Makes Our Laws? The Legislative Effectiveness of Members of the U.S. Congress, Legislative Studies Quarterly, Vol. 4, No. 3(1979), pp. 409—428.

[43] H. W. Jones, Bill-Drafting Services in Congress and the State Legislatures, Harvard Law Review, Vol. 65, No. 3(1952), pp. 441—451.

[44] M. J. Malbin, Unelected Representatives: Congressional Staff and the Future of Representative Government, New York: Basic Books, 1982.

[45] R. Purdy, Professional Responsibility for Legislative Drafters: Suggested Guidelines and Discussion of Ethics and Role Problems, Seton Hall Legislative Journal, Vol. 11 (1987), pp. 67—120.

[46] M. Dowdle, The Constitutional Development and Operations of the National People's Congress, Columbia Journal of Asian Law, Vol. 11, No. 1(1997), pp. 1—126.

[47] R. H. Davidson & W. J. Oleszek, Congress and Its Members (Ninth Edition), Washington D. C. : CQ Press, 2004.

[48] A. Seidman & R. Seidman, Drafting Legislation for Development: Lessons from a Chinese Project, The American Journal of Comparative Law, Vol. 44, No. 1 (1996), pp. 1—44.

[49] T. Shi, Is There an Asian Value? Popular Understanding of Democracy in Asia, in D. Yang & I. Zhao (eds.), China's Reform at 30: Challenges and Prospects, Singapore: World Scientific Publishing Company, 2009, pp. 167—194.